行旅‧地誌‧社會記憶
王士性紀遊書寫探論

范宜如　著

目次

緒論

以身為度・如是我行：王士性研究的思考脈絡

本雅明（1892～1940）在〈說故事的人〉一文中提及：「人們把講故事的人想像成遠方來客，但對家居者的故事同樣樂於傾聽。蟄居一鄉的人安分的謀生，諳熟本鄉本土的掌故和傳統。」[1]他將講故事的人分成兩類，一為農田上安居耕種的農夫，一為泛海通商的水手。而行旅與紀遊的寫作者，不正具備以上這兩種特質？

行旅涵括了空間的流動與「移動」的生活美學，連結了家鄉與他鄉的議題；包括了身體、感官的活動，同時也是想像與真實的交鋒與對話，許多的「奇」與「異」都是通過觀看者的「自身對照」得來。行旅之中，無所不在且往往習焉不察的瑣碎的日常生活，更能顯出流動與固著的意涵。行旅書寫則又是一種追問、自我審視、歸納行動、轉述、複述以及看見個人如何去紀錄如何去記憶的歷程。書寫者必須「離開」自己熟悉的生活現場，進入許多他想像所及或不能及之境，進而「帶回」旅程中所見所思。而每個地點又會因旅行者的不同觀點產生相異之趣。行旅書寫是記憶的載體。既是個人的記憶，從時間的角度視之，亦是集體記憶—文學史化的景觀。閱讀行旅者書寫的文本，讓我們穿梭在此處與彼處之間，「看見」彼方令我們驚嘆的地貌

---

[1] 本雅明（Walter Benjamin）：〈講故事的人：論尼可拉列斯可夫〉，收入Hannah Arendt編，張旭東、王斑譯：《啟迪・本雅明文選》（Illumination：Essays and Reflections）（牛津大學出版社，1998年），頁78。

景觀或人文現象。

　　以上所述，旨在探討「行旅」與「書寫」之間微妙的辯證關係。本書以王士性之著作為討論核心，筆者細讀其作，發現王士性對於「遊」有其深刻的自我觀照。筆者研究吳中文壇之際[2]，發現這份被視為參考文獻的書籍，其實涵藏了許多值得深入思索的議題。譬如文人的行旅心靈活動史，地誌書寫之修辭與敘事之構成，行旅之歷險探奇，風俗與風物之內涵，乃至於身體與山水之間的體悟方式等等；再者，西南行旅所形構的書寫譜系亦是值得追索的議題。除了遊觀的闡釋（天遊、地遊、人遊之說）、紀遊之書寫——分以詩歌、散筆、遊記、旅行記錄等形式呈現；在內容方面，從地景、文化記憶、庶民生活與民俗風物等等，一一出入其筆下，呈現「知識」與「情感」交融的閱讀感受。

　　王士性，字恆叔，號元白道人，浙江臨海人。生於明嘉靖二十六年（1547），卒於萬曆二十六年（1598），為晚明著名的遊人。二十一年的宦途，王士性除了未至閩地之外，足跡遍及北京、雲南、四川、廣西、雲南、山東等地[3]。潘耒（1648～1708）說他：「生長臨海，臺蕩括蒼，自其家山從給諫，出參粵藩、副滇臬、典試巴蜀、視學兩河，視嶽鎮而外，如峨嵋、太和白嶽、點蒼、雞足諸名山無不窮

2　范宜如：《明代中期吳中文壇研究：一個地域文學的考察》（國立臺灣師範大學國文研究所博士論文，2001 年）。

3　據《明史・地理志》載：「終明之世，為直隸者二：曰京師，曰南京。為布政使司者十三：曰山東，曰山西，曰河南，曰陝西，曰四川，曰湖廣，曰浙江，曰江西，曰福建，曰廣東，曰廣西，曰雲南，曰貴州。……行都指揮使司五，曰北平、曰山西、曰陝西、曰四川、曰福建……其邊陲要地稱重鎮者凡九：曰遼東，曰薊州，曰宣府，曰大同，曰榆林，曰寧夏，曰甘肅，曰太原，曰固原。」足見王士性之行跡，除福建外，已踏遍當時中國境內各地。

探討，一一著為圖記，發為詩歌，刻畫意象，能使萬里如在目前。」[4]
觀看其旅蹤及書寫，可稱之為「旅行上癮者」[5]，他將行旅的經驗轉化
為文字，分別為《五嶽遊草》、《廣遊志》與《廣志繹》三書，以紀
實之筆，書寫文化地圖。

本書並非僅是王士性的「專人」研究，或僅是深掘其文字內蘊以
成一說。而是以王士性為個案，透過其地域經驗的書寫，考察其對於
人、地關係的思索，並就其治理經驗，思辨漢族與異族的民俗與文
化，究竟是一種「奇觀式」的紀錄？還是以紀實之筆，再現「自我」
與「他者」之區辨。如果是華夏中心的概念，當如何融合與涵攝異文
化？又如何在「風土」的觀念下，建構地域情感與生活歷史？

因著王士性之著作之文體與內容，又可分從以下面向思考：

其一：山嶽書寫的壯遊之行：《五嶽遊草》所敘寫之嵩、岱、
衡、恆、華，王士性有何評價？入山與記山之間，詩歌與遊記的書寫
面向有何差異？交融於自然景物與文化遺蹟之間，對歷險的肉身有何
啟悟？遊人氣質又是如何生成？「雪」與「佛光」之奇景，除了是個
人的「體」悟，又如何與前行者對話？這些課題涵攝了行旅書寫中
「風景建構」的空間感受，也觸及地景的書寫及其文化意蘊。

其二：知性世界的形構：論者咸以為《廣志繹》一書為各地人
文現象的觀察紀錄，考更進一步提問。此書是「紀錄」？是知識的
「編」、「組」？是散落的「筆記」？

---

[4] 潘耒：〈重刻五嶽遊草序〉，〔明〕王士性撰，周振鶴點校：《五嶽遊草、廣志繹》
（北京：中華書局，2006年），頁21。

[5] 保羅‧索魯：《旅行上癮者》（臺北：馬可波羅出版社，2010年）有言：「我先是旅
人，而後成為作家。」（頁113）又言：「成為孤獨的旅人之後，我才開始發現自我
具備的價值。」（頁29）筆者以為此書名用來指稱王士性甚為妥切。而保羅‧索魯
對於成為旅人之思索以及「他性」（不同文化的第一次接觸），對於王士性的西南遊
旅，亦有參照之處。

　　此書呈現怎樣的地方觀點？民俗現象的書寫與人、地之間的關聯如何？據此可見王士性之「遊」，非僅山水遊旅，而是人文考察；非僅人地論述，更觸及中心／邊緣之空間感受。

論題的提出

　　旅行，幾乎已成為現代人追尋自我、觀看世界的一個名詞。[6]藉由空間的移動，擴大的個人的生活疆界，延伸想像的界域——旅行，既是生命的壯遊亦是成長的表徵。「旅行」一詞指稱大多數隨各種目的、緣由發生，人在相當距離間的「移動」。[7]那麼，何以本書以「行旅」為題，而不採現今通用的詞彙——「旅行」？一方面筆者想突顯古典文本的「行旅」語彙與當代的「旅行」文學容或有異[8]，另一方面

---

[6] 吳雅婷在《移動的風貌：宋代旅行活動的社會文化內涵》（國立臺灣大學歷史研究所博士論文，2007 年）提出：「無可否認，如今我們對於旅行產生研究的興趣，往往起因於自身生活中就有這樣的活動。不過，一旦討論歷史之流而上，過去與現在的對話機制也就自動開啟，而我們也必須不斷提醒自己，察覺橫亙在我們過去之間，永遠存在的距離。」（頁23）古典文學研究的面向的確會受到當代文化議題影響，這段敘述提醒了我們從事古典文學研究之際，對於語彙「使用」時的距離。

[7] 吳雅婷在《移動的風貌：宋代旅行活動的社會文化內涵》（國立臺灣大學歷史研究所博士論文，2007 年）以「旅行」一詞指稱人的移動行為及其所衍生的文化。（頁6）

[8] 吳雅婷從現代旅行詞彙之釋義以及類書的分類辨析「移動」詞彙的使用及其脈絡。透過歸類，她發現「行旅」無疑是宋人指稱移動時最認可的語彙。（頁45）就圖書館的藏書目錄來看，最早中文以「旅行」為書名的遊記為光緒三十年（1904）的〈癸卯旅行記〉（頁52）。她指出：「記述一件事物時，是用於形容、描寫，還是作為題目或歸類依據，其情況的屬性並不相同，也就發展出各自適用的遣詞。」因此本文雖標舉「行旅」，然行文間或言旅行或稱遊旅，遣詞不同，概念無異。此外，劉苑如之撰述〈涉遠與歸返——法顯求法的行旅敘述〉（收入《朝向生活世界的文學詮釋：六朝宗教敘述的身體實踐與空間書寫》（臺北：新文豐出版公司，2010年），呂文翠〈晚清上海的跨文化行旅——談王韜與袁祖志的泰西遊記〉（收入《海上傾城：上海文學與文化的轉異》，臺北：麥田出版社，2009年）。

則是想定位王士性「紀遊書寫」之意涵。

　　紀遊文學的內容十分廣泛，舉凡旅遊途中登臨憑弔、遊歷觀賞所寫的詩歌、散文、辭賦、詞、曲、書信、日記、筆記等等各種樣式的紀遊作品，都屬於紀遊文學的範圍。[9]論者或從遊記文體的核心要素提出所至、所見、所感三個方面。所至即作者遊程；所見，包括作者耳聞目睹的山水景物、名勝古蹟、風土人情、歷史掌故、現實生活等；所感，即作者觀感，由所見所聞而引發的所思所想。更概括為遊程、遊觀與遊感。[10]

　　縱觀古典文獻，亦可知「行旅」、「紀行」有其歷史脈絡。[11]王立群將六朝時期以記載行程為主的散文稱為「行記」，王立群指出：「行記，即旅行記，一般有明確的目的，如出使、為宦、巡狩、還鄉等，其側重在「行」，故其中對山川景物的描寫相對較少，而特別注重道里行程的游蹤記述。」[12]《五嶽遊草》之書寫形式，包含散筆之山水遊記、行記以及詩歌。若從這角度看王士性之《五嶽游草》山水遊記之書寫形式，或可稱之為「行記」。

　　根據王立群的研究，「行程記寫並略加歷史事實是六朝行記的總

亦以「行旅」為題。一為六朝佛國敘述，一為晚清域外遊記，足見現代學者選用「行旅」之詞彙其實並無時空之設限。

9　李伯齊主編：《中國古代紀遊文學史》（濟南：山東友誼書社，1989 年），頁6。

10　梅新林、崔小敬：〈游記文體之辨〉，《文學評論》2005 年6 期，頁39～45。

11　就《昭明文選》之分類而言，賦之部分為「紀行」與「遊覽」，詩之部則有「行旅」、「遊仙」、「招隱」、「反招隱」及「遊覽」五類。其中，較接近我們今日所論的「旅行」之詞彙則是「行旅」、「遊覽」及「紀行」。可參考王文進：〈南朝「山水詩」中「遊覽」與「行旅」的區分─以《文選》為主的觀察〉，《東華人文學報》，1999 年第1 期，頁103～113。

12　王立群：《中國古代山水遊記研究》（北京：中國社會科學院，2008 年），頁88～108。

體特徵。」[13] 以〈西征曆〉為例：

> 維時歲在玄枵，律中仲呂，巴渝有役，征途咸望西行，所過為
> 燕、趙、韓、魏、鄭、衛、中山、周、秦之墟，多聖賢、方
> 技、王侯、將相遺廢冢，傷今吊古，涕笑並集，所在與楚黃
> 元承劉君奕俱。元承曰：「是不可以無記。」余記之。
> 按余與元承銜朝命而趨，以十三日乙丑也。是日發都門，度桑
> 乾水，信宿過涿州，登華陽臺，吊樊將軍。因思燕丹、田光、
> 荊卿、高漸離之烈，易水尚寒也。望後宿定興，過安肅，至保
> 定，入慶都。多馳道中起，夾以女牆，高柳參天，綠陰成巷，
> 歸鞍去馬，六月無暑。詩云：「周道如砥，其直如矢」，不誣
> 也。壬申過定州，歇將樂。次日道出真定，甲戌渡滹沱河，稅
> 迹欒城。欒，武子故邑，城不三里而儉。乙亥望趙州而趨，上
> 大石橋，則余為州大夫李公作祠記，勒珉于城之隈。[14]

《五嶽游草》之記體散文以行蹤為主，敘述行程路線、記寫所見
景觀，至於個人見聞與觀感，多從客觀紀實之面向，顯示了豐富的知
識特性。以這段敘述為例，以時間串聯地點，同時連結歷史事件。行
蹤記寫（行記）本來就是山水遊記發展中的一脈，王士性之撰作，其
實可視為此一支脈的承繼；筆者亦非強化行記書寫的重要性，只是

---

[13] 王立群指出：「遊記因遊而記，遊之體現即行蹤，而六朝的行記恰好不可或缺地記
寫了大量的行蹤。行記在整個中國散文史上尤其是山水遊記的生成道路上的意義正
如地記中的山水描寫一樣，它一方面使遊蹤記寫在行記中成熟並成為主要要素，另
一方面為具備創新精神的文人之開創新的文學樣是提供了足夠借鑑與取捨的可能。」
王立群：《中國古代山水遊記研究》（北京：中國社會科學院，2008 年），頁 106。

[14] 〔明〕王士性撰，周振鶴點校：《五嶽遊草、廣志繹》（北京：中華書局，2006），頁
44。

指出「行記」[15]書寫有其歷史脈絡，提供書寫者對於文學體式的承繼與創造的參照體系。從內容來看，則有「地記」[16]之成分，亦可稱為「輿地遊記」。[17]如〈留都述遊〉所云：

---

[15] 關於「行記」書寫，自不可忽略〔晉〕法顯（337～422？）〈佛國記〉。《佛國記》不僅是考察四世紀時佛教的珍貴資料，也是考察當時中外交通的重要資料。法顯於東晉安帝隆安三年（399）從長安出發西行，歷時十餘年，於義熙八年（412）由海路返回，次年至建康。義熙十二年撰此書記敘此行。是書的寫作係以行蹤為經，以佛教盛況為緯：「初發跡長安……度養樓山至張掖鎮……夏作訖復進到敦煌。有塞東西可八十里。南北四十里……太守李浩供給度沙河……得鄯善國。」見〔晉〕法顯著、吳玉貴譯：《佛國記》（高雄縣大書香：佛光出版社，1966年））另可參劉苑如〈涉遠與歸返──法顯求法的行旅敘述〉，《朝向生活世界的文學詮釋──六朝宗教敘述的身體實踐與空間書寫》（臺北：新文豐出版公司，2010年），頁81～125。

[16] 方志，是地方歷史與人文地理、地文地理的綜合體。其起源之說有謂源於《禹貢》，有謂《越絕書》、《吳越春秋》與《華陽國志》。綜而言之，有「史」、「地」兩源，「史」部發展而有「國別史」、「耆舊傳」與「人物志」；「地」則發展為「地志」、「地記」與「圖經」。從隋代地理書到唐代一統志，到宋代始出現真正的「方志」。關於方志的起源與發展，可參考林天蔚：《方志學與地方史研究》（臺北：南天書局，1995年），頁3～68。晉宋時期是地記之作的全面勃興時期，地記起源於對地方資料的收集，《隋書‧經籍志》有云：「武帝時，計書既上太史，郡國地志，固亦在焉。」其後劉向略言地域，丞相禹使屬朱貢條記風俗，班固因之作〈地理志〉；此趨勢之發展，以述地為主之全國性總志蔚然成風，如東漢應邵《十三州記》、曹魏張晏之《地理志》、摯虞《畿服經》、不著姓氏之《太康郡國志》、《晉地志》、荀綽《九州記》等等。以述地為主的全國性方志之外，尚有區域性地志如東晉袁山松《宜都山川記》、宋盛弘之《荊州記》、劉宋劉澄之《江州記》、《司州山川古今記》等，此類著作以南方各州郡最為宏富，尤以南齊陸澄「聚一百六十家之說」，匯編《地理書》一百五十卷，任昉又增陸澄之書八十四家，謂之《地記》，為晉宋時代述地方志的「總集」。此書包括五類：山川河流，地志、地記，風俗，邊裔地埋，古蹟、物產等，見林天蔚：《方志學與地方史研究》，頁19～20。就內容之範疇而言，王士性之作有呼應之處。林天蔚指出：「南宋之後，藝文、碑碣入於地理書內，是演變成方志的主要關鍵。」（頁29）廣義來看，王士性之遊記亦有「藝文、碑碣」之內涵，這也看出王士性之書寫雖駁雜、多元然細繹內容又分別具有方志、地記、行記之元素。

[17] 王立群將輿地遊記分為：純粹的地學遊記與文學性的地學遊記，其論述可參見王立群：《中國古代山水遊記研究》（北京：中國社會科學院，2008年），頁147～

古稱岷、峨之山度大庾，包彭蠡以北，盡於建康，謂天府之
國，山水之會。故漢以後多都焉。及余登高望遠，考古準今，
神皋隩區，咸屬指顧。乃知鍾山以東北迤邐於西南，大江以西
南環抱於東北，秦淮以中出而橫貫於三山、石城之間，故由鍾
山左攝山、臨沂、武岡・石碏、聚寶、天闕，東裏南向，以
互於西南三山，而止於大江，則龍蟠之勢。右覆舟、雞籠、直
瀆、盧龍，北走以達於西石頭而止於江，則虎踞之形。彼漢、
唐郡堞，六朝宮城，淮北、淮南，依麗互異，因山距淮，以盡
四極，其在今日於制為善，故宸居華蓋，雙闕雲浮，百司庶
府，棋布星列，回廊步 ，九達若水。大哉我聖祖之烈所穆，
卜而定九鼎也。[18]

　　以本段敘述為例，雖稱「遊」，卻記述地貌特徵，勾勒方位形
勢，敘寫地理環境，同時，也強化了個人行走之軌跡。[19]

181。此外，梅新林、俞樟華：《中國遊記文學史》（上海：學林出版社，2004年）
討論及「學人遊記」，亦指出其特質為：「1、向地方志演變，在結構上接近於地方
志；2、借鑒筆記體、日記體遊記的優點，在隨意揮灑中表現出淵博的學養；3、將
考證作為學人遊記的點綴。」亦有「輿地遊記」之特色。其中關於「地方志」以及
「筆記體」之說法，適可舉王士性著作為驗證。趙園《制度・言論・心態：明清之
際文化現象研究》（北京：北京大學出版社，2006年）亦論及山水紀遊與輿地知識
之建構，見是書頁167～183。另，王學玲：〈是地即成土──清初流放東北文士之
「絕域」紀遊〉，《漢學研究》第24卷第2期（2006年12月），頁255～288。對於
「輿地遊記」亦有闡述，亦可參照。

[18] 〔明〕王士性撰，周振鶴點校：《五嶽遊草、廣志繹》（北京：中華書局，2006
年），頁60。

[19] 雷貝嘉・索爾尼（Rebecca Solnit）有言：「行走創造出途徑、馬路、貿易路線，
啟發本土與跨洲意識，塑造出城市與公園。……無論都市或鄉村景觀都足以醞釀
出故事，而故事又可以將我們帶回這段歷史所涵蓋的地點。」見雷貝嘉・索爾尼
（Rebecca Solnit）著，刁筱華譯：《浪遊之歌》（臺北：麥田出版社，2001年），頁
14。這段敘述也可詮釋王士性的「宦遊」路線的歷史見證以及所醞釀的個人故事。

　　《廣志繹》一書之性質類似異物志或風土記。以散點式之手法，記載山川水土的地志，分條記載（一事一條），結構散漫，或可稱之為「筆記體」著作。[20]馮夢禎〈王恆叔廣志繹序〉有言：「恆叔自言，他人所述，每每藉耳為口，緣虛飾實，余言則否，皆身所見聞也。」[21]強調親身的見聞，使得本書的寫作形成一種紀實性的日誌形貌。

　　那麼，何以稱《廣志繹》為「筆記體」著作？「筆記」是一種文體嗎？這種文體有何特質？劉勰在《文心雕龍・書記》所述，或可參照：「夫書記廣大，衣被事體，筆札雜名，古今多品⋯⋯并述理于心，著言于翰，雖藝文之末品，而政事之先務也。」又言：「或事本相通，而文意各異，或全任質素，或雜用文綺，隨事立體，貴乎精要。」上述話語，除了指出筆記包羅萬象之「多元」形式之外，也指出其文學要素以及如呂叔湘所言：「或寫人情，或述物理，或記一時之諧謔，或敘一地之風土。」[22]「隨事立體」之敘事形態。[23]

---

20 徐建春稱之為「筆記體」地理著作。見徐建春：〈徐霞客與王士性〉，《浙江學刊》1992年第4期，頁91。筆者呼應其說，指出其「瑣言」之表述形式，見范宜如：〈華夏邊緣的觀察視域：王士性《廣志繹》的異文化敘述與地理想像〉，《國文學報》第42期（2007年12月），頁121～151。。

21 〔明〕王士性撰，周振鶴點校：《五嶽遊草、廣志繹》（北京：中華書局，2006年），頁184。

22 呂叔湘：《筆記文選讀》（臺北：純真出版社，1983年），頁1。

23 回溯歷史的文體脈絡，蕭統《文選》設目四十，未見「筆記」；劉勰《文心雕龍》列目六十三，有「書記」而無「筆記」，〈才略〉言：「路粹、楊修『頗懷筆記之工』」，仍未將筆記視為文體。其後，摯虞《文章流別論》、李昉《文苑英華》、姚鉉《文粹》、呂祖謙《文鑒》、黃宗羲《文海》等，大抵承《文選》旨意，雖其中列出「記事」、「雜著」等等，仍未明確指出「筆記」之特質。根據鄭憲春的研究，宋祁《宋景文筆記》是中國文學史中首次出現「筆記」之名，其後則如蘇軾《仇池筆記》、陸游《老學庵筆記》、紀昀《閱微草堂筆記》等等，以及雜識、札記、筆談、雜記、志林、談錄、談叢、漫錄、隨筆等等，均為筆記之異名，其名稱之自由，可見一斑。參見鄭憲春：《中國筆記文史》（長沙：湖南大學出版社，2004年），頁2～3。

筆記體不只是散亂地敘寫各個事件，其實有其組合的脈絡及思索方式。其敘述或寫實如在現場，或簡潔如勾勒大綱，內容份量參差各異，亦為其寫作之特色。《廣遊志》則綴連《廣志繹》之各說，續分主題講述，有感性之筆調如「夾水石稜稜[24]如堤岸，樹徑寸小古樹，青蔥可愛，滴成，自洞乳鑿取之。」[25]有紀錄之語句如「幽、并、關、陝寒，產牛羊馬駝；閩、廣熱，產荔枝；荊、楚澤國，產魚；粵西瘴，產木；巴、蜀多產奇物；滇雲又產珍物。蜀木有不灰，石有放光，又有空青，鹽有鹽井，油有油井，火有火井，咸水脈自成，而火出於水，尤為奇怪。滇金、銀、銅、錫，隨地而生，永、騰外又產墨石、水晶、文犀、象齒、瑪瑙、絳碧、寶石。」[26]類似雜錄型的筆記。

綜上所述，王士性著作就內容而言，涵蓋遊記、詩歌、筆記、雜錄，從內容來看又有方志、地記之質素。嚴格說來，其著作之身分是模糊的。然而，王士性一再標舉「遊」，雖為「宦遊」，然其主要目的仍是在表述其「遊蹤」[27]。紀行之中既有山水之景，亦有道里行程與外在環境的遭逢，除了秀麗之山川，尚有風俗文物與歷史遺跡衍生的記憶；當山川風物與創作者交接，抒發成文，均是真實的情感。綜觀王士性之著作，既有早期「行記」之特徵，亦涵蓋方志書寫之內涵，又有輿地遊記之特色，綜合言之，總稱之為「紀遊書寫」。

「地誌」（topography）一詞糅合了希臘文中地方（topos）與書寫

---

[24] 關於《廣遊志》的版本、內容，請參見第一章第三節。

[25]〔明〕王士性撰，周振鶴點校：《五嶽遊草、廣志繹》（北京：中華書局，2006年），頁346。

[26]〔明〕王士性撰，周振鶴點校：《五嶽遊草、廣志繹》（北京：中華書局，2006年），頁345。

[27] 游蹤之真實為紀遊書寫之必要條件。神遊、臥遊等以虛構的地點或想像的情境之遊，不列入考察紀遊書寫之範疇。游蹤是經，景觀是緯，織綜出遊記的審美感受與人文意涵。

（graphein）兩字而成。因此，就字源上說，地誌乃有關一個地方的書寫（the writing of a place）。今天英文的「地誌」一詞有三個意思，其一已過時，卻最直截了當：「對一個特定地方的描繪。」其他現行二義分別為：「以圖解與紀實方式如地圖、航海圖，鉅細靡遺地描繪任何地方或區域自然特質的藝術或作法」與「某一地表的構形，包含其凹圖形及河川、湖泊、道路、城市等的位置。」最初，地誌一詞名實相副：以文字描繪某一地方。在此原義作廢之後，便成為以圖像符號——而非文字——製圖之藝術了。地誌的第三義如今已成為最常用的了。[28]地誌指涉著地方的書寫，其間涉及對地方的定位、觀看，乃至於「書寫」及「如何書寫」之課題[29]，與旅行結合，既是空間移動

---

[28] 米樂（J.Hillis Miller）著：〈地誌的倫理：論史蒂文斯〈基韋斯的秩序理念〉，收入單德興編譯：《跨越邊界：翻譯‧文學‧批評》（臺北：書林出版社，1995年），頁83。

[29] 本書以「地誌」為標題，而各章中多出現「地景」一詞。據Tim Cresswell在《地方：記憶、想像與認同》（臺北：群學出版社，2006年）所述，在地景定義中觀者之位置位居地景之外。（頁19～20）Mike Crang《文化地理學》（臺北：巨流圖書公司，2003年）指出地景並非客觀存在的實體，而是文化的體現。「地景可以解讀為文本（text）……表達了社會的意識形態，然後意識形態又因地景的支持而不朽。」（頁35）而地景有如不斷刮除重寫的羊皮紙，又再再提示我們關於變遷的空間散播與時間的意涵。在Paul Cloke，Philip Crang，Mark Goodwin編，王志弘、李炎輝等譯：《人文地理概論》（臺北：巨流圖書公司，2006年）一書有云：「地景不僅被理解為實體環境，還是思考地方、描繪地方，以及賦予地方意義的特殊方式的結果。」「地景是一種觀看方式，地景觀念是塑造世界及其意義的方式。」（頁290），地景，的確可以顯示「觀看」與「建構」之意義。然而，筆者仍以「地誌」為標題，取其較寬鬆之定義：「地方的書寫」，如是，亦能包含「地景」的觀看視角，或能涵容王士性多元豐富的地域觀察與多種文體之行旅書寫。關於以地景為詮釋之論述，可參考王學玲〈在地景上書寫帝國圖像——清初賦中的「長白山」〉，《中國文哲研究集刊》第27期（2005年9月），頁91～121。林淑貞〈地景臨現：六朝志怪「地誌書寫」範式與文化意蘊〉，《政大中文學報》第12期（2005年6月），頁159～194。張蜀蕙〈誰在地景上寫字——由〈大唐中興頌〉碑探究宋代地誌書寫的銘刻與對話〉（《師大學報》第55卷第2期，2010年9月），頁29～79。又如李妮庭〈黃州

的文學詮釋，更有遊人對於地理的觀看與文化想像。

記憶是一種「重要的文化選擇」[30]，而社會記憶一詞取自哈拉爾德‧書爾策的看法，他以「附帶地形成過去的無限紛繁龐大的領域」稱為「社會記憶」[31]。哈拉爾德‧書爾策以納博可夫所寫的小說〈柏林導遊〉為例：「這是一本關於時間和記憶的短篇小說，是對城市的大小要素（包括建築、建設和拆除工作、有軌電車、電車售票員手的動作）的細密的觀察。」「不是一部「地點志」，而是一部時間志。」作家的任務「像日常事物將在未來年代的善意之鏡中呈現出來的那樣，去描繪日常生活。」他指出「納博可夫不僅羅列了自己親眼看到的事物，而且還記述了他在感知柏林這座城市的時候，是怎樣通過回憶自己的歷史和經歷，來過濾所見事物的。他對過去、當前和未來三種時間的痕跡要素的清點記述乃是一種結晶，一種圍繞著他自己的歷史這個客居的柏林。」以此為例，旨在點出「社會記憶」一詞擁有極高的「記憶能量」，涵蓋我們所知的記憶形式與內涵。[32]與前述二概念結

詩景──張耒的地方表述邊摘意識〉，《東華人文學報》第17期（2010年7月），頁21～59。

30 克斯汀‧海斯翠普（Kristen Hastrup）編，賈士蘅譯《他者的歷史──社會人類學與歷史製作‧導編》（臺北：麥田出版社，1998），頁27。另可參照黃應貴：〈時間、歷史與記憶〉，收入《時間、歷史與記憶》導論部份。（臺北：中研院民族所，1999年4月），頁1～29。

31 關於記憶及其現象的研究，涵蓋層面甚廣。本文所言「社會記憶」係採取哈拉爾德‧書爾策在〈社會記憶〉一文的看（收錄於哈拉爾德‧書爾策編：《社會記憶》（北京：北京大學出版社，2007年），頁1～11）。

32「集體記憶」與「歷史記憶」為記憶論述中經常使用的詞彙。[法]莫里斯‧哈布瓦赫（Maurice Halbwachs）在其《論集體記憶》一書中，指出「歷史記憶」乃是通過書寫記錄與其他類型記錄，才能觸及社會行動者，但是卻能夠通過法定活動、紀念節日之類的東西而存續下來。如再在紀念慶典中，由公眾參與的反覆上演的戲劇或慶典儀式發揮了一種焦點作用。……在歷史記憶中，個人並非直接去回憶歷史事件，只有通過閱讀或聽人講述，或者在紀念活動與節日的場合中，人們聚集一處，

合，旨在檢視書寫者（亦是遊人）在當下的空間移動裏如何與昔日的歷史／文化記憶對話？行旅在山川大地之上，除了個人的「發現」之外，更有面對遺蹤古蹟的情境感受。如何觀看「他者」與「自我」，如何書寫個人與外在世界的關係？這些都是值得深入思索的課題。

壯遊不僅是「步行形態學」，更可從考古/社會變遷/城市史以及審美感性等角度來考察。行走中的遭逢，與人之接觸，與風景、自然的相融。當你書寫，遂擁有當地景觀的權力。[33] 行旅，究竟是放寬了自我的視界？還是強化了自我與異己的差異？行旅的記事既有地誌書寫的面向，書寫行旅經驗亦為社會記憶的積累。本題的三個關鍵詞，彼此相互聯繫，可以連結及個人的生命經驗，亦是時代與社會諸多概念的觀照。

學界相關研究成果

王士性的相關研究以大陸學者居多。趙園指出，徐霞客之遊與文

共同回憶長期分離的成員的事蹟與成就時，這種記憶才能被激發出來。所以「過去」往往是透過社會機制儲存與解釋的。正因如此，「集體記憶」具有確保文化連續性的功能。人們對於歷史人物或英雄人物的記憶，必須被看作是「建構的過程」（Constructive Process），而非「還原的過程」。（Retrieval Process）……可以說「集體記憶」基本上是立足在現在對過去的一種重構（reconstruc）。……人們可以說，個體通過把自己置於群體的位置來進行回憶，但也可以確信，群體記憶是透過個體記憶來實現的，並且在個體記憶之中，體現自身。參見〔法〕莫里斯・哈布瓦赫（Maurice Halbwachs）著，畢然、郭金華譯：《論集體記憶》，（上海：上海人民出版社，2002 年）頁 42～43、58～60、67～72。本文以社會記憶為題，如哈拉爾德・書爾策云：「我們自己的回憶脫離不了客觀給定的社會歷史框架，正是這種框架．才使得我們的全部感知和回憶具有某種形式。」同前書，頁 2～4。也就是說社會記憶所涵蓋的面向更寬廣，甚至有些模糊與難以把握的特點，這樣的解釋或許更能呈現王士性行旅書寫所形構的社會文本。

33 雷貝嘉・索爾尼（Rebecca Solnit）、刁筱華譯：《浪遊之歌——走路的歷史》（臺北：麥田出版社，2001 年 9 月）。

人尋常的山水之遊有了輕重之別；其一涉歷地域之廣及行旅的艱苦性，其二是展示了某種學術旨趣，以輿地考察呈示了紀游文字的豪傑氣概。並將王士性與徐霞客並舉為明末兩大遊人。[34]

近幾年大陸學界對於王士性的研究主要分為幾個面向，其一，為專人論著，如徐建春《俯察大地—王士性傳》，其中對於王士性有深入細膩的觀察。另外如徐建春、梁光軍合著《王士性論稿》[35]此書其實是多篇文章的結集，綜合了對於學者對王士性的觀察、研究。

其二為王士性與徐霞客的對照比較，如徐建春〈徐霞客與王士性〉[36]從兩位文學家的生平談起，擴展到著作，展現了兩人不同的旅遊視野。至於張勇〈理論與經驗透出的文化傳統——王士性與徐霞客旅行的比較研究〉[37]則點出宦遊與私遊兩種不同的旅遊型態，使得兩人對於遊的論述有著顯著的差異。[38]

---

[34] 趙園：《制度‧言論‧心態：明清之際士大夫研究續編》，（北京：北京大學出版社，2006年）。

[35] 徐建春：《俯察大地——王士性傳》（浙江：浙江人民出版社，2008年）。徐建春、梁光軍合著：《王士性論稿》（杭州：杭州大學出版社，1994年）。

[36] 徐建春：〈徐霞客與王士性〉，《東南文化》（1994年02期），頁243～251。此外，徐建春另有〈從重視徐霞客到重視王士性：中國人文科學復興的一個標志〉，《浙江社會科學》，1994年02期，頁97～100。

[37] 張勇：〈理論與經驗透出的文化傳統——王士性與徐霞客旅行的比較研究〉，《蘇州大學學報》（哲學社會科學版），2004年05期，頁89～93。另外如馮歲平〈《徐霞客游記》記述的王士性〉，《中國歷史地理論叢》，1998年04期，頁213～217。此論文的旨趣並不在於對二人作全面的比較研究，而在於分析《徐霞客遊記》記述的關於王士性的兩條資料。徐霞客曾在《滇遊日記五》和《滇遊日記十三》中先後記述了王士性，地點皆在雲南的雞足山，所以在此一併對二人的雞足山之行作一初步探討。此外，馮歲平：〈《徐霞客游記》記述的王士性〉，雖以《徐霞客游記》為主體，卻也有徐、王並置之意味。

[38] 臺灣部分則有李姿瑩：《晚明江南文人的遊記書寫——以王士性與徐霞客為例》（東海大學中國文學系碩士論文，2008年）便是以晚明旅遊為中心，綜合來談王士性與徐霞客之間遊觀與書寫的同與異。

　　其三則是王士性專論。或就其著作《廣志繹》、《五嶽游草》之考察與詮釋[39]，或從地理學之角度審視[40]，或就其邊境接觸[41]等等。研究的視域或為「遊觀」，綜論者如陳建勤之系列著作，已結集成書《明清旅遊活動研究——以長江三角洲為中心》[42]，該書採用之文獻資料，包括官方正史、地方史志、文人的遊記等，系統論述了中國明清時期的旅遊風尚、組織方式、接待與交通、經濟消費、景觀變遷等，並深入分析了明清旅遊的社會經濟與文化效應。此外，對於王士性旅遊書寫中提到的各省歷史、疆域、賦稅、物產、水系、山川、風俗、文化等諸多方面作了大量實地考察。專論者如李躍軍〈淺論王士性的旅遊觀〉[43]以及敖紅艷〈試論王士性的「游道」〉[44]，其他專論亦各有所見，顯示了大陸學者研究王士性的思考角度。[45]

---

[39] 丁錫賢：〈王士性及其《廣志繹》〉，《東南文化》，1991年05期，頁116～117。王常紅、王汝虎：〈王士性《五嶽游草》與晚明旅游風尚〉，《飛天》，2010年16期，頁26～27。卿朝暉：〈《五嶽游草》明刻本的形式〉，《中國典籍與文化》，2010年04期。李建軍：〈山水游記之異彩，晚明散文之奇葩——《五嶽游草》的審美意蘊與文學造詣〉，《蘭州學刊》，2009年12期，頁196～199。

[40] 周振鶴：〈王士性的地理學思想及其影響〉，《東南文化》，1994年02期），頁225～229。王振剛：〈從《廣志繹》看晚明地理學發展的新氣象〉，《和闐師範專科學校學報》，2007年第2期，頁172～173。

[41] 覃影：〈王士性對滇雲史地的考究〉，《雲南師範大學學報》（哲學社會科學版），2004年06期，頁98～104。滕蘭花：〈論王士性對明代廣西史地考察及貢獻〉，《南寧師範高等專科學校學報》第25卷，第2期（2008年6月），頁12～15。

[42] 陳建勤：《明清旅遊活動研究——以長江三角洲為中心》（北京：中國社會科學出版社，2008年）。

[43] 李躍軍：〈淺論王士性的旅遊觀〉，《台州師專學報》，第21卷第4期（1999年8月）。

[44] 敖紅艷：〈試論王士性的「游道」〉，《內蒙古大學學報》，第40卷第1期（2008年1月），頁64～67。其碩士論文為《王士性旅游思想初步研究》（2007）。

[45] 喻學才：〈王士性與白鷗莊〉，《東南大學學報》，1999年01期，頁82～89。姜勇：〈自然與人文交融，觀景與科考并重——論王士性游記的敘述視角〉，《安徽電子信息職業技術學院學報》，2010年04期，頁96～98。

　　大陸學者多站在地理學或人文地理學的角度視之。如徐建春〈王士性研究三題〉[46]即指出王士性的貢獻在於「完善的三大龍學說」、「地名學上的貢獻」、「區域思想與區域規劃」，周振鶴指出其書在地理學上的貢獻為：「地理學的區域特點」、「人文現象的考察」、「各省內部的地域差異現象」以及「對地理現象動態性發展的觀察」。並指出其深入細緻的觀察與縝密獨到的思想，對於明末清初的學者有巨大的影響。尤以顧炎武之《肇域志》與《天下郡國利病書》為甚。甚至《肇域志》第一卷〈輿地山川總論〉更是全文照錄王士性《廣遊志》裡的〈地脈〉、〈形勝〉、〈風土〉三節文字。要之，對於王士性在地理學上的成就以及明後期地理學群體及相關著作，都有詳盡的陳述。

　　臺灣學者對於王士性的研究以龔鵬程在〈遊人紀遊：論晚明小品遊記〉為開端。龔鵬程注意到他的文章「介乎客觀地志與抒情文章之間」，「既有自然景觀的遊賞，也有人文的觀察。」並以其「遊觀」來證成王士性不但個人喜歡旅遊，而且還鼓吹朋友出遊，並鼓勵友人撰寫遊記，在書信對話中辨析「遊」的意義。[47]龔先生以《王恆叔近稿》為論述主體，透過和屠隆之間的書信對話為例，論述王士性「遊」的觀念，藉此來說明《五嶽遊草》自序所論「天遊、神遊、人遊」之內涵。此外，筆者近年來發表的論文，分從紀遊書寫[48]以及人在異地的

---

46 徐建春：〈王士性研究三題〉，《浙江學刊》，1994年第4期，頁113～119。

47 龔鵬程：〈遊人記遊：論晚明小品遊記〉，《中華學苑》第48期，1996年7月。

48 范宜如：〈王士性紀遊書寫初探：以《廣志繹》、《五嶽遊草》為討論對象〉，2008，《吳宏一教授六秩晉五壽慶暨榮休論文集》（臺北：里仁書局，2008年），頁301～317。

觀看視角，[49]並關注其紀遊書寫中的抒情質素。[50]另有從江南敘述[51]、地方知識[52]等面向觀照其地理想像與文化視域。本書所需借鑑的文化理論或文獻詮釋則得益於許多學者之智慧成果。

　　在「遊」的論述方面，龔鵬程在《遊的精神文化史論》一書指出，由春秋到戰國、秦、漢，有遊的社會及遊的精神的變遷，在一個以編戶齊民為基本體制的國家理，遊的精神及意識內容，不可避免地會與從前有所不同，遊的特殊化也即在此期間發生。並論及晚明與遊、交遊有關的風氣的論說。他說：「遊的精神如何體現在中國社會文化的各種層面、各個領域。在生活世界中呈現的遊之精神、遊的行為，既在政治經濟及社會政策上產生過重要的作用，也影響到中國人的處事態度與精神動態，所以我必須從政治、社會、文學、藝術、宗教等各個方面去描述」（頁345）開啟了筆者思考「紀遊文學」的多重可能性。不是單一地以藝術形式去劃分或是歸納其所遊歷的客觀名物，反而可以從宏觀的視野，整全地看待遊人紀遊的文化想像。而郭少棠在《旅行：跨文化想像》指出：「古代中國旅行文獻的著作主要是對外國和非漢族族群興趣不大的士大夫。他們所留下來的作品卷帙浩繁，形式各異，很難輕易劃分歸類。從記載帝王巡視邊疆的古代編年體史書開始，旅行書寫即傾向於把焦點放在對帝國周邊及蠻荒之地政治使命的敘述。使者們走過異國他鄉，客觀地紀錄下旅途所遇可

---

[49] 范宜如：〈華夏邊緣的觀察視域：王士性《廣志繹》的異文化敘述與地理想像〉，《國文學報》第42期（2007年12月），頁121～151。

[50] 范宜如：〈山水構圖之紀實特徵與抒情性：以王士性《五嶽遊草》為考察對象〉，《東吳中文學報》第18期（2007年12月），頁165～184。。

[51] 范宜如：〈地景‧光影‧文化記憶：王士性紀遊書寫中的江南敘述〉，《東華中文學報》第3期（2009年12月），頁145～169。

[52] 范宜如：〈文化圖景的形構：王士性《廣志繹》的地方知識與敘事〉，《中國學術年刊》第32期（秋季號）（2010年9月），頁191～222。

怕的地理特徵和民族期俗，繪製出一幅艱難探索的畫面。迄今為止，
有關中國經驗的討論仍然忽視這個基本的跨文化問題的重要性。」由
此可見「跨文化」與「中心／邊緣」之行旅書寫的重要課題。葛兆
光〈山海經、職貢圖和旅行記中的異域記憶〉、沈松僑〈江山如此多
嬌── 1930 年代的西北旅行書寫與國族想像〉、胡曉真〈旅行、獵
奇與考古──《滇黔土司婚禮記》中的禮學世界〉、〈「前有奢香後
良玉」──明代西南女土司的女民族英雄形象構建〉、許暉林〈朝貢
的想像：晚明日用類書「諸夷門」的異域論述〉[53]等著作促使筆者深
入思考旅行中「文化接觸」的議題。巫仁恕對於晚明旅遊現象的爬
梳[54]，以及毛文芳對於旅遊活動的闡釋[55]，亦有助於筆者對於紀遊書寫
之掌握與詮釋。

近年來，受到人文地理學之影響[56]，多有以空間、地方感、地景

---

[53] 葛兆光：〈山海經、職貢圖和旅行記中的異域記憶〉收入氏著《宅茲中國：重建有
關「中國」的歷史論述》（臺北：聯經出版公司，2011 年）。沈松僑：〈江山如此多
嬌── 1930 年代的西北旅行書寫與國族想像〉，《台大歷史學報》第 37 期（2006 年
6 月），頁 145～216。胡曉真：〈旅行、獵奇與考古──《滇黔土司婚禮記》中的禮
學世界〉，《中國文哲研究集刊》29 期（2006 年 3 月），頁 47～83。另，胡曉真：
〈「前有奢香後良玉」──明代西南女士司的女民族英雄形象構建〉原為中研院「行
旅、離散、貶謫與明清文學」（2009 年 12 月）研討會會議論文，後由日人木下雅弘
譯為日文，收於《中國文學報》78 冊，頁 54～90。許暉林：〈朝貢的想像：晚明日
用類書「諸夷門」的異域論述〉，《中國文哲研究通訊》第 20 卷第 2 期（2010 年 6
月），頁 169～192。

[54] 巫仁恕近年來對旅遊活動有許多深入的闡述，可參見〈晚明的旅遊活動與消費文化
──以江南為討論中心〉、〈晚明的旅遊風氣與士大夫──以江南為討論中心〉，收入
熊月之、熊秉真主編：《明清以來江南社會與文化論集》（上海：上海社會科學院出
版社，2004 年，頁 225～255。《中央研究院近代史研究所集刊》第 41 期，2003 年 9
月）。另可參看巫仁恕、狄雅斯：《遊道》（臺北：三民書局，2010 年）。

[55] 毛文芳：〈時與物──晚明「雜品」書中的旅遊書寫〉，收入劉昭明主編《旅行與文
藝國際會議論文集》（臺北：書林出版社，2001 年），頁 291～375。

[56] 根據筆者所見，潘朝陽之論述或許為連結地理學界與古典文學之間的橋樑，參看潘

等視角切入之古典文學論述。《空間、地域與文化：中國文化空間的書寫與闡釋》、《空間與文化場域：空間移動之文化詮釋》、《空間與文化場域：空間之意象、實踐與社會的生產》[57]等書之出版即揭示了此一趨向。本書關於空間之概念自是受到此一系列研討會及專著出版之啟迪。關於文化地景[58]、身體感官與空間論述[59]之相關著作，亦給予筆者深刻而豐富的啟示。胡曉真〈聲色西湖─聲音與杭州文學景味的創造〉[60]提出「城市感官經驗」如何形塑杭州特色，邱仲麟〈風塵、街壤與氣味：明清北京的生活環境與士人的帝都印象〉[61]則以氣味、

朝陽：〈空間、地方觀與「大地具現」暨「經典訴說」的宗教性詮釋〉，收入《心靈‧空間‧環境：人文主義的地理思想》（臺北：五南出版社，2005年），另可參考《儒家的環境空間思想與實踐》（臺北：國立臺灣大學出版中心，2011年）。人文地理學與空間文化研究對於「空間」、「地方」、「場所」幾個詞彙有嚴謹的區別，可參見段義孚（Yi-Fu Tuan）著，潘桂成譯：《經驗透視中的空間與地方》（Space and Place：The Perspective of Experience））（臺北：鼎文書局，1999年）以及《空間的文化形式與社會理論讀本》（臺北：明文書局，1988年）。

[57] 李豐楙、劉苑如主編：《空間、地域與文化：中國文化空間的書寫與闡釋》（臺北：中央研究院中國文哲研究所，2002年），亦可參考黃應貴、王璦玲主編《空間與文化場域：空間移動之文化詮釋》、《空間與文化場域：空間之意象、實踐與社會的生產》（臺北：漢學研究中心，2009年）。此外，黃應貴：〈空間、力與社會〉，收入《空間、力與社會》導論部份。（臺北：中央研究院民族學研究所，2002年）。

[58] 可參照鄭文惠：〈公共園林與人文建構：明代中期虎丘地景的文化書寫〉，《政大中文學報》第11期（2009年6月），頁127～162。

[59] 曹淑娟：〈祁彪佳與寓山──一個主體性空間的建構〉一文從人文地理學中有關存在空間的角度，析論祁彪佳如何在其所建構的玉山園林裡實踐主體意識，構成一個蘊涵主體價值的空間。關於此論述，可參考曹淑娟：〈祁彪佳與寓山──一個主體性空間的建構〉，《空間、地域與文化：中國文化空間的書寫與闡釋》（臺北：中央研究院民族學研究所，2002年12月），頁373～420。以及衣若芬：〈瀟湘八景──地方經驗‧文化記憶‧無何有之鄉〉，《東華人文學報》第9期（2006年7月），頁111～134。

[60] 胡曉真〈聲色西湖──「聲音」與杭州文學景味的創造〉，《中國文化》25/26期（2007年秋季號），頁72～92。

[61] 邱仲麟：〈風塵、街壤與氣味：明清北京的生活環境與士人的帝都印象〉，《清華學

塵埃等微物再現帝都北京。鄭毓瑜對於此面向之論述，有深入而多元之研究成果。[62]《文本風景—自我與空間的相互定義》分由城市意象、園林寓意到國族視域、自然的氣氛等幾個角度入手，一方面結合歷史、思想與文學材料，一方面化用現象學、人文地理學等西方觀點，希望在「自我與空間相互定義」的主軸下，為「抒情」文學尋求更合宜的詮釋脈絡。此外，〈重複短語與風土譬喻——從詩經「山有……隰有……」、「南有……」重複短語談起〉[63]，則以和辻哲郎之風土觀論述詩經之句式，頗具新意。再者〈歸反的回音——漢晉行旅賦的地理論述〉[64]、〈抒情、身體與空間——中國古典文學研究的一個反思〉[65]、〈身體行動與地理種類—謝靈運〈山居賦〉與晉宋時期的「山川」、「山水」論述〉[66]與蔡瑜：〈試從身體空間論陶詩的田園世界〉[67]均觸及如何經由身體「體現」所謂「自然」或「人間」等意蘊，對於筆者論述身體感與風土觀點甚有啟發。

報》新34卷期（2004年），頁181～225。

[62] 鄭毓瑜：〈類與物——古典詩文的物背景〉，《清華學報》，新第41卷1期，2011年3月。對於筆者討論《廣志繹》物類敘寫，甚有啟發。

[63] 鄭毓瑜：〈重複短語與風土譬喻——從詩經「山有……隰有……」、「南有……」重複短語談起〉，《清華學報》，39卷1期（2009年3月），頁1～29。

[64] 鄭毓瑜：〈歸反的回音——漢晉行旅賦的地理論述〉，收入衣若芬、劉苑如主編：《世變與創化——漢唐、唐宋轉換期之文藝現象》（臺北：中研究文哲所籌備處，2010年），頁135～192。

[65] 鄭毓瑜：〈抒情、身體與空間——中國古典文學研究的一個反思〉，《淡江中文學報》第15期》（2006年12月），頁257～272。

[66] 鄭毓瑜：〈身體行動與地理種類——謝靈運〈山居賦〉與晉宋時期的「山川」、「山水」論述〉，《淡江中文學報》卷18（2008年6月），頁37～70。此外王文進關於山水詩的研究，及楊儒賓所論：〈「山水」是怎麼發現的——「玄化山水」析論〉，《臺大中文學報》，第30期（2009年）對於筆者詮釋紀遊書寫甚有助益。

[67] 蔡瑜：〈試從身體空間論陶詩的田園世界〉，《清華學報》新34卷第1期，頁151～180。

　　近年來古典文學的論題與其他學科的對話已成為一種趨勢，透過多元閱讀，探索相關論題的研究成果，才不至於囿於自見，徒為故紙堆中之一人立像爾爾。如是，方能呼應鄭毓瑜所述：「中國古典文學的研究與其他語言學、史學、哲學、地理學的研究一樣，都應該在人類文明史的研究中，扮演著關鍵性的一個環節。」這也是本書欲開展的主要論題 。

　　本書章節之思考，從「發現」王士性入手，旨在勾勒王士性的遊人形貌及其壯遊故事。並指出其著作之重刊隱含了地方認同，藉由其遊觀及其行旅實踐，可看出王士性在孤獨與群體之間，所展現的真率性情。既而細讀《五嶽遊草》之文本，以詩歌與遊記兩種文體對照，看見王士性移動的行跡及生命現場的行旅地圖。王士性身為浙江臨海人，對於江南有其特殊情感，宦旅西南，又有其獨特的觀看之道，因而論述其江南記憶與西南風土。三、四章除了突顯王士性對於家鄉與異地的文化氛圍之外，也試圖築構地域特色與生活歷史。觀看王士性的遊歷地圖，值得玩味的是，其宦旅觀點涉及的面向甚廣，從常民到異族，從名山到邊境，組構了明代社會生活的知識譜系。最後一章，以王士性與前代文人之對話為書寫核心，空間成為遊人之間的媒介，而其地景複寫與文本敘寫所建構的社會記憶，既是抒情的瞬間也涵藏了歷史的向度。

第一章 「發現」王士性

　　旅行，可說是空間位移的活動，也是一種文化行為和一種文化體現[1]；做為一種敘事文類，旅行文學混合錯雜的形式，綜攝許多不同的文類，既可由旅人的所處的位置（屬性身分與特質），閱讀非虛構性事實資料傳述的經驗[2]；又可關注其透過空間之疏離與移動，為敘事者製出其文化主體性、歷史意識、批判距離、感知體系等多元位置，藉以呈現旅行事件及其過程的見聞與衝擊。[3]西方的旅行文學有其歷史脈絡，從文藝復興時期的傳奇怪譚，到啟蒙運動影響下著重實証經驗，要求旅行書兼具知識和怡情的雙重功能；乃至於一九九一年波特（Dennis Porter）出版《心念之旅：歐洲旅行書寫的欲求與踰越》，書中捨棄文類的形式與目的論，轉而凸顯旅行書的論述性質：除了紀錄旅途的經驗表象，更重要的是建構作者的自我主體以及和「他者」的對話交鋒。[4]

　　反觀古代中國的「旅行文學」，其意義更為紛雜。遊記（文學）、紀遊文學、旅遊文學與「旅行文學」等名詞的析辨，就有模稜

1　郭少棠：《旅行：跨文化想像》，（北京：北京大學出版社，2005年），頁15。

2　陳長房：〈建構東方與追尋主體：論當代英美旅行文學〉，《中外文學》第26卷第4期（1997年9月），頁30。

3　廖炳惠：〈旅行與異樣現代性：試探吳濁流的《南京雜感》〉，《中外文學》第29卷第2期（2000年7月），頁289。

4　宋美璍：〈自我主體、階級認同與國族建構〉，《中外文學》第26卷第4期（1997年9月），頁45。

的空間；從歷史的演變來看，「行旅」與「遊覽」的心態[5]，行旅母題的探討[6]、遊與居的思辨[7]，文人之遊與學者之遊的區別[8]，都有其豐富而可相互詮釋的內涵。有關「遊」的文學傳統，似可勾勒兩個系統，其一是屈原的遠遊，與個人生命內涵、理想追尋與歷史記憶相呼應的文人思維；其二則是遊記文學，紀實性書寫的系統與抒情式的感覺體驗交互呈顯。到了明代，遊，成了文人生活的主體。明代旅遊活動的蓬勃與紀遊書寫的興盛不無關聯，學者或從社會文化著眼，探討其商品化與市場化的現象[9]；或細論晚明文人旅遊小品的內在結構與審美生活之相應，進而解讀山水與文人人生經驗的關聯。[10]這些文人遊記從美感的追尋到自然景觀的紀實書寫，呈現了多重的意義。

　　遊，已成為明代文人普遍性的生活體驗，而不必定是展示個人心志的空間展演。如果遊是一種空間移動的歷程，那麼，當我們重新閱讀某些文本，是否也會思考，我們如何界定它是遊記？它是史料？或說，在「遊記」「典律化」的過程中，我們究竟是以「文體形式」還是「內容意旨」來判讀遊記？「行旅」涵蓋多重的文本，那麼，行旅

---

[5]　參看王文進：〈南朝「山水詩」中「遊覽」與「行旅」的區分——以「文選」為主的考察〉，《東華人文學報》第1期（1999年7月），頁103～104。

[6]　楊雅惠：〈行旅與問道：宋代詩畫中由地理經驗到意蘊世界的轉換〉，收入劉昭明主編：《旅行與文藝國際會議論文集》（臺北：書林出版社，2001年），頁179～239。

[7]　龔鵬程：〈遊人記遊：論晚明小品遊記〉，《中華學苑》第48期（1996年7月），頁39～64。

[8]　參見陳平原：《中國散文小說史》第三章第四節〈山水與紀遊〉，（臺北：麥田出版社，2005年）。梅新林、俞樟華主編：《中國遊記文學史》第八、十章，（上海：學林出版社，2004年）。

[9]　巫仁恕：〈晚明的旅遊活動與消費文化——以江南為討論中心〉，《中央研究院近代史研究所集刊》第41期（2003年9月），頁87～143。

[10]　毛文芳：〈閱讀與夢憶——晚明旅遊小品試論〉，《中正大學中文學術年刊》第3期（2000年9月），頁1～44。

（紀遊）書寫中所勾勒的地景與人文的觀察，或為個人性情的展現，或為社會場域與自然的對話，皆可成為當代「重讀」古典行旅（紀遊）書寫的參照。

　　根據學者周振鶴的統計，明代前中葉的遊記並不多，至嘉靖年間（1522～1566）漸漸增加，萬曆（1573～1620）以後則是大量出現。[11]巫仁恕則指出：「撰寫遊記是士大夫重要的文化資本，也是用來和一般遊人區分品味的最重要指標」[12]，並舉鄒迪光在〈台鷹草自序〉之文為例：「夫遊亦難言矣，必濟勝有具，尤必紀勝有筆。濟勝無具，則陟巍臨深，祇涉影響；紀勝無筆，則搜奇剔異，亦落夢境。」[13]眾多文人書寫並出版遊記，蔚為風潮。如果我們將「遊」視為一種人文活動，明代文人的遊，除了閒賞山水的雅興、抒懷寫志的寄託之外，未嘗不是一種自我與外在世界相接的重新「看見」，「發現」自己所處空間的人文義涵。關於晚明遊記的研究，往往集中在徐霞客（1587～1641）及其遊記的解讀[14]；卻忽略了當時另外有一「遊人」王

---

[11]　見周振鶴：〈從明人文集看晚明旅遊風氣及其與地理學的關係〉，收於《復旦學報》（社會科學版，2005年第1期），頁72～78。

[12]　巫仁恕：〈晚明的旅遊風氣與士大夫心態──以江南為討論中心〉，收於熊月之、熊秉真主編《明清以來江南社會與文化論集》（上海：上海社會科學院，2004年），頁225～255。

[13]　〔明〕鄒迪光：《始青閣稿》，卷11〈台鷹草自序〉，頁21b。

[14]　關於徐霞客的研究，大陸學者蔚為「徐學」，相關著作可參呂錫生所編著之《徐霞客集成》（無錫太湖研究中心編纂）、朱均侃、潘鳳英、顧永芝著：《徐霞客評傳》（南京：南京大學出版社，2006年）、朱惠榮所著：《徐霞客與徐霞客遊記》（北京：中華書局，2003年）、朱均侃、倪紹祥編：《徐學概論──徐霞客及其遊記研究》（南京：江蘇教育出版社，1999年）、周寧霞著：《徐霞客論稿》（上海：上海古籍出版社2004年）等等。在臺灣則有期刊專論，如：方麗娜：〈徐霞客遊記之文學特色研究〉，《台南師院學報》第26期（1993年6月），頁139～158、王文進：〈中國自然山水文學的三部曲──以〈南朝山水詩〉到「徐霞客遊記」的觀察〉，《中外文學》第26卷6期（1997年11月），頁75～82等論述。其他亦有碩博士論文討論之。

士性（1547～1598）。從王士性之著作，可以讓我們重新檢視關於紀
遊書寫的文體、內涵及觀看視域。

那麼，我們先要處理首要的課題：王士性是誰？他的著作有無代
表性？

第一節　明史與地方志書中的王士性形象

文獻與史料隱藏了許多待我們抉發的歷史事實[15]。王士性，字恆
叔，號元白道人，浙江臨海人，生於明嘉靖二十六年（1547），卒於
萬曆二十六年（1598）。關於王士性其人，《明史》中對於王士性之
記述，著重其政治事蹟，去時弊如彈劾應天巡撫郭思極，監湖廣鄉試
時，徇私張居正之子張懋修；再者，詔製 山燈，逢慈寧宮火災，上
書「近荊襄洪水、隴關地震、兩浙歲侵，而火災又告，正上下修省之
時。況此宮慈聖太后所居，而太后又新有武清之喪，苟張燈為樂，必
傷聖心，請停前詔。」彈劾座師申時行，「疏言：朝廷用人，不宜專
取容身緘默，緩急不足恃者。」足見其耿介之情性。《明史》對王士
性的評述為：

　　士性端亮有雅度，立朝衿尚名節，為士類所稱。二十三年河南

15　本節之發想源於柯律格（Craig Clunas）《雅債：文徵明的社交性藝術》（Elegant
　　Debts: The Social Art of Wen Zhenming），書中曾以文徵明（1470～1559）為例，
　　透過文徵明選擇性地留下的史料，可以發現，史料本身有所緘默、有所宣說，才造
　　就了我們所研究的過去。因此有必要從研究對象中廣泛摘錄，以便使我們了解，
　　其後人看重哪一部分。而史料本身儘管充滿引人入勝的情節，卻必須被視為一
　　篇文字創作，而非透明的、不帶任何價值判斷的「原始史料」。見柯律格（Craig
　　Clunas）：《雅債：文徵明的社交性藝術》（Elegant Debts: The Social Art of Wen
　　Zhenming）（臺北：石頭出版社，2009 年），頁 213、221、224、228。

缺巡撫，廷推首王國，士性次之。帝特用士性，士性疏辭，言
資望不及國。帝疑其矯，且謂國實使之，遂出國於外，調士性
南京。久之，就遷鴻臚卿，卒。[16]

從這些事件的列舉，可以看出在明史中的王士性著重其仕宦的歷
程，並列舉其仕途之重要事件以及與週遭人物的互動。

至於〈（康熙）台州府志·王士性傳〉，也鋪陳其仕途：「初授朗
陵令，有異績。考選禮科給事中，伉直有聲。乙酉丁內艱歸。戊子復
補。是年典試四川，以觸時忌，外轉。參粵藩，副滇憲，衡文兩河，
所至聞望翕然。既而內詔，歷授巡撫河南都御史，例不當辭，而士性
辭，嫌於沽名，改南鴻臚寺卿，未展所蘊而卒，人咸惜之。」[17]從「伉
直有聲」、「人咸惜之」等話語中可看出〈康熙台州府志王士性傳〉
的撰述者是偏向王士性這一方，這種書寫角度自與地方志書對於家鄉
人物的「偏愛」有關。除此之外，並注意其「遊」、「遊旅」與「遊
記」：

士性以詩文名天下，且性好遊，足跡遂徧五嶽，旁及峨嵋、太
和、白嶽、點蒼、雞足諸名山。所著有五嶽遊草、廣遊記、廣
志繹諸書。[18]

突顯其五嶽之遊旅以及詩文創作，這樣的書寫面向與《明史》的
撰寫大為不同。

---

16 見《二十五史》〈明史·列傳第111·王宗沐條〉（上海：上海古籍出版社，1986
　年）。

17 〔明〕王士性著，周振鶴編校：《王士性地理書三種·廣志繹》（上海：上海古籍出
　版社，1993年），頁652。

18 〔明〕王士性著，周振鶴編校：《王士性地理書三種·廣志繹》（上海：上海古籍出
　版社，1993年），頁652。

〈（康熙）台州府志・王士性傳〉則有更細膩的描述，摹寫其性格：「遊學武林，嘗以天地之英華，不能鬱於而不宣之物，而為山川之人，而為文章，由是慕尚子平為人，有小天下狹九州之概。作為詩文，幽深俊削，孤情獨往。」並勾勒其遊歷地圖，視之為「遊」人。其遊程為：

> 萬曆癸酉，雋賢書上，春官不第，遂入金華山，東南行二百里至仙都，經年而返。丁丑成進士，戊寅赴確山任，過臨安，曰：余居恆數心泉石，幾欲考卜湖畔，良緣未偶，金捧橄朗陵，念走風塵，未卜再遊何日。遂徧遊武林，作湖山六記。辛巳秩滿，例得代篆上閩閩，遂由宛入洛，取道登封，遊嵩高，旋歷中州，行二千三百里，盡得其勝。內陞禮科給事中，建言漕、河水利諸疏，極切時弊。丙戌苫塊中，慨然曰：南海之虛有二越焉，於越當其北，甌越當其南，生長台蕩，席其山川，而山川不知可乎？於是入四明，渡海登補陀，轉姚江，出曹娥，走鑑湖，上禹穴。繼而渡錢塘，下桐廬，過嚴陵，入蘭溪，復東南至永嘉，由樂清遊雁蕩而歸，仍入天台山，結廬於華頂桃源之麓。戊子服闋，北上駐帆濟寧，趨曲阜，觀孔子廟庭，遂由泰安登岱宗，凡齊魯之名山川，無不覽焉。入都給事禮垣，以為漢、唐、宋五陵、曲江、艮嶽、雞鳴、牛首，非百官四湯沐之地耶？……聞命轉廣西參議，遂自蜀入越，道經衡陽，復遊衡嶽，於是五嶽徧歷矣。

依時間順序，從萬曆癸酉、丁丑、戊寅……一一書寫其旅蹤，與〈（康熙）台州府志・王士性傳〉不同的是，敘述其「五嶽」之行之時間與順序，並分析其「仕宦」之旅與「遊」之間的聯結：「天之假公時與地與官，以畢公志。……蓋無時不遊，無地不遊，無官不遊。

公意氣凌霄，一官為寄，天下九州履其八，所未到者閩耳。」〈（光緒）台州府志・王士性傳〉則承繼以上諸說，或全引〈（康熙）台州府志・王士性傳〉所述：「士性以詩文名天下，且性好遊，足跡遂徧五嶽，旁及峨嵋、太和、白嶽、點蒼、雞足諸名山。所著有五嶽遊草、廣遊記、廣志繹諸書。」或引〈明史・王士性傳〉：「河南缺巡撫，廷推首王國，士性次之。帝特用士性，士性疏辭，言資望不及國。帝疑其矯，且謂國實使之，遂出國於外，調士性南京。久之，遷鴻臚卿卒。」從這些史料敘述中，可以看出王士性的遊人形象是從地方志書的撰寫所形塑。〈（康熙）台州府志〉標識其五嶽及其他名山足跡，〈（光緒）台州府志〉則以地圖式鋪陳筆法詳述其行旅腳蹤，指出其無所不遊，歷游九州，僅未至閩地之壯舉。展讀〈明史・王士性傳〉之敘述，僅為一介官吏，對其著作或其登嶽經驗不置一詞，也使王士性其人及著作未受注目、閱讀與思索。再加上其著作被置於《四庫全書總目》[19]史部地理類存目，一般研究者往往視此書為參考文獻，僅擇取此書關於某地之論述以作為論證。地方志書的標舉自然有其地域情感與身分認同之因素，官方詮釋系統的置放、詮述自有時代的思想背景或文化成因。那麼，在眾多的晚明遊人之中，王士性有何特出之處？王士性在晚明遊人的版圖中可有怎樣的位置？更進一步探問，王士性是如何被「發現」的？

　　以下，先從「出版」的角度審視王士性著作在明清時期的閱讀與傳播及定位，並解析「發現」王士性的歷程。

---

[19] 《四庫全書總目》常或稱《四庫全書總目提要》、《提要》等名稱，依據大陸學者崔富章的考證，自乾隆以降的二十四種版本中，作《四庫全書總目提要》者，僅出現於二十世紀前期的二十餘年間，至於《提要》與《四庫全書總目》內容或有所出入，故仍應稱為《四庫全書總目》。見崔富章：《四庫提要補正》（杭州：杭州大學出版社，1984年）。另可參考曾守正：《權力、知識與批評史圖像——《四庫全書總目》「評文評類」的文學思想》（臺北：臺灣學生書局，2008年）。

第二節　從書序看王士性「地理書三種」[20] 之刻印[21] 與閱讀效應

　　王士性之著作被列於《四庫全書總目》卷七十八〈史部三十四〉地理類存目七。此系列所列諸書及其考評可分為「彙編」之書與「創作」之文兩類。「彙編」之書有何鏜（1507～1585）《古今游名山記》十七卷，慎蒙（1510～1581）《天下名山諸勝一覽記》、姚士粦（？～？）《日畿訪勝錄》二卷、不著《名山記》四十八卷、吳秋士《天下名山記鈔》無卷數；「創作」之文有王世懋（1536～1588）《名山遊記》一卷、潘之恆（約1536～1621）《名山注》、王士性（1546～1598）《五嶽遊草》、《廣志繹》、《黔志》、《豫志》[22]、黃汝亨（1558～1626）《天目游記》一卷、王衡（1564～1607）《紀游稿》一卷、姚希孟（1579～1636）《循滄集》二卷、王士禛（1634～1711）《廣州遊覽小志》一卷、孔貞瑄（1634～？）《泰山紀勝》一卷、吳闡思

20　周振鶴將王士性之著作輯為地理書三種，分別為《五嶽遊草》十卷、《廣志繹》五卷、《廣遊志》二卷，見〔明〕王士性著，周振鶴校：《王士性地理書三種》（上海：上海古籍出版社，1993年）。該書包含《五嶽遊草》十卷（根據浙江臨海市博物館清康熙馮甦刻本點校，又以同館所藏另一刻本——洪氏安雅堂刻本補齊。該書以標點為主，未另出校勘記。）、《廣遊志》二卷、《廣志繹》六卷以及《王恆叔近稿》、《拾遺》及附錄。

21　關於明代之出版現象，可參考：〔美〕梅爾清著，劉宗靈、鞠北平譯、馬劍校：〈印刷的世界：書籍、出版文化和中華帝國晚期的社會〉，《史林》（2008年4月），頁1～19。涂豐恩：〈明清書籍史的研究回顧〉，《新史學》（2009年6月），頁181～214。

22　《四庫全書總目》指出：「《黔志》一卷，明王士性撰。曹溶收入《學海類編》中。核其所載，即士性遊記中之一篇。書賈摘出，別立此名以售欺者也。《豫志》一卷，明王士性撰。亦其《五嶽遊草》之一篇，曹溶摘入《學海類編》者也。」

（？～？）《匡廬紀遊》一卷、陳鼎（1650～？）[23]《滇黔紀遊》二卷、張貞生（1623～1675）《玉山遺響》六卷、畢曰澐（？～？）《蒼洱小記》一卷。

彙編與創作為不同的書寫樣式與心靈模式，研究「彙編」之書，可考察編者所處之時代對於「遊」以及有關「遊」的書寫之觀點；詮解「創作」之文，則可考察文人與自然、地方的審美體驗、自我觀照乃至於風俗慣習與文化現象之紀實書寫。本文以明代遊人王士性為主要考察對象，有以下之考量。

其一為深入考察文本，豐富遊記研究：四庫全書史部地理類存目之文獻，長期以來，是受到忽略的。如果檢視四庫館臣的編輯標準，重新觀察探討這些存目之文獻，或可有新的發現。

其二為文類與地域書寫的互文：就上述所言之「創作」之文，以時代劃分，明代之著作為王世懋（1536～1588）《名山遊記》一卷、潘之恆（約1536～1621）《名山注》、王士性（1546～1598）《五嶽遊草》、《廣志繹》、《黔志》、《豫志》、黃汝亨（1558～1626）《天目游記》一卷、王衡（1564～1607）《紀游稿》一卷、姚希孟（1579～1636）《循滄集》二卷。清代則為王士禛（1634～1711）《廣州遊覽小志》一卷、孔貞瑄（1634～？）《泰山紀勝》一卷、吳闡思（？～？）《匡廬紀遊》一卷、陳鼎（1650～？）《滇黔紀遊》二卷、張貞生（1623～1675）《玉山遺響》六卷、畢曰澐（？～？）《蒼洱小記》一卷。由於筆者擬集中焦點，關注明代的遊記書寫及現象，因

---

23 據江慶柏編：《清代名人生卒年表》（北京：人民文學出版社，2005年）陳鼎，約生於1650年，江蘇江陽人，著有《滇黔土司婚禮記》。陳鼎，原名太夏，字禹鼎，江陰人。後改名鼎，字定九。關於陳鼎及其著作研究，胡曉真有專文討論，可參胡曉真：〈旅行、獵奇與考古——《滇黔土司婚禮記》中的禮學世界〉，收於《中國文哲研究集刊》第29期（2006年9月），頁47～83。

此，暫且略過清代之文集。那麼，筆者何以獨鍾王士性之著作？以下分述其他所錄之書，詳作說明。

與之同時代之王世懋（1536～1588），字敬美，太倉人，嘉靖三十八年進士，為王世貞（1526～1590）之弟。所著《名山遊記》共九篇，分為〈京口遊山記上〉、〈京口遊山記下〉、〈遊匡廬山記〉、〈東遊記〉、〈遊二泉記〉、〈遊鼓山記〉、〈遊石竹山記〉、〈遊九鯉湖記〉、〈遊溧陽彭氏園記〉，就創作數量而言，未臻豐富。

黃汝亨《天目游記》乃黃汝亨與佛慧寺僧同遊天目山而作，僅限於天目山，王衡字（侯）山，太倉人，萬曆辛丑進士。《紀游稿》為所作遊記，分為泰山、香山、盤山、馬鞍潭柘、雜記等。二書就研究視角觀之，尚未具深入研究之潛質。

姚希孟（1579～1636）字孟長，吳縣人。萬曆四十七年進士，其舅父為文震孟。所撰《循滄集》，上卷十三篇，為遊太湖洞庭所作；下卷十五篇，則為平生所由南北遊記。（續寫篇目）較王世懋創作量豐富，然地域亦有所限。潘之恆《名山注》內容分為《江上山志》、《蜀山志》、《淮上雜誌》、《新安山水志》、〈越中山水志〉以及〈三吳雜誌〉，就地域而言，較上述諸書廣闊；《四庫全書總目提要》稱之：「或載前人行紀、志傳、題詠，或自為序紀。其他名勝，疑就所遊歷者述之」，可見《四庫》館臣視之為「彙編」之作，而就其原典觀之，宜為個人遊歷與前人行紀題詠之混合。

前文已然提及研究「彙編」之作，有文類與時代之考量，筆者之所以「發現」王士性，一方面欲重新檢視四庫館臣挑選「存目」之意涵，另一方面是從因四庫館臣對其書之提要撰寫有其值得考察的縫隙。

《五嶽遊草》之〈提要〉云：

士性字恆叔，臨海人。萬曆丁丑進士，官至南京鴻臚寺卿。事蹟附見《明史‧王宗沐傳》。錢希言《獪園》又稱臨海王中丞士性，未之詳也。士性初令確山，游嵩岳。擢禮科給事中，遊岱岳、華嶽、恆岳。及參粵藩，遊衡嶽。此外遊名山以十數，經歷者十州。遊必有圖有詩，為圖若記七卷，詩三卷，不進記與詩者為雜誌三卷。亦名《廣遊記》，統題曰《五嶽遊草》，蓋舉其大者以該其餘也。《獪園》稱「峨嵋山有老僧，性好遊。自恨一生不得便遍探名岳，年又駸駸向暮，乃誓於來生了此夙願。臨化，謂其徒曰：吾今往台州臨海縣王氏，託生為男，計老僧化去之年月日時，即士性之甲子」云云。殆因有此書而附會之，然亦緣士性癖嗜山水，故有是言矣。[24]

《廣志繹》之〈提要〉則云：

此書又於《五嶽遊草》(《廣遊記》)之外，追繹舊聞，以補未及者也。首為《方輿崖略》，次兩都，次諸省，附以《雜志》。其《似夷輯》一種，列目於《雜志》之前。然有錄無書，注曰考訂嗣出，蓋未刊也。凡山川險易、民風物產之類，鉅細兼載，亦間附以論斷。蓋隨手紀錄，以資談助。故其體全類說部，未可據為考證也。[25]

以上二書的提要，提供了我們幾個思索的視角，其一為王士性其人其事。提要引用了錢希言《獪園》[26]的說法，以峨嵋老僧嗜遊，化去前託生臨海王氏之說法，印證王士性之遊蹤。以傳奇之說呼應徵實

---

24 〔清〕永瑢等著：《四庫全書總目提要》(臺北：臺灣商務印書館，1968年)。

25 同前註。

26 〔明〕錢希言著《獪園》16卷，(臺南：莊嚴文化，1995年)。

之記，就《提要》的寫法而言，甚為罕見。

　　其二為文體之觀察，在《五嶽遊草》提出了圖、記、詩等遊之「記」；在《廣志繹》則是其書的選錄與傳播「紀錄」與「說部」之「文體」。足見王士性著作之文體之多元。[27]

　　其三則是其書的選錄與傳播，提要有云：「《黔志》一卷，明王士性撰。曹溶[28]收入《學海類編》[29]中。核其所載，即士性遊記中之一篇。書賈摘出，別立此名以售欺者也。《豫志》一卷，明王士性撰。亦其《五嶽遊草》之一篇，曹溶摘入《學海類編》者也。」[30]當時書商特別選錄王士性遊記之篇章，別立書名《黔志》及《豫志》。足見是書有關邊境敘事部份受到閱讀者之重視。

　　筆者試圖《五嶽遊草》、《廣志繹》等書的刻印（重刻）來說明王士性的著作在明清時所組構的人文脈絡及其涵藏的意義。從序文之撰作可以看出幾個脈絡。第一部份是原序，第二部份為重刻序。以下分別說明之。

---

27 《四庫全書總目》未列《廣遊志》之提要，或因是書篇幅較短，無法全面性地回應王士性對於自然地景與人文現象的考察。在王士性著，周振鶴編校之《王士性地理書三種》編校說明中，《廣遊志》不見單獨刻本（所用乃台州刻本），故是書不將其單列，仍歸入《五嶽遊草》中，唯目錄仍其存名（收在是頁210～229）。而在《五嶽遊草・廣志繹》中，所據為康熙本刻本，則無《廣遊志》，其中《廣志繹》所附之《雜志》在書中編為「王太初先生雜志」，其內容實為《廣遊志》。

28 曹溶（1613～1685），字潔躬，又字秋岳，號倦圃，晚號金陀老人，浙江嘉興人。清初藏書家。編有《學海類編》四百三十種，八十六卷。見謝國楨：《明清筆記叢談》，（臺北：中華書局，1964年），頁207。

29 〔清〕曹溶編《學海類編》，卷目分四部共八十六卷，卷目分列四部，一經翼，二史參，三子類，四集餘。首列選錄之旨，取擇甚嚴，力矯明季刻書之弊。……原書僅存文稿，至道光間婁縣張氏官杭州知府，始為刊行。見謝國楨：《明清筆記叢談》（臺北：中華書局，1964年），頁207。

30 〔清〕永瑢等著：《四庫全書總目提要》（臺北：臺灣商務印書館，1968年）。

一 原序的敘述角度

《五嶽遊草》之序文為屠隆所撰，其中的《入蜀稿》，由張鳴鳳撰寫序言。《廣志繹》之序文的撰作者為則為馮夢禎。

屠隆（1543～1605）字長卿、緯真，號冥寥子，浙江寧波人。與王士性同為萬曆五年進士，同在禮部共事，兩人交誼頗深。《五嶽遊草》序文即屠隆所撰。屠隆《白榆集》卷三有〈和王恆叔登玩花台故息夫人臨妝處〉，《棲真館集》卷三〈送王恆叔入蜀〉：「直言抗疏無時無，風采朝廷稱骨鯁。孤忠獨立從古危，水邊含沙終射影。」[31]從「骨鯁」、「孤忠」等語皆可看出王士性「直言抗疏」之行。卷十九亦有〈與王恆叔〉。現存的王士性尺牘中寄給屠隆的信柬即有七封。據楊體元（1662～1722）〈刻廣志繹序〉所云，《廣志繹》一書原交由屠隆作序，未成而王士性遽逝，故是書遂流落。兩書均交由屠隆撰序，可知兩人情誼之深厚。

屠隆《五嶽遊草·序》寫於萬曆癸巳年（1593），屠隆指出王士性「以一官為行腳」並言其遊旅之特殊性，其一為：「震旦山川非高人韻士有清緣者不得遇。」「最大者無如五嶽，古今遊人咸嘆以為不得兼，而恒叔兼之。」指出其「車轍馬跡遍天下，所至登高覽勝，寰中佳山水一一屬其杖履，入其品題。」遊旅行動與書寫的共構，既能「遊」，兼而為文，就屠隆所述，並非人人可遇山川奇景，或為造物者之珍藏：「洞天福地、神區靈蹟，尤為造物所祕惜」，或如南陽劉子驥「迷不得其處」。世人「阻於病羸，奪於塵冗，望嶽而不得登，臨流而不得涉有之。」即如尚子平之遊令人艷羨，然則，「領略山水之趣，亦視其人含文采者，託以抒藻揚芬。」因而，他指出王士性遊

---

31 〔明〕屠隆著：《白榆集》（臺北：偉文書局，1976年）。

旅的第二個特殊性：「所至名章大篇，洋洋灑灑，與山靈爭長。」著
眼其撰作之篇幅體製。又以「抒藻采真，恆叔又二者兼之。」「兼」
成為屠隆對於王士性評價的關鍵詞。

〈入蜀稿序〉[32] 為張鳴鳳[33] 所撰，有云：「臨海王公恆叔南出廣右，
分藩右江。以今歲夏盛暑將家歡言到官，間過張子，數海內名山，皆
嘗至者。計所未至三之一也。張子故喜遊，積二十餘年杭策諸山，僅
是公半，固以屈伏。」張鳴鳳亦喜遊，因此對於王士性之遊旅與遊程
深表歆羨之意。與屠隆相同，除了稱許其遊旅之範疇，更讚其寫作
之筆力：「詠伏省數日，太行、嵩、華、終南、褒谷諸山；黃河、清
渭、天漢、嘉陵諸水，從公之筆，復睹厥勝。乃蜀之東道，限以重
山，束以連峽，諸言山水者奇之又奇，惜未至其地。一旦因公，若
挾輿俱，上峨眉，下夔子，盡巴之東達江陵焉，益又幸見所未見。」[34]
對於其文字再現奇景之功力深為折服。雖然，撰寫序文不免「神話」
作者，然而張鳴鳳具體指出其遊蹤以及重現「山水」勝景之說法，
並云：「夫競於學古則恬於徵士，誦覽而外本山川、訪幽隱，發以軼
才，其必傳無疑。」可見出張鳴鳳對其「遊旅」與「紀遊書寫」之肯
認。

《廣志繹》序文為馮夢禎（1546～1604）所撰。馮夢禎字開之，

---

[32] 〈入蜀記〉收錄於《五嶽遊草》，周振鶴所編纂之《王士性地理書三種》另收錄
〈入蜀稿〉，與〈入蜀記〉重出。

[33] 張鳴鳳字羽王，號漓山人，或號陽海山人、陽海居士等，廣西桂林人，生卒年不
詳。據《廣西通志》卷73《選舉》，明代嘉靖31年（1552年）壬子科舉人，官至
應天府通判。著有《漕書》八篇、《西遷注》一卷、《桂勝》十六卷、《桂故》八
卷，還有《浮萍集》、《東潛集》、《河垣稿》、《謫台稿》、《粵台稿》等。見謝啟昆
監修：《廣西通志》卷73（臺北：文海書局，1966年）、〔清〕黃虞稷撰：《千頃堂
書目》卷24（臺北：廣文書局，1967年）。

[34] 〔明〕王士性著，周振鶴編校：《王士性地理書三種》（上海：上海古籍出版社，
1993年），頁510。

號真實居士，秀水人。萬曆五年會試第一，授編修。據《康熙嘉興縣志》所述：「（夢禎）與沈懋學、張嗣修（張居正之子）同榜，江陵奪情，夢禎邀沈詣肆修，諷以不可，忤之，遂以病免，里居數載。」據錢謙益〈南京國子監祭酒馮公墓誌銘〉所云：「萬曆丁丑，舉會試第一，選翰林院庶吉士。與同年生宣城沈君典；鄞屠長卿以文章意氣相豪，縱酒悲歌，跌宕俛仰，聲華籍甚，亦以此負狂簡聲。」可見屠隆、馮夢禎與王士性由於進士同榜之故，在當時頗有往來。萬曆丁酉年，馮夢禎為作序，指出王士性著作之幾項特點。其一，宦轍天下，游蹤之闊，足以拓人心懷：以司馬子長、杜子美為前導，指出「必周行萬里，網羅見聞，然後著為史記。」「不開萬卷，不行萬里，不能讀杜詩。」進而歸納出「豈非名山大川足以滌人胸懷，發人才性，而五方謠俗、方言物產、仙蹤靈蹟，怪怪奇奇，其於新耳目、闊拘蔽，良有助焉。」並以為王士性「宦轍幾徧天下，視子長、杜陵所到，不啻遠過之。」認為遊可以拓展視野，稱舉王士性遊旅之廣，與屠隆、張鳴鳳之言，可以前後呼應。

其二，羅致眾物與「身所見聞」的書寫態度：馮夢禎就其遊旅範疇與書寫內容，指出：「諸名山自五嶽外，探陟最廣，賦詠亦多。無論名山，即一巖洞之異，無勿搜也。一草木物產之奇，無勿晰也。他若堪輿所述，象胥所隸，軒所咨，千名百種，無不羅而致之几席之下，筆札之間。如五嶽遊記、廣遊志其大者。」「廣」與「多」形容其所履之地以及賦詠之詩文，「異」、「奇」是探訪之角度；舉「巖洞」與「草木物產」及「堪輿所述」種種，則概括地景與風物。綜而言之，《五嶽遊草》與《廣遊志》的書寫內容如書名所述，遊地甚「廣」，書寫亦「廣」。《廣志繹》則是「追繹舊聞」之作。馮夢禎引王士性自言：「他人所述，每每借耳為口，緣虛飾實，余言則否，皆身所見聞也。」稱《廣志繹》六卷所述：「備矣。」既廣且備，這是

馮夢禎給予三本書的評價。

　　其三，敘述方略，核實有據，另有稗官解頤之效：馮夢禎寫出個人閱讀之感受「獨喜其敘山川離合，南北脈絡，如指諸掌」（頁184）「至譚河漕、馬政、屯田、鹽筴、南北控禦方略，具有石畫，不為厄言，躍馬中原，攬轡關河，可謂有天下之志，此當不在遷史杜詩下。它則以資揮塵於稗官，足解人頤又其餘耳。」（頁184）這一部份則是屠隆、張鳴鳳未言及之面向，可說是《廣志繹》一書的特點。從內容來看，涉及防禦方略，從書寫之筆法而言，則有稗官之語。足見王士性的書寫視界的多元，更可藉此探究是書所開展的空間概念與文化實踐。

二　重刻序的闡釋面向

　　從重刻序則又可看見此書在明清之際的位置。潘耒（1646～1708）在《五嶽遊草》序文有言：「余雅好遊，而甚慕太初先生之風流，頃來台求其遺集不可得，少司寇馮公再來偶得是編，重為梓行，屬余序之，其廣遊記、廣志繹諸書將續購焉。馮公官三事而勇退，以山水文章自娛，蓋深有意乎先生之為人者也。」因馮甦之印行，方使此書重現人間。又因潘耒之序，使是書為清代文士所推重。《臨海縣志》[35]載有馮甦之生平事蹟，云其為：「陝西運使學易曾孫也，祖元鼎性至孝……」，而《台州府志》[36]則列潘耒之傳記，雖則潘耒為江南吳江人[37]，而馮甦自稱「康熙辛未孟春同里後學馮甦」又言：「吾鄉王太

35　張寅修、何奏簧纂：《浙江省臨海縣志》卷20〈宦業〉（臺北：成文書局，1975年）。

36　喻長霖纂：《浙江省台州府志》（臺北：成文書局，1970年）。

37　據《明清進士題名碑錄索引》（臺北：文史哲出版社，1982年），頁1098。

初先生夙負雋才，于書無所不讀，以名進士歷官數十年，宦轍所至遍五嶽，因得登峰造極，各窮其奧。……先生之遊誠壯矣哉。」我們有理由可以相信，此書之編製與「地方認同」[38]相關。再者，馮甦自言：

> 予幼讀是書，竊心慕之，然獲遊者不過吾越諸山而已。及筮仕以來，始而滇雲，繼而嶺表，亦僅得擬先生滇、粵一遊。……先生之遊，不特其才為之，實其遇使然。（頁19）

馮甦（1628～1692）字再來，號蒿庵，浙江臨海湧泉人。順治十五年（1658）進士，授永昌推官。康熙十六年（1677）授廣東巡撫。康熙十七年（1678）入為刑部右侍郎。編纂《楚雄府志》、《台州府志》。康熙二十年（1681）致仕歸鄉，讀書於「知還堂」。著有《滇考》[39]、《劫灰錄》[40]、《見聞隨筆》[41]等書。他對於王士性之遊旅與著作甚為傾服，有云：

---

[38] 包弼德（Peter K.Bol）在〈地方傳統的重建——以明代的金華府為例（1480～1758）〉指出幾個可思索的面向：身分認同（identity）是社會生活的一部份，作為一種社會現象，身分認同涉及個人在不同變換的情境中對當下的「同」與「異」的不斷重新界定，以及在現實中普遍性的身份界定和特定個人身分認同的可能性。我們可以檢視人們在時間的過程中如何試圖去建構、複製、遺忘、重拾及轉化身分認同，因為身分認同是歷史上一種社會文化過程的產物。幾乎宋明時期所有的州縣（以及至少在元代的南方），總有一些人——社會階層中的菁英——認同自己為「士」，一般而言，來自地方性的家族，資助地方公益活動，能延續家族的地方性或全國性名聲。以地方作為身分認同，表面上似乎是具有絕對的歸屬性和絕對的排他性。然而檢視地方認同其中涉及多重的選擇。一個「地方」的範圍必須被界定，關於地方身分的意義必須形成相當的共識。以及，個人必須決定他要賦予多少重要性給地方認同。本文收於李伯重、周生春主編：《江南的城市工業與地方文化（960～1850）》（北京：新華書店，2004年），頁247～286。

[39] 〔清〕馮甦：《滇考》（臺北：華文書局，1968年）。

[40] 〔清〕馮甦：《劫灰錄》（成都：巴蜀書社，1993年）。

[41] 〔清〕馮甦：《見聞隨筆》（臺南縣：莊嚴文化，1996年）。

顧海內不乏能文家，求其足迹遍天下，題咏滿名山者，未易多覯，豈選勝無具歟，抑或嗇於遇也。吾鄉王太初先生夙負雋才，於書無所不讀，以名進士歷官數十年，宦轍所至遍五嶽，因得登峰造極，各窮其奧。（頁 19）

他點出王士性之遊，乃「才」與「遇」之結合：「先生之遊，不特其才為之，實其遇使然。向非奉使西南，臥符東北，往復其地，即有百斛之才，千秋之志，亦何由吐其珠璣，為山川生色？」這說法與屠隆所云，能遊而「兼」而有書寫之才更進一程。馮甦指出其遊地之廣有其個人境遇，宦轍雖廣，難在往四方，行旅九州，除了宦遊的境遇，尚有與奇景遭逢的機遇。山川大地之壯遊非僅憑個人之念想或計劃即能實踐，其間涵藏了季節、人事種種變化的可能。馮甦之遊亦受到王士性之啟發，如其所云：「予幼讀是書，竊心慕之，然獲遊者不過吾越諸山而已。」，因而有「先生此游誠壯且難矣」之感歎。如此壯遊，而書成斷簡，馮甦甚有所感，因而修輯是書。〈重刻五嶽遊草序〉有言：

惜是書兩經剞劂，藏板俱失，間有存者，止斷簡殘編，不幾令先生奇才妙筆漸至湮沒，而嶽瀆神靈亦黯然已乎？故於休沐暇特為修輯，去其魯魚亥豕，重付之梓，俾後之君子披覽是書，或有才而嗇於遇，欲遊未遂者，不出戶庭，展卷如對。即有一二高賢能如先生之遊，亦將問途於已經，神交於異世，共信先生當日萃天地之大文章，堪與五嶽並壽，而余亦得附名於不朽也夫。（頁 19～20）

這段敘述，不僅陳說了馮甦如何將《五嶽遊草》從斷簡殘編到付梓成書的歷程，更顯示了馮甦對於閱讀此書的幾種可能，一為臥遊，

一為旅行指南；同時，又指出重新出版《五嶽遊草》以傳世的自詡之情。

我想指出隱藏在序文背後的思考脈絡。很有可能是馮甦編纂《台州府志》之際，「發現」了王士性，加上他自身也曾到過雲南，撰有《滇考》[42]、《滇行紀聞》等書；閱讀進而重刊王士性著作，在〈重刻五嶽游草序〉盛讚其壯遊，「余亦得附名於不朽也夫。」之文句雖過於誇大，卻也看出馮甦相信此書的傳播能量。而為其作序的潘耒（1646～1708）[43]為顧炎武（1613～1682）之學生，亦歷游名勝，撰寫遊記，能「認同」其書寫的內在脈絡。潘耒清康熙十八年（1679年），舉博學鴻詞，授翰林院檢討，參與纂修《明史》，主纂《食貨志》六卷。康熙三十四年，在福建建陽刻成《日知錄》[44]三十二卷本行世。顧炎武、徐枋（1622～1694），王錫闡（1628～1682）、吳炎（1624～1663）及兄檉章（1626～1663）諸君為之師友。序文中指出明代遊記的書寫脈絡「明代聞人如都玄敬、喬白巖、王太初、王崑崙[45]，皆嘗遍遊寰宇，皆能以文詞發攄所睹記。」又指出書寫序文之緣由：「余雅好遊，而甚慕太初先生之風流，頃來台求其遺集不可得，少司寇馮公再來偶得是編，重為梓行，屬余序之，其廣遊記、廣志繹諸書將續購焉。馮公官三事而勇退，以山水文章自娛，蓋深有意乎先生之為人者也。」潘耒因馮甦之故，得以閱讀是書。「偶得」之語，更指出是馮甦之力，方使《五嶽遊草》重現人間。

林雲銘（1628～1697）〈五嶽遊草序〉標舉王士性之寫作精神與筆力：「太初先生諸作雖為五嶽寫照，但其文之沉雄古宕透迤參錯，

---

42 〔清〕馮甦：《滇考》（臺北：華文書局，1968年）。

43 潘耒清於康熙十八年（1679）舉博學鴻詞，授翰林院檢討。參與纂修《明史》。

44 〔清〕顧炎武：《日知錄》（臺北：臺灣商務印書館，1978年）。

45 即王叔承（1537～1601）字承父，吳江人。

蓋將畢生精神與疊嶂層巒、扶輿磅礴之氣相遇」，並讚揚馮甦重印之功及其著作：

> 余同年友馮公再來重鋟王太初先生五嶽遊草，郵致見示，余得
> 受而卒業。……今復得再來為之表章，重鋟垂久，不致如前散
> 佚…再來以詩文巨手，所著如滇考及見聞隨筆、天台記贊後刻
> 諸書，博綜山川人物，皆可傳之無窮，與太初先生宜其後先輝
> 映，讀書人即著書人，為作為述，又非偶然也。（頁26）

從《五嶽遊草》馮甦、潘耒、林雲銘等人的序文，我們可以理解由於馮甦之力，此書得以重現。同時也可看到清代文人對於歷代遊人之看法，譬如潘耒上溯莊周〈逍遙遊〉，舉屈騷所言「雲車風馬歷扶桑而經崑崙」，進而列舉「司馬子長、杜子美、韓退之、蘇子瞻、陸務觀輩」。明代遊人則舉「都玄敬、喬白岩、王太初、王崑崙」，此四人「皆嘗遍遊寰宇，皆能以文詞發攄所睹記。」潘耒自稱「余雅好遊」，寫作時尚未讀到《廣遊記》與《廣志繹》。〈刻廣志繹序〉則又開展出令另一則「失而復得」之故事。

楊體元自承獲此書（《廣志繹》）之經過。先從楊齊莊先生處所獲，為「所著未傳之書」。此書本寄給屠隆作序，序未成而屠隆遽逝，因而流落於楊齊莊處，收藏經年。甲申年原請楊體元付梓，豈料當時南北用兵，丙戌兵變而錄本遺失[46]，對此書念想不置：「雖所蓄金石琴硯、書畫鼎彝、愛玩珍重者，一時散亡，都不復念，獨念此書不置也。」直至甲申年，於李懷帖家見此書，三十年之後重逢，楊體元表達其欣喜之情：「予輒喜過望，如見故人，請假錄之，無論出處必

---

46 楊體元云：「時南北用兵，天下雲擾，僅錄二冊，一自藏，一付王氏諸孫。」所遺失者，應為自藏之錄本。

攜，反覆校閱，即寒暑晦明、寢食憂喜無間也，若與恆叔先生同時商權焉。」

　　楊體元與此書因緣甚深，如其所云：「好書者往往得遇奇書，微獨福也。蓋前人著之而或傳或不傳者，後人得而讀之而且傳之，自有性情感召，不偶然矣。」先受楊齊莊之託付，戰亂之中不時念想，又從同學李懷岵處獲此書，既而「遍質之博雅君子如曹秋岳（1613～1685）夫子、顧寧人（1613～1682）、項東井（1623～1702）……諸同學，咸謂是書該而核，簡而暢，奇而有本，逸而不誣。」使此書獲得清初文人之重視，如曹溶稱之「薈萃諸家，標新領異」。楊體元有云：「念是書當兵火之餘，得而失，失而復得，相去凡三十年於茲，而今日得壽諸剞劂以傳，不可謂性情感召，不偶然也。」楊體元的說法又為此書的「發現」，添增了傳奇性的色彩。

　　嘉慶年間宋世犖（1765～1821）之〈重刻廣志繹序〉又指出此書出版及重刻之緣由：「書梓於康熙丙辰，而流傳絕少，惟**同邑**洪筠軒司馬頤軒家有藏本。今筠軒遠宦粵東，乃取郭石齋秀才葉寅抄本，與余往歲鈔本，互校一過，重付梓人。」雖則楊體元予以重刻，由於數量過少，嘉慶年間宋世犖又對照鈔本，重新付梓。宋世犖稱王士性為「**吾邑**前明王恆叔太僕士性……五嶽恣其遊覽，胸羅丘壑，唾落煙雲。」也指出此書之特色：「蒐羅往事，詢訪時宜，燭險怪如犀燃，暸川原如螺指。舉凡關河扼要、風氣遷移，既縷析而條分，要事賅而理舉。迴非耳食，鏡懸興廢之由；漫付談資，轡攬澄清之志。」[47]（黑體為筆者所加）足見除了《廣志繹》的書寫特色之外，尚有與馮甦相應的同邑鄉誼之地方認同。

---

[47]〔明〕王士性著，周振鶴編校：《王士性地理書三種》（上海：上海古籍出版社，1993 年），頁 232。

　　從萬曆年間刊行到康熙年、嘉慶年間之重刻，王士性著作的重刻印行，涵藏了士人對於「遊」的認知，「遇」的感知，因戰爭遷移的失落與復現以及同鄉文人的地方認同乃至於官方論述的選擇角度。其間所連繫的脈絡，主要受兩個因素影響，一是「詮釋者認同的游的傳統」，其次是「詮釋者所勾連的時代或個人情境」。這些「發現」的歷程，其實也可看見時間流轉中，文人書寫與社會記憶之間相互詮釋的課題。

　　經歷兩度重刻，王士性之著作仍未能獲得在明代遊記文學史上的位置，置於《四庫全書總目》〈史部地理類存目〉的確使其作品長期受到忽略。正因此書被列於為「史部地理類」，一般研究者往往視此書為參考文獻，僅擇取此書關於某地之論述以作為論證。自譚其驤將王士性與徐霞客[48]相提並論後方受到注目。周振鶴重新編纂其著作[49]，並指出其深入細緻的觀察與縝密獨到的思想，對於明末清初的學者有巨大的影響。尤以顧炎武之《肇域志》[50]與《天下郡國利病書》[51]為甚。

---

48 〔清〕潘耒〈徐霞客遊記序〉中，曾盛贊徐霞客不畏艱險「以性靈遊，以軀命遊。」探索山水的精神，云：「登不必有徑，荒榛密箐，無不穿也。涉不必有津，沖湍惡瀧，無不絕也。峰極危者，必躍而居其巔。洞極邃者，必猿挂蛇行，窮其旁出之竇。窮途不憂，行誤不悔。暝則寢樹石之間，飢則啖草木之食，不避風雨，不憚虎狼，不計程期，不求伴侶，以性靈遊，以軀命遊，互古以來，一人而已」見〔明〕徐弘祖著：《徐霞客游記》（上海：上海古籍出版社，1993 年）。

49 周振鶴將王士性《五嶽遊草》、《廣遊志》、《廣志繹》合集為《王士性地理書三種》。周振鶴有言：「本書收入王士性地理著作《五嶽遊草》與《廣志繹》兩種。前者原收入上海古籍出版社出版王士性地理書三種，中有錯簡之處，今予以訂正，並重新標點再版。後者中華書局 1981 年已出過點校本，所用底本為台州叢書本，今改用康熙科本重新點校。又康熙本《廣志繹》所附雜志實為王士性另一著作《廣游志》，故本書實收王士性地理書三種。」本文根據周振鶴於於 2006 年中華書局重新校訂之《五嶽遊草》、《廣志繹》為本，此後直接於文末加上頁碼，不另加註。

50 〔清〕顧炎武：《肇域志》（上海：上海古籍出版社，2004 年）。

51 〔清〕顧炎武：《天下郡國利病書》（臺北：臺灣商務印書館，1981 年）。

甚至《肇域志》第一卷〈輿地山川總論〉更是全文照錄王士性《廣遊志》裡的〈地脈〉、〈形勝〉、〈風土〉三節文字。要之，對於王士性在地理學上的成就以及明後期地理學群體及相關著作，都有詳盡的陳述。

　　除了審視其經世思潮下的地理觀念與區域特點的分析，周振鶴更提出王士性對於風俗、文化現象的視角，標舉其書承接《史記・貨殖列傳》及《漢書・地理志》[52]的人文地理研究：「明人的遊歷考察多注重自然山水，獨有士性亦並重考察人文現象。」同時又指出其著作與《徐霞客遊記》之不同：「《廣志繹》與《徐霞客遊記》不同，它們不是日記式的旅遊實錄，而是在實地考察之後，對於所得材料去粗取精、整理排比並加上理論思維的地理著作。所以它在篇幅上雖比不上徐霞客遊記，但論內容的豐富與對地理學的貢獻卻毫不遜色，甚且有所過之。王士性的旅遊行蹤則另入《五嶽遊草》中，極簡練，而又文

---

52 《史記・貨殖列傳》當中早有地域分隔與地方特色概念，並且具有歷史感。文中有云：「關中自汧、雍以東至河、華，膏壤沃野千里，自虞夏之貢以為上田，而公劉適邠，大王、王季在岐，文王作豐，武王治鎬，故其民猶有先王之遺風，好稼穡，殖五穀，地重，重為邪。……」至於蜀地特色則云：「巴蜀亦沃野，地饒卮、姜、丹沙、石、銅、鐵、竹、木之器。南禦滇僰，僰僮。西近邛笮，笮馬、旄牛。……然西有羌中之利，北有戎翟之畜，畜牧為天下饒。」其他地方地理特色之顯現如：「齊帶山海，膏壤千里，宜桑麻，人民多文采布帛魚鹽。臨菑亦海岱之間一都會也……」、「楚越之地，地廣人稀，飯稻羹魚，或火耕而水耨……以故呰窳偷生，無積聚而多貧。是故江淮以南，無凍餓之人，亦無千金之家……」而《漢書・地理志》中詳述戰國、秦、漢之領土疆域、建置沿革、封建世系，且載錄各地形勢風俗。如：「巴、蜀、廣漢本南夷，秦並以為郡，土地肥美，有江水沃野，山林竹木疏食果實之饒。……」或如：「楚地，翼、軫之分野也。今之南郡、江夏、零陵、桂陽、武陵、長沙及漢中、汝南郡，盡楚分也。」、「楚有江漢川澤山林之饒；江南地廣……」、「吳、粵之君皆好勇，故其民至今好用劍，輕死易發。」、「粵既並吳，後六世為楚所滅。後秦又擊楚，徙壽春，至子為秦所滅。」詳述各地域特色。

采煥然。」

　　周振鶴指出其書在地理學上的貢獻：「地理學的區域特點」、「人文現象的考察」、「各省內部的地域差異現象」以及「對地理現象動態性發展的觀察」等等，較少從文學的角度加以考索，卻也注意其「簡練之文采」、「整理排比」之寫作特色。而龔鵬程注意到他的文章「介乎客觀地志與抒情文章之間」，「既有自然景觀的遊賞，也有人文的觀察。」已觸及其書寫之特質以及「紀實」與「抒情」之考察，足見其著作蘊含的研究潛質。

　　此書由刻印、重刻到編校的過程，可謂涵蓋了鄉邦的情誼、壯遊的慕想、地方的認同以及近現代學科對於文獻史料的考察。從自然地理的發現，到人文地理的詮解，王士性的著作仍是被放在地理學的位置。筆者嘗試從文學與文化的角度考掘其人及其著作，還原王士性在明代「遊的文學史」之位置。

第三節　《五嶽遊草》、《廣遊志》、《廣志繹》三書之內容

　　王士性《五嶽遊草》、《廣游志》、《廣志繹》三書，曾被稱作「地理書三種」，由於《廣游志》僅附於《廣志繹》之《雜志》，僅能視為單篇著作，無法有完整輪廓，筆者以講述的方式溝類其各篇內容。《廣志繹》一書，筆者視之為筆記體著作[53]，如呂叔湘所言：「或

---

[53] 徐建春稱之為「筆記體」地理著作。見〈徐霞客與王士性〉，《東南文化》1994年02期，頁243～251。筆者呼應其說，指出其「瑣言」之表述形式，參見范宜如：〈華夏邊緣：王士性《廣志繹》的異文化敘述與地理想像〉（《國文學報》第42期，2007年12月）。

寫人情，或述物理，或記一時之諧謔，或敘一地之風土。」[54]具「隨事立體」之敘事形態，故以較多的篇幅敘寫其書寫情境與文學質素。本書第二章將以《五嶽遊草》為主要論述對象，因而在此只做簡要的說明。以下分述三書之內容：

一 解讀《廣遊志》

王士性紀遊書寫的風貌涵蓋自然景觀與人文觀察的面向，他以多種文體跨越了文學與地理、知識與情感的界線，旅行中的人文觀察呈現了地域與人文特性的對應。近代學者周振鶴收錄王士性目前已知的全部著述，即《五嶽遊草》、《廣遊志》及《廣志繹》三種。所據版本為清代康熙馮甦重刻，由於《廣遊志》不見單獨刻本，五嶽遊草第十一、十二卷實為《廣遊志》[55]。

此書分析各地在自然環境以及人文因素的差異，分為〈雜志上〉：「地脈、形勝、風土、夷習」〈雜志下〉：「勝概、磯島、陵墓、洞壑、古木、古蹟、碑刻、樓閣、書院、剎宇、蠱毒、仙佛、物產、奇石、溫泉、聲音」等二十個類目，〈地脈〉一章指出：「自昔堪輿家皆云，天下山川起崑崙，分三龍入中國。然不言三龍盛衰之故。」（頁330）進而指出：「古今王氣，中龍最先發，最盛而長，北龍次之，南龍向未發，自宋南渡始發。」（頁331）闡釋了中龍、南龍、北龍的山脈分布，並指出移轉的可能：「然東南他日盛而久，其勢未有不轉而雲、貴、百粵。如樹花先開，必於木末，其體盛而花不盡者，又轉而老幹內，時溢而成萼，薇、桂等花皆然。山川氣寧與花木

---

54 呂叔湘：《筆記文選讀》（臺北：純真出版社，1983年），頁1。

55 周振鶴於2004年出版之《五嶽遊草》點校本，又云：「康熙本《廣志繹》所附雜志實為王士性另一著作《廣遊志》。」

異？故中龍先陳、先曲阜，其後轉而關中；北龍先涿鹿、先晉陽，後亦轉而塞外。今南龍先吳、楚、閩、越，安得他日不轉而百粵、鬼方也？」（頁331）〈形勝〉一節，論述明代兩京十三省的自然地理基礎，如「山東以泰岱為宗，其於各省，雖無高山大川之界，然合齊、魯為一，原自周公、太公之舊疆也，不入他郡邑矣。惟兩浙兼吳、越之分土，山川風物，迥乎不侔。浙西澤國無山，俗靡而巧，近蘇、常，以地原自吳也；浙東負山枕海，其俗樸，自甌為一區也。」（頁333）〈風土〉從氣候、土質談各地特質，〈夷習〉主要談西南諸夷之俗習，〈勝概〉則論名山勝景，王士性除了指出名山地理之外，還描述自己親身接觸、體驗的感受「至於朝日如輪，晚霞若錦，長風巨浪，海舟萬斛，觀斯至矣，勝斯盡矣，余皆身試，思之躍然。」（頁338）

〈磯島〉全文甚短：「大江水中，石山突出，枕水為磯，如燕子、三山、慈母、采石、黃鵠、城陵、赤壁俱佳。采石四周皆水，江流有聲，月夜有餘景，赤壁三面臨水，汪洋玦抱，洲渚淺處，芳草時立鷗鷺，晴日為宜，燕子僅水繞一方，然巇崿奇峭，怪石欲飛，晴雨雪月，無所不可人意。」（頁338）然書寫甚有情味，與前述〈地脈〉、〈形勝〉之書寫手法大相逕庭。

〈陵墓〉論古代名人文士之陵墓，王士性以自身之親履探尋與文獻之說法對照，提出名人「多墓」之現象。甚至有相隔甚遠，卻聲稱均有其墓之現象，如「會稽禹陵窆石最神奇矣，或云葬衣冠，又云藏秘圖。楊用修又云蜀有禹穴。抑蜀穴生，越穴葬也？」（頁339）亦有「虛冢」如「唐則於羅池謁柳子厚墓，或亦云虛冢，蓋子厚歸葬河東。」又如各地皆有其墓之現象：「若郭景純[56]墓，則遍海內有之，不獨

---

56 《晉書》列傳第42：「郭璞（276～324），字景純，河東聞喜人也。父瑗，尚書都

金山、太末，或亦神其說，如遇浮屠古剎必稱魯班[57]造云。」（頁340）

〈洞壑〉載有道書之洞天福地，人境之佳景：「至如塵境遊玩，所稱佳者，吾浙則金華三洞、縉雲暘谷洞、徐州白雲洞、蜀中香溪魚洞、貴竹飛雲洞、滇中臨安三洞、柳州立魚洞、端州七星洞，各負奇境，總之不若桂林、栖霞尤佳」（頁340）以及晉中土洞等等。〈古木〉則指出古木經歲，「良有鬼物呵護之」竟有木已無存，而僧人任指他木以誑遊人者：「他如真武榴梅、靈隱月中桂子、少林秦封槐、涪園荔枝、廣陵瓊花，問之咸不存，黠僧輩往往指贋者以誇遊人無辨者。」（頁342）

〈古蹟〉、〈碑刻〉、〈書院〉則如題所述。〈樓閣〉言「仲宣樓」[58]、「太白樓」、「南昌滕王閣」[59]、「岳州岳陽樓」[60]之勝景。〈蠱毒〉

令史。」、「璞撰前後筮驗六十餘事，名為《洞林》。又抄京、費諸家要最，更撰《新林》十篇、《葡韻》一篇。注釋《爾雅》，別為《音義》、《圖譜》。又注《三蒼》、《方言》、《穆天子傳》、《山海經》及《楚辭》、《子虛》、《上林賦》數十萬言，皆傳於世。所作詩賦誄頌亦數萬言。子驁，官至臨賀太守。」〔宋〕王象之《輿地紀勝》卷七〈鎮江府〉「景物」條云：「金山前有三島，號石牌，稱郭璞墓。」

57 魯班姓公輸，名般、班或 （盤），亦稱公輸子。春秋末葉人，為著名工匠。《墨子·公輸》載：「公輸盤為楚造雲梯之械，成，將以攻宋。」《墨子·魯問》：「公輸子削竹木以為鵲，成而飛之，三日不下，公輸子自以為至巧。」〔周〕墨翟撰：《墨子》（臺北：中國子學名著集成編印基金會，1978年）。

58 〔宋〕王象之：《輿地紀勝》卷第65：「皇朝郡縣志云，望沙樓在府城東南隅，後梁時高季興建，以望沙津，即其下造戰船，陳堯咨更名。」（〔宋〕王象之，李勇先校點：《輿地紀勝》（成都：四川大學，2005年）。

59 〔宋〕王象之《輿地紀勝》卷第26：「滕王閣，在郡城之西，唐高祖之子滕王元嬰所建也，以二亭，南曰壓江，北曰挹秀。自唐至今，名士留題甚富，王勃記云，畫棟朝飛南浦雲，珠簾暮捲西山雨。」

60 〔宋〕王象之《輿地紀勝》卷第69：「岳陽樓。寰宇記云，唐開元四年，唐張 自中書令為岳州刺史，常與才子登此樓，有詩百餘篇，列于樓壁。岳陽風土記曰，岳陽樓，城西門樓也。下瞰洞庭景物寬廣。皇朝郡縣志云，慶曆四年，郡守滕宗諒重建，取古今賦詠刻石其上。范文正公仲淹為之記。」

指出閩、廣、滇、貴之中蠱毒之情狀。〈仙佛〉以其所見為例，「余鄉比丘肉身，天台有懷榮，臨海有懷玉，咸數百年不壞，腐儒何得概斥之。」（頁344）

〈功德〉則舉諸例論述，如「諸葛孔明平南，七擒七縱，滇人至今如天威在，極緬莽萬里，猶立其碑，藉口稱漢地。餘者近或不能易世，遠或不能易姓。」（頁345）〈物產〉論物與地方的關係，首言「物產出於土，咸造化精英所孕，其氣聚多偏。」（頁345）既而論天產與百工技藝之物「惟東南吳、越間，止生人不生物。人既繁且慧，亡論冠蓋文物，即百工技藝，心智咸儇巧異常，雖五商輳集，物產不稱乏，然非天產也，多人工所成，足奪造化。」（頁345）〈奇石〉舉硯石、磬石、屏石等，又云崑山、桂林、峨眉等山石。〈溫泉〉辨析驪山、安寧等地之溫泉：「安寧清澈，深六七尺，毛髮都鑑，又水中蹲綠玉石，坐而浴甚佳。驪山泉出穴甚熱，到浴池正溫。安寧出穴即可浴，然初浴覺稍熱，久之反溫，俱無硫黃氣。楊用修強以硫黃誣驪山，豈未嘗親試耶？」（頁346）

全編的最後一章則是〈聲音〉歷數各地之差異：「八方各以其鄉土，不純於正聲，難以彼此相誚也。有一郡一邑異者，亦有分大江南北異者。……若一省一郡異者，如齊、魯發聲洪，淮、揚腰聲重，徽、歙尾聲長。」（頁347）又言：「然余所述特言語間尤其淺者」其論述內容甚廣，然未盡深入，王士性有言：「茲病而倦遊，追憶行蹤，復有不盡於志者，則又為廣志而繹之。」（〈自序〉，頁185）足見《廣游志》與《廣志繹》書寫的層次。

二 詮解《廣志繹》

《廣志繹》一書，筆者曾指出既有「旅行指南」的功能，亦有

「百科全書的特質與風俗書的小說風情[61]。此書多用在輿地資料之考訂，如顧炎武將大部份內容抄入《肇域志》，分列於各省，題之曰〈方輿崖略〉[62]；曹溶則割裂《廣志繹》，以其河南、貴州、山西、陝西及湖廣五部份各當五本書，分別冠以豫書、黔書、晉錄、秦錄及楚書之名，並收入其所輯之《學海類編》[63]，足見是書在地理形勢與經緯方位之處有其獨到之處。[64]

明、清的學者文人閱讀此書各有所重。馮夢禎「獨喜其敘山川離合，南北脈絡，如指諸掌」（頁184）「至譚河漕、馬政、屯田、鹽筴、南北控禦方略，具有石畫，不為卮言，躍馬中原，攬轡關河，可謂有天下之志，此當不在遷史杜詩下。它則以資揮麈於稗官，足解人頤又其餘耳。」（頁184）曹溶指出其「薈萃諸家，標新領異，有所寓焉而成是書也。」（頁181），並指出其敘說的方式為「綴述」、「追繹舊聞」、「品騭」與「銓敘」（頁181）。楊體元則以為（「使經綸天下者得其大利大害，見諸石畫，可以佐太平。」，「不似齊諧志怪，虞初小說、百家雜俎，誕而不經，玉卮無當也。」）（頁182～183）從以上說法可以看出是書具有高度的知識性質。再者，此書的閱讀效應可分成兩部份，其一為經世之功，另一則為解頤之效。馮夢禎以「解人頤又其餘耳」，顯示此書的重要性在於「經世濟民」之用，這或許也

---

61 范宜如：〈華夏邊緣的觀察視域：王士性《廣志繹》的異文化敘述與地理想像〉，《國文學報》第42期（2007年12月）。

62 〈方輿崖略〉實為《廣志繹》卷一之名。見《廣志繹》（中華書局，2006年），頁189。

63 豫書與黔書署名為王士性，後三種則托以假名。

64 《四庫全書總目提要》列為史部地理類存目，並云：「凡山川險易，民風物產之資，巨細兼載，亦間附以論斷。蓋隨手紀錄，以資談助。故其體全類說部，未可盡據為考證也。」

具顯了當時文人對於家國處境的深刻體會。[65]然而一「重」（經世）一「輕」（解頤），也可見出筆記體著作的多元特質。

　　《廣志繹》全書六卷，分為方輿崖略、兩都、江北四省（河南、陝西、山東、山西）、江南諸省（浙江、江西、湖廣、廣東）、西南諸省（四川、廣西、雲南、貴州）以及夷輯（闕）。由這六卷的劃分可見其對地方的部署與分判，每篇前附一段說明（小序），作為概覽之用，成為固定的敘事體例，表列如下。

標目	小序
卷一：方輿崖略	方輿廣矣，非一耳目、一手足之用能悉之崖略者，舉所及而識其大也。昔人有言「州有九遊其八」。余未入閩，庶其近之哉。（頁189）
卷二：兩都	兩都之制，始自周家，後世間效為之。我朝以金陵開基，金臺定鼎，今金陵雖不以朝，然高皇所創，文皇所留，廟謨淵深，實暗符古人之意。余兩宦其地，山川謠俗，聞見頗多，茲特其尤較著者。直隸郡邑，各從南北而附。（頁203）
卷三：江北四省	周、宋、齊、魯、晉、衛自古為中原之地，是聖賢明德之鄉也，故皆有古昔之遺風焉。入境問俗，恍然接踵遇之，蓋先王之澤遠矣，故以次於兩都。（頁223）
卷四：江南諸省	江南地拓自漢武帝，其初皆楚羈縻也，故楚在春秋、戰國間，其強甲於海內。余嘗至廣右而歎秦皇、漢武之功也。語具廣遊志中。故以次於江北。（頁263）

---

[65] 趙園指出從明清之際士人對於夷夏之述，可以看出明清之際士人文化視野的擴張，空間意識的變化，世界、人類感之積累，更可看出「世界圖像」緩慢之生成過程。見趙園《明清之際士大夫研究》第二章〈易代之際文化現象論說〉（北京：北京大學出版社，2006年），頁97。

卷五：西南諸省	蜀、粵入中國在秦、漢間，而滇、貴之郡縣則自明始也。相去雖數千年，然皆西南一天，為夷漢錯居之地，未盡耀於光明，故以次於江南。（頁301）
卷六：夷輯	缺

　　所有空間範圍以及地誌名詞的命名與認知，關係到書寫者對於地方與世界的看法。小序中可見其編排之次序、對該地歷史之嬗變與評述、對教化之功效的讚語以及夷夏之分的文化視域。如西南諸省列於江南之後，實因「為夷漢錯居之地」，由此語亦可知王士性對於「夷夏之分」的文化觀察；又如江北諸省所云：「是聖賢明德之鄉也，故皆有古昔之遺風焉。」則顯示了歷史的積澱與文化的底蘊。至於對該地歷史之嬗變，內文中亦有補述，如〈方輿崖略〉對古今疆域的評述：「古今疆域，始大於漢，最闊於唐，復狹於宋，本朝過於宋而不及唐」（頁190），又從歷史變遷的角度論談江南一地：

> 江南佳麗不及千年。孫吳立國建康，六代繁華，雖古今無比，然亦建康一隅而止，吳、越風氣未盡開也。蓋崔葦澤國，漢武始易闇眢而光明之，為時未幾。觀孫吳治四十三州、十重鎮，並未及閩、越，特附於宣州焉已。晉分天下十九州，吳、越、閩、豫，通隸揚州。唐分十二道，一江南東道，遂包昇、潤、浙、閩；一江南西道，遂包宣、歙、豫章、衡、鄂，豈非地曠人稀之故耶？至殘唐錢氏立國，吳越五王繼世，兩浙始繁。王審知、李璟分據，八閩始盛。然後宋分天下為二十三路，江南始居其八焉，曰兩浙、曰福建、曰江南東、曰江南西、曰荊湖北、曰荊湖南、曰廣南東、曰廣南西，而川中四路不與焉。趙宋至今僅六七百年，正當全盛之日，未知何日轉而

黔、粵也。（頁 190）

值得注意的是「趙宋至今僅六七百年，正當全盛之日，未知何日轉而黔、粵也。」表示對於地域的發展，他是抱持著「未知」的可能性去面對。從小序中，也可看出王士性個人對地理的認知以及經世功效的思索。

《廣志繹》一書所及地域遼闊、事物細瑣，其書寫座標則是依據王士性在《廣志繹》自序及分卷小序中之詮述所劃分。就其自序有云：「茲病而倦遊，追憶行蹤，復有不盡於志（案：為《廣遊志》）者，則又為廣志而繹之。」既是「追憶」，因而可觀察其「比較與參照的視角」，如何廣「志」而「繹」之，故論其「博物與瑣言的寫作面向」。王士性的寫作觀點為：「蓋天下未有信耳者而不遺目，亦未有信目者不遺心，故每每藉耳為口，假筆於書。余言否否，皆身所見聞也，不則寧闕如焉。」（《廣志繹・自敘》，頁 185）故論其「考證辨實的書寫面向」。茲詮說如後：

（一）比較與參照的視角

Clifford Geertz 指出：「局限於經驗親近的概念，會使一個民族學家被直接的事物所淹沒，同時攪纏在地方俚語之中無法自拔。而局限於經驗疏遠的概念，則會使他擱淺於抽象之中，為專業術語所窒息。」「人們運用經驗親近的概念是自發的、不自覺的，因為它是日常的詞彙。」[66] 雖然王士性不是民族學家，然而，此處關於「經驗親近、經驗疏遠」的概念，卻可以說明《廣志繹》的敘事視點。尤其此書的簡賅筆法，雖是事件的紀錄，卻能看見文字背後的語言面貌與講

---

[66] Clifford Geertz 著、楊德睿譯：《地方知識》（臺北：麥田出版社，2002 年），頁 86～87。

話姿態,創造了書面的臨場感。譬如討論桂林之地形特徵:

> 桂林無地非山,無山而不雁蕩;無山非石,無石而不太湖;無
> 處非水,無水而不嚴陵、武夷。百里之內,獨堯山積土成阜,
> 故名天子田;獨七星山一片平蕪,故名省春岩。平樂以上,兩
> 岸咸石壁林立,則溪中皆沙灘無石,舟堪夜發。平樂以下,兩
> 岸土山迤行,則江中皆石磯岩笋,動輒壞舟。李序齋聞余言笑
> 曰:「尚欠兩句。」余曰:「何也?」李曰:「無縣非人,無人
> 而不傜僮;無人無婦,無婦而不蓬跣。」眾乃大噱。(頁311)

「無⋯⋯無⋯⋯」為本段敘述中出現最多的句式。乍看之下,是
地誌書寫的特有句型,嵌入了地名與地景,也突顯了桂林的地理特
徵。前半部客觀的敘寫語調,彷若是客觀的報導者;後半段加入了李
序齋模仿其句式的幽默話語,及聽眾的反應,又使紀實的描述融入了
參與者的現場體驗。這是筆記體寫作的「重述」的書寫型態。敘事者
必有其所居的位置,使每個「在場」的事件,呈現書寫者「介入」的
觀視角度。

其一為以江南為觀看視角,評議地方民俗。文中多處可見與江南
一地的對照與比較,如「中州雖無山,然出美石,黑者如清油,白者
如截肪,不若江南之粗理也。」(頁224),又如:「江南洞在地上,
皆天生,塞北洞在地下,皆人造。」(頁246)一為石,一為洞穴;大
抵石係中州為美,而洞是自然之景,「天生」與「人造」之語,或為
突顯塞北人之辛勞之語。

再如「山西地高燥,人家蓋藏多以土窖,穀粟入窖,經年如新,
蓋土厚水深,不若江南過夕即浥爛。」(頁246)則是對照的寫法,對
比山西與江南之溼度。再如:「江南雖多山,然遇作省會處,咸開大
洋,駐立人煙,凝聚氣脈,各有澤藪停蓄諸水,不逕射流。即如川

中，山纔離祖，水尚源頭，然猶開成都千里之沃野，水雖無瀦，然全
省群流，總歸三峽一線，故為西南大省。獨貴州、廣西山，牽群引隊
向東而行，並無開洋，亦無閉水，龍行不住，郡邑皆立在山椒水濱，
止是南龍過路之場，尚無駐蹕之地，故數千年闇汶，雖與吳、越、
閩、廣同時入中國，不能同耀光明也。」（頁310）雖是以分析各地
地形為主，卻有稱揚江南的潛質。

至於「都城眾庶家，易興易敗。外省富室，多起於四民，自食其
力。江南非無百十萬金之產者，亦多祖宗世業。惟都城人，或冒內府
錢糧，抑領珠寶價值，抑又賃買中貴、公侯室居，而掘得地藏窖金，
以故數十萬頃刻而成。然都人不能居積，則遂鮮衣怒馬，甲第瓊筵。
又性喜結交縉紳，不恡津送，及麗於法，一敗塗地，無以自存。余
通籍二十年，眼中數見其人。」（頁206）此為江南與都城之「人物
相對論」，都城為「易興易敗」，外省則「自食其力」；江南「多祖宗
世業」，都城雖「掘地得金」但「不能居積」，因而「一敗塗地」末
句則是介入式觀察。此外「寶雞以西蓋屋，咸以板用石壓之。小戎曰
「在其板屋」，自古西戎之俗然也。此地流渠走水，依稀江南，在關
中稱沃土。」江南之景是王士性永恆的鄉愁。

再者，因為「追繹舊聞」，故有隱藏式的聯繫，以及與他地對照
的寫作形式。如：（「明、台濱海郡邑，乃大海汪洋無限……東南境
界，不獨人生齒繁多……若淮北、膠東、登、萊左右，便覺漁船有
數。」）（頁268～269）再如：「江右俗力本務嗇，其性習勤儉而安簡
樸，蓋為齒繁土瘠，其人皆有愁苦之思焉。……若中原人，歲餘十斛
粟，則買一舟乘之，不則釀飲而賭且淫焉，不盡不已也。江右俗以門
第為重，……其新發產殷富之家，縱貧者不敢遜讓。余台亦有此俗，
然下鄉近海則然，上鄉山居者則否。」（頁275）與王士性的家鄉台州
相對照，對土地與人文之間的關係亦多著墨。

即至西南邊地，對氣候亦以對照筆法，如：「過平夷以西，天地開朗，不行暗黮中，至漾濞以西，又覺險峻崚嶒，然雖險，猶不闇也。行東西大路上，不熱不寒，四時有花，俱是春秋景象。及歧路走南北土府州縣，風光日色寒熱又與內地差殊。」（頁314）即使是地方風俗，他也將徽、川並置比較：「蜀中俗尚締幼婚，娶長婦，男子十二三即娶。徽俗亦然，然徽人事商賈，畢娶則可有事於四方，川俗則不知其解。」（頁304）

從這些描述可看出具地方個殊性的事物，並可見出整體縱觀／特定點評的寫作手法。

（二）博物與瑣言的寫作面向

曹溶指稱王士性敘說的方式為「綴述」、「追繹舊聞」、「品騭」與「銓敘」（頁181）「綴述」的片斷性，「追繹舊聞」而言此地之「故」事；親身經歷而有「銓敘」，感受與品評則為「品騭」。混雜評議、記敘、轉錄、感懷，也產生不同的閱讀效應。如：「淮陽年少，武健鷙愎，椎埋作奸，往往有厄人胯下之風。」（頁215）又如：

> 姑蘇人聰慧好古，亦善倣古法為之，書畫之臨摹，鼎彝之治淬，能令真贋不辨。又善操海內上下進退之權，蘇人以為雅者，則四方隨而雅之；俗者，則隨而俗之。其賞識品第本精，故物莫能違。又如齋頭清玩、几案、牀榻，近皆以紫檀、花梨為尚。尚古樸不尚雕鏤，即物有雕鏤，亦皆商、周、秦、漢之式，海內僻遠皆效尤之，此亦嘉、隆、萬三朝為始盛。至於寸竹片石，摩弄成物，動輒千紋百緡，如陸子匡之玉，馬小官之扇，趙良璧之鍛，得者競賽，咸不論錢，幾成物妖，亦為俗蠹。（頁219～220）

　　此段敘述則展示了對於蘇州一帶文物、清玩以及尚古之風。這種以並舉式的寫法，展示了城市的物質文化。除文物外，以下短短一則談「食物」，亦饒富興味：

> 夔州之麴和以雲陽之鹽，能使乘溼置書簏中而經歲自乾不壞。余戊子秋過夔，庚寅春居廣右，尚食夔麴也。（頁305）

　　王士性點出地名與食物之混合，時間原本是抽象的，但「戊子秋」與「庚寅春」一對照，即顯出時間的具象以及夔麵的滋味。另一則從「植物」論及古物保存：

> 荔枝生于極熱之地，閩、廣外，惟川出焉。唐詩「一騎紅塵妃子笑」乃涪州荔園所貢也，故飛騎由子午谷七日而達長安，荔子尚鮮。今涪園一株存，以獻新擾民，近為一司李攝篆始斷其命根而絕之。此雖美意，然千年古木，一旦無端毀折之，良可惜也。余意若唐物，即存至今，未必花果，或者其遺種所嗣續，如孔林之檜耳。（頁305）

　　《廣志繹》的寫作面向在內容方面有如「博物」志，其表述形式則為「瑣言」。尤其在西南諸省部分，論及地名源由，多帶有民俗傳說的趨向。如「雷州以雷名……想炎海陽氣所伏藏，變為蠕動之物，此造化所不可曉者。」（頁295）或「（瓊州）黎人其先無世代，一日雷攝一蛇卵墮山中，生一女，歲久有交趾蠻過海采香者，因與為婚，生子孫，此黎人之祖，故山名黎母山。」再如孔明八陣圖地點及其異事傳說：

> 諸葛孔明八陣圖，余見在川中者兩處：新都牟彌鎮陸陣圖也，夔府魚復浦水陣圖也。牟彌鎮石堆，云一百二十八蕞，乃石卵

疊成。土人云，嘗為人取去，其堆不減。種藝者犁平之後，
蘖亦然。此神其說，不可知。然遺蹤至今千餘年，不可謂無
神鬼呵護者，余亦取一石置輿中。魚復浦則僅存八磧一短壩，
云六十四蘗者，皆妄也，此登城望之，昭然為泥淖，不可抵
其下。然瞿塘象馬，江水如雷沸，而此八磧常存，則無論無
六十四蘗，亦至怪矣。（頁305）

　　首先，王士性指出就其所見八陣圖分陸陣圖與水陣圖二處，並引
土人之說，牟彌鎮之陸陣圖所堆之石，「為人取去，其堆不減」；王
士性亦自取一石，轉述傳說之際亦添加了「參與」的趣味。水陣圖
雖僅存八磧、一短壩，然地景變異，「八磧常存」，果如其所言「不
可謂無神鬼呵護者」。王士性紀錄各地之民俗傳說，多加入個人之觀
察，一方面增添其可信度，一方面又以評議之角度，述寫各種傳說之
事理與情理。

（三）考證辨實的書寫面向

　　巫仁恕論述清人的遊記書寫，指出一個現象，相對於晚明文人士
大夫遊記所呈現的雅俗區分與品味塑造的論述，清人轉向知識性的
「考古」論述，在休閒旅遊之外，重視知識探索的旅遊風氣崛起。[67]
其實，王士性至各地的行旅考察，無不以「考證徵實」之眼觀察地
貌與器物，建構一種「考證旅行學」。或如古蹟之源：「孔子廟前之
檜，圍不四五尺，高與檐齊。而志稱圍一丈三尺，高五丈者，志所
稱，舊檜也。此非手植，乃手植之餘。」（頁241）、「荔枝生於極熱
之地，閩、廣外，惟川出焉。唐詩「一騎紅塵妃子笑」，乃涪州荔園

67　參見巫仁恕：〈清代士大夫的旅遊活動與論述——以江南為討論中心〉，《中央研究
　　院近代史研究所集刊》第50期，（2005年12月），頁235～285。

所貢也，故飛騎由子午谷七日而達長安，荔子尚鮮。今涪園一株存，以獻新擾民，近為一司李攝篆，始斷其命根而絕之。此雖美意，然千年古木，一旦無端毀折之，良可惜也。余意若唐物，即存至今，未必花果，或者其遺種所嗣續，如孔林之檜耳。」（頁305）

又如地點與地名之考辨：「李太白稱「蜀道之難，難於上青天」，不知者以為棧道，非也。乃歸、巴陸路，正當峽江岸上，峻坂礧岩，行者手足如重纍。黃山谷謫涪云：「命輕人鮓甕頭船，行近鬼門關外天。」人鮓甕在秭歸城外，盤渦轉轂，十船九溺。鬼門關正在蜀道，今人惡其名，以其地近瞿塘，改瞿門關，亦美。」（頁303～304）以及災異之考證：「薊門與陝西邊，上類報災異中，非某城樓鴟吻出火，則某墩臺槍刀上有火光，無歲無之。想殺死人血燐所化，遇重霄陰翳則聚而成光，晴則散，不然何內地之無，而獨於邊也。」（頁199）

王士性也自述《廣志繹》此書何以有〈夷輯〉之什：「夫夷也，而獨系之以輯何？蓋天下未有信耳而不遺目，亦未有信目者而不遺心，故每每藉耳為口，假筆於書。……敢自附於近代作者之習乎哉？故不得之身而得之人者，猥以輯云爾矣。」強調「身所見聞」，若「得之人者」則以「輯」名篇。雖然〈夷輯〉之什今已亡佚，卻可見出王士性固著於「真實」與「事實」的寫作原則。

王士性本著求真的態度，沿途辨析昔日所聞之「事實」；如卷四〈四川〉「李太白稱『蜀道之難，難於上青天』不知者以為棧道，非也。乃歸、巴陸路，正當峽江岸上，峻阪巉巖，行者手足如重累。」辨明蜀道之難行不在棧道，而在於陸路難行。並補述今日的景況，仍是「蜀道難」：「至今道路寬夷，不病傾跌。為是歸、巴郡邑僻小殘懖，不足供過客之屐履，攜家行者，苦於日不完一站則露宿，少停車之所，又荒寂無人煙聚落，故行者仍難之。」強調個人「在場」的親

身經歷，以證成所書寫文本知識，實為紀實的寫作手法。

　　這些考證都透過王士性個人親身的參與及驗證，這也是另一種「參與式觀察法」。艾金生（Atkinson）認為社會學民族誌，含有兩層的敘事成分。客觀描述的部份，是用來報告在現場觀察到的事件；「即身敘事」（personal narrative）則是講述民族誌作者自己探索及啟蒙的過程。多數的民族誌都混用這兩種成分，一則把事件做直線式——組合關係——的排列，再則也依聚合關係，也就是用事件「與其他敘事單位的異同關係」，來彰顯這些事件的重要性。[68]以《廣志繹》書中所述，既有加入現場感者之敘述如「鄒嶧山……萬曆戊、己間特榮一枝，次年旋壞。余癸巳冬適行荒至，問之，已仆地，寺僧將曳入而斧爨之，余急令扶植原所，纍大石為壇，上為一亭覆之，名栖桐樹，以存禹蹟，稍遲時刻則燬矣。固知神物成毀，良不偶然。」（頁242）亦有客觀描寫與混用的寫作筆法。

　　透過事件的組合、前後的聯繫、地方之間的比較、事物的考證，建構了地理空間與人文社會之間的意義之網。

三　閱讀《五嶽遊草》

　　《五嶽遊草》為王士性「遍游海內五嶽，與其所轄之名山大川而游，得文與詩若干篇記之。」（自序）《廣游志》則是「所不盡於記者，則為廣游志二卷，以附於說家者流。」（自序）可見這三本著作彼此之間互有對應。

　　《五嶽遊草》共十卷，分為〈嶽遊〉、〈大江南北遊〉〈吳遊〉、〈越遊〉、〈蜀遊〉、〈楚遊〉、〈滇粵遊〉上篇為遊記，下篇為紀遊詩。其內涵可開啟「地理論述」的另一角度：標誌著實質地點，也蘊

---

[68]　引自方孝謙：〈什麼是再現〉，《新聞學研究》第60期（1999年7月），頁131。

含著歷史記憶與文化想像，相對於文字成為意在言外的「空間隱喻」
（spatialmetaphor），此處「紀實」的「再現」，既有對地理空間實然
的景象刻鏤，又有文化記憶[69]的闡釋。文化記憶是文學與文化知識的
重複累積，典範傳統的延續；文化記憶融會了古往今來人們的集體智
慧與個人的生命經歷，昔日文人之游蹤在筆下一一成為「記憶性古
蹟」[70]，創塑了另一種「地理認同」。而他分以「記」（散文）與「詩」
（韻文）兩種文類書寫，不啻提供了「紀實」與「虛構」的文學表現
手法的思考空間。謹以表格形式列舉其文與詩如後，或可得見其行旅
版圖與創作心靈之對話。

		文	詩
嶽遊		嵩遊記	
		岱遊記	登岱四首
		華遊記	登太華絕頂四首 太華山 贈華山玄甦道者二首 與劉元承登華山入自桃林洞因宿玉女峰冒雨上三峰絕頂
		衡遊記	
		恒遊記	
			泰山行 賦得祝融峰

69　衣若芬：〈瀟湘八景──地方經驗・文化記憶・無何有之鄉〉，《東華人文學報》第
　　9期（2006年7月），頁119。

70　由於記憶而發出感懷，這種古蹟可以名之為「記憶性古蹟」。它的重點於保原有形
　　象的多少，而在於其所能勾起的記憶感懷之深淺。參見石守謙：〈古蹟・史料・記
　　憶・危機〉，《當代》第92期（1993年12月），頁12。

	文	詩
大河南北諸遊	西征曆 遊西山記 謁闕里記 遊梁記 遊茶城白雲洞記	覽古十一首 （涿鹿望華陽臺 叢臺 邯鄲道 銅雀臺 蘇門山 金谷園 北邙 函谷 新豐 驪山 馬嵬坡） 陳思俞招飲太白樓 易水篇 雲中謠 晚過申伯臺 秋日登玩花臺 冬日真陽道中 早發羅山 夜宿繁臺 過夷門 秋雨泌陽道中 與尤子輝宿賢隱寺二首 秋夜在泊朱仙鎮 雪後憶劉子玄紫芝樓 憶遊中泉寄劉司徒三首 北邙寒時郊行見醮丘壠者 秋日過申陽北門四首

文	詩
吳游紀行	夜下剡川
遊煙雨樓以四月望日	越王臺
遊虎丘以望後五日	西湖
遊慧山泉以望後十日	嘉禾煙雨樓
遊金山以午日	虎丘
遊焦山以登金山次日	慧山第二泉
遊采石以五月望日	金山
遊謝家青山以望後一	牛首山
日	燕子磯
遊九華山以望後十日	采石
留都述遊	謝家青山
遊武林湖山六記	白嶽東天門
出湧金門過孤山至嶽	羅漢洞
墳記	太素宮
出清波門遊湖南諸山	五老峰
至六橋記	釣臺
出錢塘門觀戒壇至靈	歸天臺
隱上三天竺記	西湖放鶴亭
再出清波門至六和塔	立春江行見金山雪霽
望潮記	賦得大江行
登吳山記	金陵懷古二首
白嶽遊記	白下與湯義仍集家弟圭叔宅
	王將軍園亭
	再宿王將軍石室四首
	除夕泊舟吳閶門寄懷王承父伯仲
	春日別周公瑕王百穀張伯起幼於諸君
	錫山人日別陳稺登
	陳從訓茅平仲飲於京口舟中語次有懷張助父
	綠波樓
	賦得紫霄崖
	贈黃說仲遊雲間
	廣陵曲
	泊瓜舟一夕大風望廣陵城不至

	文	詩
越遊	越遊注 入天台山志 遊雁蕩記 台中山水可遊者記	泊鄞江 登雪竇寺 余公子招飲湖莊 九日候濤山望海 禹穴 過樵夫亭 兩登巾山雨憩景高亭 桃源行 上華頂 宿石梁 遊仙岩謁文信國公像 蓋竹歌 元夕宿精進寺四首 黃尚仲讀書委羽洞 登金鰲山 華頂太白堂觴別王承父 惡溪道上聽猿聲 行至華濤憶王承父劉孟玉 桃源道上別甘使君應溥 入歡嶴懷顧處士歡故居 咏明岩 七月三日過盤山 過石門 宿靈岩寺 舟次海口 七夕宿江心寺 同潘去華何貞父登玉甄峰四首 雁山雜咏八首

	文	詩
蜀遊	入蜀記上 入蜀記中 入蜀記下 遊峨眉山記	五丈原 連雲棧 谷口 五丁峽 琴臺 支機石 浣花草堂 君平賣卜處 薛濤井 巫山 黃陵廟 白帝城 灩澦 江樓八景 江樓歌 余得調去蜀入粵叔明程先生亦自蜀來共話山川淒然興感賦此短章
楚遊	太和山遊記 遊廬山記 楚江識行 吊襄文	夢遊楚中因繹為楚歌四首 寄題九疑山 過洞庭五首 與劉元承入蜀至荊門執別二首

	文	詩
滇粵遊	桂海虞衡志續 遊七星岩記 泛舟昆明池歷太華諸峰記 遊九鼎山記 遊點蒼山記 遊雞足山記	桂嶺守歲效李長吉體 謁柳柳州祠墓 吊劉參軍蕢墓 蒼梧道中 栖霞洞 黃化之招遊端州七星岩 還自粵途中即事二首 昆明池泛舟夜宿太華山縹緲樓上二首 點蒼山雪歌 行定西嶺即事 與劉憲使質之浴安寧溫泉 九日同吳原豫張養晦二憲丈登九鼎山 贈無心 贈月輪 迦葉殿謁尊者 將入滇寄子行 史侍御招飲龍池 再至龍池 攜兒滇遊還寄子行

　　由圖表可見，吳遊、越遊之詩作較豐，這與王士性的個人成長史相關，王士性云：「余生台、蕩間，飫其山川而吊乎。」（頁71）（《五嶽遊草・越遊上——越遊注》）又云：「越余鄉也，故其遊也，往來不一至焉。」（頁75）〈遊武林湖山六記〉有云：「余自青衿結髮，肄業武林，洎乎宦遊於四方，幾三十年，出必假道，過必浪遊。」（頁63）從里籍、成長地點在在可見吳、越對他的特殊意義。

　　綜上所述，可知王士性之紀遊書寫以人文觀察與地理認知為主體內容，而多為客觀紀實之筆，卻也不乏清麗之筆調。而三本書相互對

應，如「記」與「詩」，又有一地之敘事與評議，都可以看出其才學與情懷，以及地方觀看的文化視野。

第四節　王士性之遊觀及其行旅實踐

「游」字，《說文》：「游，旌旗之流也」本象旌旗之游，段《注》：「又引申為出遊、嬉遊，俗作遊。」[71]至於「觀」字則聚焦於視覺之體驗。《說文解字》曰：「觀，諦視也。從見，雚聲。」古文「觀」從囧。而囧的本義，《說文》曰：「囧，窻牖麗廔闓明。」其中隱含了看的通透之意。引申而言，「觀」即有審查之意，取意於古人仰觀天象、俯察地理的觀照。[72]遊、觀這二字的複合，可視為是兩個議題的互相滲透，可用以泛稱一般遊玩觀覽的行動，也可在隨興而至的遊賞漫行中，於有意、無意間有所觀省；即由外在之觀進而為內在之觀，由觀覽外景而觀照內景。如上所述，遊、觀是精神探險的隱喻，是一種外在的遊玩觀覽，也是內在的自我省察。

以下以王士性的尺牘作為探討中心，論述其遊觀及行旅之實踐。

一　彳亍地平線：關於「遊」的思辨

王士性將遊分為天遊、神遊、人遊三種，並自言「吾視天地間一切造化之變，人情物理，悲喜順逆之遭，無不於吾遊寄焉。當其意

---

71 〔漢〕許慎著，〔清〕段玉裁注：《說文解字註》（臺北：藝文印書館，1986 年），卷 7 上，頁 314。

72 劉苑如：〈導言：從外遊、內觀到遊觀〉，收於劉苑如編：《遊觀──作為身體記憶的中古文學與宗教》（臺北：中央研究院中國文哲研究所，2009 年），頁 9。

得,形骸可忘,吾我盡喪,吾亦不知何者為玩物,吾亦不知何者為采真。」展示了文人對於「遊」的觀點。所謂「不知何者為玩物,不知何者為采真」說明了遊的活動,交綜了「真實」與「想像」的可能;此外,他又以身經形歷的踐履,透過書寫(〈與長卿〉有云:「弔古有詩,探奇有記」),展示了「遊」的意義。值得關注的是他將行旅的經驗轉化為文字,分別為《五嶽遊草》、《廣遊志》與《廣志繹》。三本書的寫作面向與形式各不相同,綜合觀之,可以看出王士性所開展的人文世界。《五嶽遊草》自序有云:

> 太上天遊,其次神遊,又次人遊,無之而非也。……若士汗漫於九垓,是天遊也。軒轅隱几於華胥,是神遊也。尚子長勅斷婚嫁,謝幼輿置身丘壑,是人遊也。(〈自序〉,頁23)

他對於「遊」的觀點,分為天遊、神遊、人遊三種層次,概括三者之境為「形神俱化、神舉形留、神為形役」,以「形/神」分述「遊」的感受。天、神、人之分辨展示了「外遊」(landscape)與「內觀」(mindscape)的身心活動議題。[73]「形神俱化」所指的應是「渾萬象以冥觀」[74]、「外內相冥」[75]的境界;「神舉形留」應為「求備於物」、「取足於身」[76]之境;「神為形役」則是「觀其所見」[77]的人之

---

[73] 周大興:〈外遊與內觀──論列子好遊〉,《中國文哲研究通訊》第19卷第2期,頁63。

[74] 〔晉〕孫綽:〈遊天台山賦·并序〉,〔清〕嚴可均輯:《全晉文》中冊(北京:商務印書館,1999年),頁634。

[75] 〔清〕郭慶藩:《莊子集釋·大宗師》(北京:中華書局,1973年),郭象注:「彼遊方之外者也……」。

[76] 這裡借用了周大興詮釋「外遊」之語,參見註73,頁67。

[77] 本處借用日人山口義男《列子研究》所言:「人之游也,觀其所見」的說法,轉引自周大興:〈外遊與內觀──論列子好遊〉,《中國文哲研究通訊》第19卷第2期,頁66。

遊。遊的細分與區隔也意味著王士性對於「遊」與自我之間深刻的思索。

王士性一一闡述「遊道」與「遊蹤」，指陳他所不認同的「遊道」——「鳥道羊腸，蛇退猿飲，幽壑無底，顛崖半敧，履險心悸，手足為痺」，飽嚐艱辛之行旅，「猶弗遊也」。（當你對於險境是「心悸」且「手足為痺」，自然失卻了遊的興味）再者，「白首青山，意興盡矣」的悵然感受，又如「陰晴未定，僕馬告痡，涕笑邂逅，萍梗參差」，「猶弗遊也。」並非「鳥道」、「幽壑」、「顛崖」即是「遊」，心境與意興之開展更為「遊」之核心意念。

再如「受命大吏，弩矢是荷，風波眼底，緇塵滿袖，迂迴閭道，動稱掣肘」，行旅中風塵僕僕，受到拘絆，可稱為「雞肋」，或者藉行旅以澆愁者如「百憂擊心，萬事勞形，死生離別，黯然銷魂，雲陰月黑，風雨連旬，追懽買笑，強顏掀脣」亦非王士性所認同的遊旅。

王士性指出一己「嗜遊」，屢屢強調「遇佳山川則遊」，即便是「霜雪慘烈，手足皸瘃，波濤撼空，帆檣半覆，朝畏嵐煙，夜犯虎跡，垂堂不坐，千金誰擲，余不其然。余此委蛻于大冶乎何惜？」，他所嚮往的遊道是「昔人一泉之旁，一山之阻，神林鬼塚，魑魅所家，猿穴所家，魚龍所宮，無不託足焉，真吾師也。」從王士性對於「遊」的分判與論述，在在可見他對「遊」的主體介入及哲理思辨；他不只是山水行動的參與者，亦是山水行旅的實踐者與評論者。

這些豐富的體驗，在《五嶽遊草》一書以遊記與詩歌形式展

現[78]，並附有圖錄[79]，展現了紀遊文學的空間意涵與內在隱喻。閱讀同代（或異代）文人對其壯遊紀行的回應，如馮夢禎所云：「豈非名山大川足以滌人胸懷，發人才性，而五方謠俗、方言物產、仙蹤靈蹟、怪怪奇奇，其於新耳目、闊拘蔽，良有助焉。」[80]或潘耒所述：「人於塵勞轇轕之際，試一展卷披尋，未有不豁然心開，悠然神往者。」[81]可見王士性的紀遊書寫有開闊視野、洗滌內在的意涵；其紀實的文字未必不涵藏抒情質素，如屠隆所述「抒藻采真，二者兼之，多啟悟之語。」兼具文學的美感體悟。美感體悟是抒情的感懷，行旅紀錄則具有紀實特徵，這兩重特質正是王士性書寫、形構山水行旅中值得深入抉發之處。

78 關於詩歌與遊記間的互文性及其切入視角的同異是值得探究的主題。而本章聚焦討論「遊記」之部，一方面從文章比例來看，文多於詩；二方面藉由「散筆」探討山水行動似乎更具代表性。因此，下文所引之例證以「遊記」與王士性與友人之間的「尺牘」為主。巫仁恕在〈晚明的旅遊活動與消費文化——以江南為討論中心〉中引用虞淳熙（1553～1621）的〈五嶽勝覽序〉中一段，指出這種圖文並茂的畫冊具有旅遊導覽的作用，比起遊記更具有吸引力，如：「近世有《岱史》、《岱宗史》、《五嶽記》、《遊名山記》、而王恒叔太僕有《遊嶽圖文》，附以異跡，質之輿乘桑、酈諸家言，一日臥遊未能周五嶽矣。況復騁亥步莊運，專勝遊婚嫁之後哉！」足見圖冊亦為值得研究的面向之一。巫仁恕：〈晚明的旅遊活動與消費文化——以江南為討論中心〉，《中央研究院近代史研究所集刊》第41期（2003年9月），頁87～143。

79 《五嶽遊草》，上海圖書館藏清康熙三十年馮甦刻本，另附十六幅圖，見四庫全書〈史部地理類〉第251冊。

80 王士性：《地理書三種．廣志繹》（上海：上海古籍出版社，1993年），〈王恆叔廣志繹序〉，頁236。

81 同前註，頁20。

二 孤獨與群體：書信與遊觀的生成[82]

（一）關於遊記彙編及創作之對話

　　王士性，一個活在「遊」中的人物，他在〈寄吳伯與學憲〉有言：「不佞棲遲海曲，無所事事，惟宇內洞天福地，夢寐不忘。」二十一年的宦途，王士性除了未至閩地之外，足跡遍及各地域。「生平好游」的朱國禎[83]提到當時士大夫中稱善遊者，莫過於王士性，「性既好遊而天又助之，宦跡半天下。」[84]，從他與友朋的書信之中，似乎可以看出「遊」是他終生的追求，更是他個人理念與情感的寄寓。對於書寫的著意，遊記成為他與友朋之間最主要的對話關係，寄信給朋友也附上游記：「嵩遊記附稿後呈正」[85]，「僕昨乘間一入不量，為嵩遊記，請正大方，且當臥遊夜光，按劍識面何目。」[86]這些話語，都顯示了他對於書寫遊記具有高度的自覺。

82 　根據德勒茲和瓜塔里「生成是一個運動過程」的移動主張，「所謂移動即運動生成即書信敘述的創作生成」。本節擬透過王士性書信與友人來往事件為經緯，論述其遊觀的生成。此概念參見吉爾‧德勒茲（Gilles Louis Rene Deleuze）、費利克斯‧瓜塔里（Felix Guattari）著：《遊牧思想——吉爾‧德勒茲、費利克斯‧瓜塔里讀本》（吉林：吉林人民出版社，2003年）另，此觀點之發想見蘇偉貞：〈生成——書信：張愛玲的創作——演出〉，《東吳中文學報》第18期（2009年11月），頁213～248。

83 　朱國禎，字文寧，烏程人，萬曆十七年進士，累官祭酒，謝病歸，久未出仕……著有《皇明史概》、《大政記》、《大訓記》、《湧幢小品》。見謝國楨：《明清筆記叢談》，（臺北：中華書局，1964年），頁36。

84 　朱國禎：《湧幢小品》（臺北：廣文書局，1991年），卷10，〈己丑館選〉，頁8b～9a。

85 　王士性：《地理書三種‧尺牘》（上海：上海古籍出版社，1993），〈答艾淳卿〉，頁584。

86 　同前註，頁586。

〈寄何振卿〉有云：

> 僕惟不文，無能當豪傑之識，故惺惺一念。每知慕古，乃性又
> 好遊，每冀叨一第，得從節使後，無論五嶽，即峨眉、點蒼，
> 猶極意冒險攀躋為快，且因緣以遇海內名流。而今鹽米下吏，
> 株守已矣。几上置明公遊記一部，鞭箠退食。即夜闌，猶燒燭
> 讀之數首，當臥遊焉。滿秩以間走嵩山，盡獲梁、鄭之觀，不
> 揣以二記志之，然無能當大方也，惟明公正之。[87]

　　對他來說，仕宦生涯正是行旅的歷程。一意好遊，尤以「冒險攀
躋」奇峰峻嶺為個人意趣之所在，攀登五嶽以及四川峨眉山、雲南點
蒼山是他引以為傲的旅遊經驗。除了親身遊歷，他也以「臥遊」（几
上置明公遊記一部，鞭箠退食。）追想友人遊賞的情境，以書寫遊記
為兩人對談的內容，可知「遊」是他生命的重心。

　　這封信的書寫對象為何振卿，即何鏜（1507～1585）。何鏜，字
振卿，號賓岩，處州衛人，嘉靖二十六年進士。官至江西提學僉事。
從書信的內容可知王士性自稱「慕古」而「好遊」；也可觀察出他們
的旅行活動似乎為一系列的情境：「遊」──「記」遊──與友分享
「紀遊書寫」；有趣的是，他一方面以何振卿之書作為參照，另一方面
也對他的書寫提出評議。〈寄吳伯與學憲〉有云：

> 不佞嘗讀何振卿遊名山記，前輦風流為都公元敬、喬公白巖[88]
> 足跡遍天下，而彩筆未光山靈短氣。……振卿本雖冗而蒐輯之
> 功多，至慎氏刪而節之，參以魚目變成惡道。足下校文之暇，

87　同前註，頁589。

88　都穆（1459～1525），著有《遊名山記》。關於喬白巖資料甚少，從活動年代與交
　　友圈判斷，應為喬宇（1453～1524），著有《晉陽遊記》。

何不取其書筆削成一家言，亦奇事也。」[89]

　　王士性於這篇尺牘中提及了何振卿此書有「蒐輯」之功，又言「慎氏刪而節之」，除了呈現他對遊記的書寫自覺之外，也提供了閱讀及評論遊記「選集」的現象。

　　關於山水遊記的選集，從唐代開始，自宋代創作形成風潮。宋代陳仁玉編有《遊志》一書，此書為中國古代遊記的最早結集，然今已失傳。[90]元代陶宗儀《游志續編》保存陳仁玉《游志》序及全書書目，論者指出，陳仁玉《游志》開創了古代山水遊記的結集與編纂之先河，陶宗儀之《游志續編》雖於《明史‧藝文志》及《明史‧藝文志補編》俱無記載，但從其篇目所見，可知其於薈萃山水遊記方面的貢獻。[91]一為開啟山水遊記選集之功，一為觀念之具體實踐。至明代，山水游記之結集蔚然成風。首先，即是王士性尺牘所言何振卿《游名山記》，采錄史志文集所載遊覽之文，加以編輯。總錄三篇，分為「勝記」、「名言」、「類考」，再者，紀錄明代南北兩京與各省山川及古今游人序記。是書《明史‧藝文志》、《四庫全書‧史部地理類》均有著錄。[92]

　　此書後由王世貞增擴為四十六卷，名為《名山記廣編》。明人慎

89　王士性：《地理書三種‧尺牘》（上海：上海古籍出版社，1993年），〈寄吳伯與學憲〉，頁604。

90　陳仁玉，字德公，號碧栖。仙居（今浙江仙居）人，宋理宗開慶元年（1259）賜同進士出身。其事載《南宋館閣續錄》卷八、《寶慶會稽續志》卷2、《宋詩紀事》卷28。

91　王立群：《中國古代山水遊記研究》（北京：中國社會科學出版社，2008年），頁268～269。

92　《明史‧藝文志補編》著錄為《游名山記》十七卷，《四庫全書‧史部地理類》著錄為《古今游名山記》十七卷。書名不同，實為一書。

蒙[93]（即王士性尺牘所言之「慎氏」）所編纂的《天下名山諸勝一覽記》十六卷亦為何鏜《古今游名山記》改編本。是書於《明史‧藝文志》著錄為《名山一覽記》十六卷，《明史‧藝文志補編》著錄為《天下名山諸勝一覽記》十六卷。

從王士性的書信內容可知，在當時，蒐輯、閱讀、刪修、書寫遊記均為當時盛行之文化現象，因此而有「足下校文之暇，何不取其書筆削成一家言」之建議。再由「前輩風流為都公元敬（1459～1525）、喬公白巖足跡遍天下，而彩筆未光山靈短氣。」（〈寄吳伯與學憲〉），又可見當時對於「遊的文人典範」之擇選。

藉由王士性尺牘的紀錄，我們可以發現他們如何透過「遊」做為人我之間關係的建立。從王士性與朋友的尺牘往來中可發現他的交游脈絡。以傳統士人的交游圈而言，仕宦生涯為生活之主體，同年進士與共事之同僚形成其主要交游圈。而王士性之著作之序均為同年所撰。《五嶽遊草》之序文為屠隆所撰，其中的《入蜀稿》，由張鳴鳳撰寫序言。《廣志繹》之序文的撰作者為馮夢禎；此外《朗陵集‧序》為張九一[94]（1533～1598）。屠隆、馮夢禎、張九一彼此間亦有往來與互動。就目前所存的王士尺牘來看，寫給屠長卿（屠隆）的信束即有七封，足見兩人之情誼深厚。據此可見以屠隆為主的交友群。屠隆（1543～1605）字長卿、緯真，號冥寥子，浙江寧波人，與王士性同為萬曆五年進士。與王士性曾在禮部共事，兩人交誼頗深。《五嶽遊草》序文即屠隆所撰。屠隆《白榆集》卷三有〈和王恆叔登玩花台故息夫人臨妝處〉，《棲真館集》卷三〈送王恆叔

---

93 慎蒙，字山泉，浙江歸安（今浙江吳興）人。明嘉靖三十二年進士，官至監察御史。

94 張九一，字助甫，號周田，新蔡人。明嘉靖三十二年進士，官至右僉都御史，巡撫寧夏。見《明人傳記資記索引》（臺北：國立中央圖書館，1978年），頁513。

入蜀〉「直言抗疏無時無，風采朝廷稱骨鯁。孤忠獨立從古危，水邊含沙終射影。」卷十九亦有〈與王恆叔〉。屠隆《鴻苞集》卷四十四《要言》有云：「鄒爾瞻、丁右武[95]、趙汝師[96]、王恆叔、沈純父[97]俱硬脊梁人。」[98]

由於王士性宦遊各地，在不同的地域就形成不同的交友群，在吳、越地區便與吳中當地文人有所往來，如〈詩題春日過吳門留別周公瑕、王百穀、張伯起、幼于諸君〉，然而就尺牘所見，由於地域的移動，使其友朋群也呈現了流動的形態，探討、閱讀與書寫「遊」，成為他們共同的對話。

（二）隱含讀者的存在

王士性透過與友人的書信往返，釐清並建構他對遊的想法。他並非孤獨的行走於山川大地之上，他擁有隱形的同遊者——友人群體的共享結構，從尺牘中一一可見。如〈與王承父〉「僕昨乘間一入不量，為嵩遊記，請正大方，且當臥遊夜光，按劍識面何目。」[99]再如〈寄張助父〉：「入蜀稿一種，笑正之。浣花流水，猶然在目也。」[100]又如〈寄何振卿〉：

95　即丁此呂，字右武，新建人。與爾瞻同為萬曆五年進士。見《明史》列傳第131。

96　即趙用賢（1535～1596），字汝師，號定宇，江蘇常熟人。隆慶五年（1571年）進士，選庶吉士。見《明史》列傳第117。

97　即沈思孝（1542～1611）字繼山，一字純父，嘉興人。隆慶二年（1568年）進士。見《明史》列傳第117。

98　關於王士性之友人，以及其間尺牘往來，徐建春與梁光軍在《王士性論稿》中有詳細之介紹，可參考是書頁86～163。（《王士性論稿》，杭州：杭州大學出版社，1994年）。

99　王士性：《地理書三種・尺牘》（上海：上海古籍出版社，1993年），〈與王承父〉，頁586。

100　同前註，頁599。

僕椎不文，無能當豪傑之識，故惺惺一念，每知慕古乃性，又好遊，每冀叨一第得從節使後，無論五嶽，即峨嵋、點蒼，猶極意冒險攀躋為快，且因緣以遇海內名流。而今鹽米下吏，株守已矣。几上置明公遊記一部，鞭箠退食。即夜闌猶燒燭獨之數首，當臥遊焉。滿秩以間走嵩山，盡獲梁、鄭之觀，不揣以二記志之，然無能當大方也，為明公正之。[101]

　　書寫遊記，非僅是個人遊程之紀錄或是內在心靈的投射；那是與友朋對話的形式；除了寄送遊記之外，講述遊蹤也成為王士性尺牘的主體內容。寫給屠隆之信上記載其遊蹤：

不佞自離金閶，今復易歲，莽蒼塵鞅，奔走無休。重以畏途風波為崇，行路之難，自昔記之。第一載中登岱、登華、登太和，得為嶽者三。而峨嵋、棧閣、劍門、灩澦，高必千仞，險或重淵，雲霞可飡，星辰堪摘。時或積雪披體，罡風吹衣，沁齒舉袂，寒徹詩脾。又或東海蜃樓，西域雪山，大荒尤物，近來脛脰。兼以周、秦、漢、唐，王侯將相，殘陵敗壁，芳草離離。弔古有詩，探奇有記，車轂馬跡已遍乎燕、齊、趙、魏、隴、蜀、荊、襄。當其意得，生死可忘，吾我盡喪，嘗怪世路人不能盡識。[102]

　　信中非僅敘寫行蹤，而是著重每個旅程之特殊意義：一年之中攀登三嶽，高險之千仞山峰與獨特之雪景，是行旅之中身與心的獨特體驗；尋訪古蹟，遍及「燕、齊、趙、魏、隴、蜀、荊、襄。」，因而有「當其意得，生死可忘，吾我盡喪」的生命體悟；「弔古有詩，探

---

[101] 同前註，頁589。

[102] 同前註，〈與長卿〉，頁592～593。

奇有記」的說法則指出其對遊記文體的自覺。[103] 關於遊蹤的說解，尚有以下數封尺牘：

> 明公此行當遂枰江、漢而下，弔黃鶴、赤壁，南上匡廬、跨白鹿，當勝覽矣。弟繇此遄歸則已，若欲訪趙蘭溪、會張西湖，則漸入吳越之間。此為台為界。道書：寰宇之內，洞天三十六，福地七十二，而括蒼、蓋竹、委羽、玉京大小有，蓋吳台居十之一。若泛藍溪二百里，可度括蒼，右二百里抵台中，又一百里而遙，則登海嶠、上鴈宕。下鴈宕則入天台，宿華頂萬八千丈。未明看海底日，勝於日觀。又下則把赤城、霞標，尋劉、阮、寒山舊跡，觀石梁，過李白所夢遊天姥，便孥舟下剡川、泊鑑湖、探禹穴、躡會稽，修褉蘭亭，弄潮錢塘而歸，亦一快也。

以及〈寄陳伯符〉：

> 自丁亥日長至別天台、桃源計，抵川北任後當在乙丑七夕，蓋前後一歲十閏月，惟兩月留京邸，兩月旋家山耳。乃以全歲六閏月，奔走塵鞅無休，時得無為平湖陳生，吳江沈生掩口葫蘆我哉！獨此二十二朔中，尚得觀日岱宗，問天太華，嚙雪峨眉，尋真玄嶽，入棧出峽，走齊、梁、燕、趙、隴、蜀、荊、襄之郊，問奇弔古，無冥不搜。望遠登高，無險不涉。遊情於境外，偷閒於忙中。足下竟當紅塵我耶？青山我耶？且今又當艤武夷，上匡廬，騎黃鶴，醉岳陽，泛洞庭、彭蠡，而後至蜀。[104]

---

103 可從《五嶽遊草》分上、下，分別為記與詩可知。在第二章會有詳細的說明。

104 王士性：《地理書三種・尺牘》（上海：上海古籍出版社，1993年），〈寄陳伯

　　這些信件的遊蹤記述，如旅行指南般列舉時間與地名；既有遊覽勝景之快意，亦有「問奇弔古」的文化感受。對不同的書寫對象重複講述自己的遊蹤，更顯示王士性對「遊」的重視。

　　此外，友朋的出遊總會激發他「遊」之念寫，〈華遊記〉有云：「余友人陳貞父以忠、艾淳卿穆[105]嘗過太華登絕頂，為余道其勝津津，念何得一飛越其間。」（頁33）而他也喜於邀約友人出遊，尤其是寫給屠隆之信：「足下屢與僕以台、鴈之約，乃束行李侍也，而與足下竟參商。」[106]，又如：

> 天台、鴈宕，吾家故物，不足為兄道。秋冬之間，一驢一僕，訪括蒼，度石門，宿嚴陵釣臺。西上匡廬，尋白鹿跨之。棹歌武夷九曲中。還至四明，登雪竇。渡海謁大士於僕佗之上，而息足焉。獨過足下門，不得與足下拍肩共渡滄溟耳。然此東南之美也，則以讓不佞，五嶽、太和、峨嵋、點蒼猶待與足下共焉。何如？[107]

再如〈與王胤昌〉所述：

> 明公其有意乎？且也繇鴈宕以回皆便道，止蘭溪去鴈宕五百里為多耳。明公興躡三峰，通帝座，何惜五百里而不以盡東南之美。昔人謂：「生不得為將相，當為使。」正為此耳。明公屈

符〉，頁596～597。

[105] 艾穆，字和父，平江人。以鄉舉阜城教諭，鄰郡諸生趙南星、喬璧星皆就學焉。入為國子助教。見《明史》列傳第117。

[106] 王士性：《地理書三種·尺牘》（上海：上海古籍出版社，1993年），〈與長卿〉，頁591。

[107] 王士性：《地理書三種·尺牘》（上海：上海古籍出版社，1993年），〈與屠長卿〉，頁558。

指相天下，則焦勞機務，欲再假一日山水，續為使之樂，弗可
得矣，其毋忽焉。[108]

以及〈與劉忠父〉：

僕之吳遊，發以浴佛之辰，則嘗上虎丘，歷白下，登采石，問
江左六朝勝事，弔謝宣城、李謫仙冢而酒酹之。稅跡於黃山、
白嶽之嶽，計前後台、旌間耳。東南之美大都已盡，獨猶未及
放舟笠澤，一坐洞庭君珊瑚牀上，須俟足下共之。[109]

所言「何惜五百里而不以盡東南之美」或「東南之美大都已盡，
獨猶未及放舟笠澤，一坐洞庭君珊瑚牀上，須俟足下共之。」均以邀
引友朋同遊為書寫目的。除了看見王士性對遊的「執著」之外，也可
看出他迴盪在「孤獨」與「群體」之間的行旅心靈。

友朋的回應、對書寫的建議都成為他書寫的創思來源，王士性
曾云：「傷今弔古，涕笑並集。在所與楚黃元承劉君奕俱。元承曰：
「是不可以無記」余記之。」又如「太行山一章，則地垣王君索之以
遺足下者」[110]在在可見「書寫」不只是個人的紀錄，而是與友朋同構
的創作心靈。

再者，尺牘之中，也敘寫自己的遊思與性情：或如「上蔡道
上，竟不能負弩矢以樽酒隨之，至今黯黯有餘思焉。」[111]再如「回首

---

108 王士性：《地理書三種‧尺牘》（上海：上海古籍出版社，1993年），〈與王胤
昌〉，頁587。

109 王士性：《地理書三種‧尺牘》（上海：上海古籍出版社，1993年），〈與劉忠
父〉，頁594。

110 王士性：《地理書三種‧尺牘》（上海：上海古籍出版社，1993年），〈與劉忠
父〉，頁568。

111 王士性：《地理書三種‧尺牘》（上海：上海古籍出版社，1993年），〈復張助
甫〉，頁559。

諸君，逍遙自適，其真仙史之遭哉。不侫得失榮辱，歧路甚明，非故出位羨之。故麋鹿之性，在山林豐草，不便覊籠，聊為此道耿耿爾。」[112] 又云：「聚首促膝，把酒論心，此樂天攘無對。然當求之山林與故交者，迺不侫於足下邂逅稱知心焉。」[113]

透過尺牘與友人分享所遇奇景，不僅是個人與自然環境的遭逢，藉由書信的傳遞，更顯示「景」與友朋的聯結，〈寄詹牧父〉有云：

> 比與元承登大峨絕頂，睞眇西竺，握澗中積雪，恨不與杜甫共嚼。北向錦城撒之，不知曾飛花黃堂署否？已復辭白帝、下巫山，西入太嶽，傷今弔古，致亦不惡，既得川北之命，何得遂與杜甫有三生緣耶？長途蹇滯，二月始抵家，首夏復西，乃從江右聞調百粵，則又向味枘鑿不入，獨與二三知己脫形骸，忘物我、略勢利，則旦莫為千秋，即其人未嘗相守而譚，寤寐中亦見之也。[114]

「握澗中積雪，恨不與杜甫共嚼。北向錦城撒之，不知曾飛花黃堂署否？」即是跨時空的聯繫，以「握」、「嚼」與杜甫遙契，再以「撒」之動作，與遠處的詹牧父對話。

王士性透過遊審視另一個自我，他寫給友人的書簡如是說：「數年懶慢，筋骨為驕」，數年未行「此如老婦傅粉，醜態盡出」[115]，可見

---

[112] 王士性：《地理書三種‧尺牘》（上海：上海古籍出版社，1993 年），〈寄俞時澤〉，頁 576。

[113] 王士性：《地理書三種‧尺牘》（上海：上海古籍出版社，1993 年），〈與陳貞父〉，頁 577。

[114] 王士性：《地理書三種‧尺牘》（上海：上海古籍出版社，1993 年），〈寄詹牧父〉，頁 600～601。

[115] 王士性：《地理書三種‧尺牘》（上海：上海古籍出版社，1993 年），〈與忠父〉，頁 595。

他對於游的態度不只是賞玩或休憩，而是身體與意志的鍛鍊，甚至是
生活的紀律，文字之中自可領略他對於遊的觀照。

（三）旅行——書寫的療癒意義

旅行（travel）這個字，是從拉丁字根「trepalium」而來，意思
是說「苦難的工具」。「旅行／Travel」與「觀光／Tourism」的中英
文字源說起，辨析 Travel 與 Tourism 的不同。早期而言，Travel 具有
痛苦的意涵，是一種被迫出發的旅程，帶有生命的危險，諸如征戰、
貿易、探險、傳教皆屬此類。Tourism 的字根 tour 具有圓圈、巡迴的
意涵，相較於 travel 的不穩定性，可說是一種有去有回的保證。[116]

王士性書寫險境，或許具備敘事型態之療癒效用。歷險[117]是獨特
的經驗，歷險而「能」歸是另一層次，回返「現實」而紀錄「發生過
的險境」，則是一種洗滌，重新觀看自己的游旅之後的生命型態，如
〈華遊記〉所述：「第欲退亦無路，益又奮曰：「蘇子瞻謂食河豚美，
足當一死，矧余得當太華哉，死生命耳。」「余生度險多矣，乃握念
閉息，仍曳絙而寸升之，匍匐至其半，據一石稍憩，黃冠漸曳余至

---

116 關於旅遊一詞，參考劉修祥：《觀光導論》（臺北：揚智文化，1997年）。

117 戎小捷《探險論》指出：「探險有兩層意思，一層意思是到『未知的』或『很少有
人去過』的地方去；另一層意思是『冒著危險』。可以說，探險就是『主動地』冒
著危險到未知的或很少有人去過的地方去旅行考察（一段時間）。在英語中，『探
險』exploration 的詞義可以說是由『探索』、『探究』、『調查』等詞義發展而來，最
終又獨立出來。探險家對於大自然壯美景色的感受，讓他們冒著相當的危險，去
追求那種美的享受，（幾乎在所有遊記中，你都會發現探險者對大自然中那種獨特
的、平時絕難看到的美景的充滿激情的描述）除此之外，探險家還能獲得的就是，
對未知世界的好奇心得到極大的滿足的那種感覺，還有，在野外大自然中，能得到
一種無拘無束的感覺。而探險活動的本質特徵就是，探險活動無論是具體過程還
是它的最終結果，都具有極大的不可預測性和不確定性。」此書雖然所用之詞彙為
「探險」，與本文所述「歷險」亦有呼應之處。見戎小捷：《探險論》（臺北：商務
印書館，2000年）。

頂。」（頁36）「歷險」不在只是自我在大地上的延伸，而是「吾輩」共同的生命追尋：

> 諸羽士具笙鐃法鼓出迎，曰：「遊人止於此也。」余問：「不止則何狀？」曰：「自坪至頂二十里，蟬鳥遂絕，木惟松始生，路僅徑尺，臨萬仞壑，絕處則鑿石度以木棧。欲上令善導者以絙曳之，下則留絙於後，其名為『懸汲』。遇險甚，則如猿升木，手足相禪，不能全用足行也。」余顧元承曰：「毋論其勝，即此險吾輩可弗一嘗？」元承笑領之。（〈華遊記〉，頁34）

以上敘述，先以羽士於柯坪止之，對照出王士性與劉元承與其他「遊人」的不同質性，進而敘寫歷險之貌。黃冠向余曰：「高山霧重則霖，不可登也。」元承請稍俟之。余自忖與山靈十年之約，今日過其下，不登則不登矣。乃更強起之曰：「霧厚則不見險，正易登山耳。」（頁34）

即便獨行山嶺，心中仍有友人同行，所有閱讀過的遊記，都成為在山嶺行進的前導，如〈華遊記〉所述：「余過諸險，雖慄神不動，至此泊然浮之而矣。……因憶陳貞父華記：經七死則免。」。（〈華遊記〉，頁35～36）

其中值得注意的是，險境中寫人之驚懼：「尚懼蒼龍嶺不能下，意當覆面如升時狀，以足次第退，至則更挺身直走。即旁睨不攝，惟回頭視未下者，渺然雲際，若迅風必移之，猶為他人汗怖不止耳。」（頁38）可見其面對險境的嘗試，探索與判斷。其心理狀態的浮動如：「霧厚則不見險，正易登山耳。」（頁34）又「余仰不見撞頂，內懼而不言，恐阻侔輩也」（頁34）「石山突起，籠以鐵亭，一橫石臥斷崖上，余慄不能踐。」（頁37）從「易」——「懼」——「慄」，

可見其情緒的層次，而透過書寫，又成為一種敘事的療癒。

　　透過友朋對話的能動性以及往返的辯證思索，王士性為自己的行旅書寫定位，從生命現場的行旅地圖，到尺牘文字的敘寫，王士性透過肉身的自我認識與遊的書寫，形塑了個人作為遊人的氣質。從遊觀的形成到遊的參照譜系乃至於生活世界與遊旅敘述，一點一滴所匯聚的經驗，成了王士性獨特的心靈結構。「遊」本身具足了時間性與空間感，旅行中的遭逢、剎那之言與奇景相遇，或是從險境中回神，再次現身。王士性之遊旅形構了山川大地的知性世界，也鑑照了自我與他者的心象。

第二章　遊的文學表述與文化視野

第一節　王士性之遊蹤及其書寫

　　王士性在自序中論遊道與遊蹤。根據王士性的說法，《五嶽遊草》、《廣志繹》及《廣遊志》各有不同的寫作角度。《五嶽遊草》一書以詩文創作為主：「徧海內五嶽，與其所轄之名山大川而遊，得文與詩若干篇記之。」《廣遊志》則是無法寫進遊記與詩歌的內容：「所不盡於志者，則為廣遊志二卷，以附於說家者流。」《廣志繹》則是追憶昔日遊蹤的記錄：「追憶行蹤，復有不盡於志者，則又為廣志而繹之，前後共六卷。」並言：「意得則書，懶則止，榻前杖底，每每追維故實，索筆而隨之。」以「追維故實」、「非無類，非無非類；無深言，無非深言」為寫作之方式。王士性是一個具有「書寫之自覺」之遊人，三本書展示了不同的文體，重構了行旅中觀看之視域。

　　以《五嶽遊草》為例，全書分為「上」、「下」二部份。一部分為散文，第二部份為詩作。在散文部份，從篇名的擬定即可見王士性有其文體之自覺，透過不同的書寫範式，去建構其「遊」之內蘊。分為「記」、「遊記」、「曆」、「紀行」、「述游」、「注」、「志」、「識行」、「文」、「續」。其中「記」、「遊記」、「紀行」、「識行」、「述游」、「志」仍屬於我們所認知的「紀遊散文」，「曆」僅一篇〈西征

曆〉，依照時間之次序「閏六月癸未──乙未──庚子──戊申──
壬子」行文，文前有一段小序：「維時歲在玄枵，律中仲呂，巴渝有
役，征途咸望西行，所過為燕、趙、韓、魏、鄭、衛、中山、周、秦
之墟，多聖賢、方技、王侯、將相遺鄘廢冢，傷今吊古，涕笑並集，
所在與楚黃元承劉君奕俱。元承曰：「是不可以無記。」余記之。」
（頁44）注僅一篇，為〈越遊注〉，文前亦有一段小序：「東海之墟，
有二越焉。於越當其北，甌越當其南。其始一越也，皆禹之後，王勾
踐之所治也。漢時無終始自別為東甌。天台以北，則於越之故都，雁
蕩以南，則東甌之別壤。余生台、蕩間，飫其山川，而吊乎先生者之
人，雄圖霸業，蓬嶒繩樞，而今安在矣？問其山川，山川不知，余
於是悵然興懷。吾家右軍不云乎「後之視今，亦猶今之視昔」也。記
越遊自南明始。」（頁71），文分十四段，分別以地名為首，段落與
段落之間亦以地名相連，組合成行旅地圖。「續」亦僅一篇，為〈桂
海虞衡志續〉，係對范成大《桂海虞衡志》致意之作，惟范成大為
一書共十三篇，〈桂海志續〉主要延續范成大《桂海虞衡志》〈志巖
洞〉之作。此外，「文」為「吊襄文」，連結其「問奇吊古」的旅遊
意識，書寫襄陽之古蹟。

　　值得注意的是，即便是「記」，他也有不同的寫作考量。譬如
〈點蒼山記〉以一問一答的對話建構鴛浦夕陽、曉峽月珠、夏山雲帶
之地景；〈遊武林湖山六記〉則分以「晴、雨、雪、月」摹寫西湖之
人境風景。王士性極盡可能地表述他對一地之「認識」與情感，多重
的表抒形式涵藏了他對紀遊書寫的藝術性觀照；在「紀錄遊蹤」的紀
實書寫之外，也呈現了自我與山水對應的抒情向度。關於遊蹤的部
份，王士性以駢文之筆法敘寫。以下以表格形式，先列出原文，再依
王士性之年表解說其行腳。

〈五嶽遊草・自序〉[1]	王士性生平活動年表〉與《五嶽遊草》篇目的對應
瑤池寶軸，用祕真形。誰其竊之，負局先生。述五嶽遊。	萬曆九年為嵩山行，萬曆十六年為岱宗、華山、恆山之行，萬曆十七年為衡山之旅。
齊、魯、雍、冀，賢聖之鄉。大哉禹功，明德未央，金臺、易水，俠骨生香。梁園、鄴下，藝圃擅場。次大河南北諸遊。	萬曆九年有〈遊梁記〉及〈西征曆〉，萬曆十六年有〈謁闕里記〉、〈遊西山記〉及〈遊茶城白雲洞記〉。
岷汶萬里，其委三吳。再起天目，滙為太湖。翁氣千年，作帝王都。嗟茲乎邯鄲乎臨淄，今之武林、姑蘇。次吳遊。	萬曆十五年有〈吳遊紀行〉
若夫山川詭幻，兩越為多，天台、雁蕩，余即而家。東海三山，一葦可跂。洞天福地，越得十二。次越遊。	萬曆二年與萬曆十四年有越地行遊。
青神故壘，白帝舊城。雪銷水漲，一日江陵。瞿塘、劍閣，自昔不守。蜀道雖云難，登天亦何有。次蜀遊。	萬曆十六年有〈入蜀記〉上中下三篇及〈遊峨嵋山記〉
六千大楚，是稱江南。茫茫洞庭，七澤注焉。江、漢好遊，沅、湘習怨。指雲雨兮堪疑，望蒼梧兮不見。次楚遊。	萬曆十七年
粵土疏理，四時多暑。高風揚塵，滇境咸春。碧簝玉笋，幻出桂林。蒼、洱昆華，兼產奇珍。次滇、粵遊。	萬曆十七～十九年

1　〔明〕王士性著、周振鶴點校：《五嶽遊草、廣志繹》（北京：中華書局，2006年），頁25。

　　末了，寫出他對行旅規劃之設想；「披圖九曲，是為武夷。幔亭雲氣，恍惘霏微。莽莽寰區，縱余所如。嗜而未食，惟閩荔枝。俟將以閩遊終焉。」（頁25）荔枝為一隱喻，閩遊成為王士性行旅版圖中闕漏的一角。關於「遊」的期待，在〈西征曆〉亦有：「它日或出守為封疆外臣，得執殳躍馬其間，且歷攬以備西征之闕。」（頁48）一為閩荔枝之盼，一為封疆外臣之念；果然符合王士性紀遊書寫之「重」與「輕」。

第二節　《五嶽遊草》之詩、文對讀

　　《五嶽遊草》之編排分為〈嶽遊上〉、〈大江南北諸遊上〉、〈吳遊上〉、〈越遊上〉、〈蜀遊上〉、〈楚遊上〉、〈滇粵遊上〉以及〈嶽遊下〉、〈大江南北諸遊下〉、〈吳遊下〉、〈越遊下〉、〈蜀遊下〉、〈楚遊下〉、〈滇粵遊下〉。「上」為「文」，「下」為「詩」，除了文體之區隔以外，二者之間有無對應、錯落與連結？以下將一一爬梳，呈顯詩文共構的旅行圖景以及詩文相異的旅行心象。

　　謹附上王士性遊蹤年表，可看出「遊」在其生命史上的意義[2]。

時間	年齡	行跡
嘉靖二十六年（1547）	1	生於浙江台州府臨海縣
隆慶三年（1569）	23	府縣試屢入優等

2　表格內容主要參考自：徐建春、梁光軍著：《王士性論稿》（浙江：杭州大學出版社，1994年11月），頁18～21。王士性著，周振鶴校：《王士性地理書三種》〈王士性行蹤繫年長編〉，頁668～684。徐建春著：《俯察大地──王士性傳》，頁228～240。

時間	年齡	行跡
隆慶四年（1570）	24	遊學杭州武林天真書院。
萬曆元年（1573）	27	成舉人。
萬曆二年（1574）	28	禮部試不第，歸遊金華諸山，至仙都，經年而返。其中回永嘉路上，到樂清，訪玉甑。
萬曆四年（1576）	30	七月，遊縉雲、麗水、青田。
萬曆五年（1577）	31	成進士。冬，假歸。
萬曆六年（1578）	32	年初赴京，經杭州，遊西湖，作〈遊武林湖山六記〉。至京謁選，得朗陵令（河南確山知縣）。四月赴任。
萬曆九年（1581）	35	確山三年秩滿，例得假，六月縱遊河南各地，並入嵩山，經三十五日，盡悉中州之勝，又回確山任。有〈嵩遊記〉、〈遊梁記〉。
萬曆十一年（1583）	37	八月，選禮科給事中，由確山赴京。
萬曆十二年（1584）	38	集確山任期內所作詩文為《朗陵稿》。
萬曆十三年（1585）	39	母林氏卒，回鄉守制。
萬曆十四年（1586）	40	七月，遊永嘉，歸遊雁蕩。 九月遊奉化、鄞縣、普陀、餘姚、紹興、桐廬。（至此浙江之遊已遍，後連綴為〈越遊志〉、〈入天台山志〉、〈遊雁蕩記〉、〈台中山水可遊者記〉）。是年將在京所作詩文及奏疏分別編為〈燕市稿〉、〈掖垣稿〉。

時間	年齡	行跡
萬曆十五年（1587）	41	四月遊吳，經杭州、嘉興、入太湖，至蘇州、鎮江、南京，渡江遊九華、白嶽而歸。作〈吳遊記行〉、〈留都述跡〉、〈白嶽遊記〉等。 十二月起復北上。
萬曆十六年（1588）	42	北上，正月遊孔林，二月遊岱，作〈謁闕里記〉、〈岱遊記〉、〈茶城遊白雲洞〉。回京復任禮科給事中。清明遊西山，作〈西山遊記〉。 六月奉命典試四川，由河北、河南，陝西入川，途入華山，作〈西征曆〉、〈華遊記〉。 七月抵成都，試事畢，遊峨嵋山，作〈遊峨嵋山記〉。 九月離成都，順長江東下，至江陵登陸，有〈入蜀記〉三篇。 十月抵襄陽，遊武當山，作〈太和山遊記〉。繼遊恒山，有〈恒遊記〉。途中得調川北參議命，未上任，再任少僕太卿。
萬曆十七年（1589）	43	赴川北任。四月，順途遊江西，有〈廬山遊記〉。途中奉命改廣西參議，乃由漢陽入湘。端午過洞庭，有〈楚江識行〉、〈衡遊記〉。 九月遊桂林諸勝，作〈桂海志續〉、〈遊七星岩記〉。 是年，編入川所作及有關入川之詩文為〈入蜀稿〉。
萬曆十八年（1590）	44	由廣西參議轉雲南臬副使，備兵瀾滄。
萬曆十九年（1591）	45	春入滇，遊昆明諸勝，作〈泛舟昆明池歷太華諸峰記〉。 九月遊九鼎山，繼至點蒼山，十二月遊雞足山，有〈遊九鼎山記〉、〈點蒼山記〉、〈遊雞足山記〉。《五嶽遊草》於是年成書。
萬曆二十年（1592）	46	雲南任滿，秋返鄉。

時間	年齡	行跡
萬曆二十一年（1593）	47	改所居「清溪小隱」為白鷗莊，作《白鷗莊記》。得晉山東參政命，赴任。冬，至所轄東平、兗州等地行荒。
萬曆二十二年（1594）	48	調河南提學副使，未赴，旋改吏科給事中。年底至次年初在家。
萬曆二十三年（1595）	49	晉太僕寺少卿，復擢右僉都御史、巡撫河南。以不當辭而辭，外改南京鴻臚寺少卿。冬南下，例假返鄉。
萬曆二十四年（1596）	50	在南京鴻臚寺少卿任。閑曹無事，撰《廣志繹》。
萬曆二十五年（1597）	51	秋，《廣志繹》成書。冬，得任南鴻臚寺正卿，例假返鄉。
萬曆二十六年（1598）	52	正月回南京，舟次鎮江，病不能進，以二月十日卒於鎮江。歸葬臨海西鄉雙港水晶坦。

一　我輩復登臨：嶽遊[3]

　　〈嶽遊上〉分為〈嵩遊記〉、〈岱遊記〉、〈華遊記〉、〈衡遊記〉、〈恆遊記〉，若與〈嶽遊下〉詩作對應，〈岱遊記〉──〈登岱四首〉與〈登岱宗觀海行──送鄒爾瞻南游〉，〈華遊記〉──〈登太華絕頂四首〉、〈太華山〉、〈贈華山玄穌道者二首〉、〈與劉元承登華山入

---

[3] 「嶽」含有崇高之義。周代在大一統觀念的影響之下，將中央四方九州各立一座名山，稱為五嶽、九鎮。〈爾雅・釋山〉有云：「泰山為東嶽，華山為西嶽，霍山為南嶽，恆山為北嶽，嵩高為中嶽。」顧頡剛以《封禪書》為例說明五嶽乃大一統後因四嶽之名而擴充之，且平均分配之，視為帝王巡狩所至之地。參見顧頡剛：〈四嶽與五嶽〉，收於游琪、劉錫誠主編《山嶽與象徵》（北京：商務印書館，2004年），頁12～23。另可參照何平立：《崇山理念與中國文化》（山東：齊魯書社，2001年）。

自桃林洞因宿遇女風冒雨上三峰絕頂〉，〈衡遊記〉——〈賦得祝融峰〉。詩作與遊記之間自有聯繫，亦各有著重之處。遊記多以客觀紀實的筆法書寫其遊其觀，歌詩則以抒情的角度，再現地理之真實。

（一）海影[4]與斷碑：

登山所見，有山海之壯闊；詩、文中之共通處，一為蒼茫之海影，一為斑駁之斷碑。關於海洋之詩作「白雲東來，群峰盡失，非烟非霧，隱隱蕩潏在雲下者，大海影也。」[5]〈登岱宗觀海行——送鄒爾瞻[6]南游〉詩云：「泰岱山頭一片石，影落蒼明浸空碧」[7]岱遊記之內容涉及登山之歷程，先言陳思俞邀引登岱：「余戊子北上京師，以二月望日登濟寧陸，與陳思俞飲於太白樓。思俞以登嶽慫恿甚力。」其次言登嶽之過程：「入謁嶽廟——出城三里——越崖，上摩空閣憑之，路僅一線——進嶺，西行折東北上而下，復下復上者三——入天門左折，馳道如砥——復轉而前，視左右二峰若為嶽頂之輔者，東日觀、西月觀也。——此山上而視之，則奇為仰石峽而登，如出天關也。下而視之，則大為野曠，俯東諸侯一目而盡也。」[8]遊記以紀實之筆——

4　關於明清之際的海洋詩作，已有許多學者關注。如李知灝：〈權力、視域與台江海面的交疊——清代臺灣府城的官紳「登臺觀海」詩作中的人地感興〉，《台灣文學研究學報》第10期（2010年），頁12～43。廖肇亨：〈浪裡挑燈看劍：中國海戰詩學之書寫特質與價值信念初探〉，（《中國文學研究》第十一輯）頁285～314。廖肇亨：〈長島怪沫、忠義淵藪、碧水長流——明清海洋詩學中的世界秩序〉，（《中國文哲研究集刊》第32期），頁41～70。

5　〔明〕王士性著、周振鶴點校：《五嶽遊草、廣志繹》（北京：中華書局，2006年），頁31。

6　即鄒元標（1551～1624），字爾瞻，元標弱冠從直遊，即有志為學。舉萬曆五年（1577）進士。見《明史》列傳第131。

7　〔明〕王士性著、周振鶴點校：《五嶽遊草、廣志繹》（北京：中華書局，2006年），頁125。

8　〔明〕王士性著、周振鶴點校：《五嶽遊草、廣志繹》（北京：中華書局，2006

記寫登臨所見之景及興發之感，詩作則著重詩人主觀和個人情感的發抒；透過詩作意象之凝結，觀「海」的自然之景與凝望斷碣的歷史興懷，以詩與文的「複寫」，深化個人情感。「土蝕玄崖半碣存」點出「廢墟」的美學，〈岱遊記〉所云則為：「頂前立石如圭，粗理而玉質，或云內有碑函之，或云止建標為識，然非泰山石，意當時驅鐸致之，則秦無字碑也。」（頁31）其書寫旨趣似在「發現古物」，「無字碑」與「半碣存」之情感向度自有不同。一樣是斷碑一塊，詩則云：「君不見秦碑昔已斷，漢策今安在？」（頁126）〈岱遊記〉則以緩慢的步伐，從封禪臺[9]到捨身崖、仙人橋，讓斷碑現身：「視觀右一臺，顏者為秦封禪臺也。葛天氏以下，封泰山者七十二君[10]，蓋洪荒半矣，非秦漢始。志稱秦碑梁父，漢封石闆，黃帝禪亭亭云云，今秦臺右日觀存其名，非故址也。轉而下，石益滑，風益怒。過一崖，巨石屼屹，下視無底，吹萬撼谷中而起者，捨身崖也。又過一壑，四石如彈丸，支撐兩崖間懸空不落者，仙人橋也。入公署視玉女池，凍雪未消。池頭立石高五尺餘，摩之止得「臣斯」以下二十九字，則秦李斯斷碑也。[11]」（〈岱遊記〉，頁31～32）

　　詩作以「秦碑」與「漢策」表達「五松亭亭還舊壘，白雲封中年代改。」之時間變易感。「斷碑空鎖舊宮扉」之「斷」、「舊」突顯滄

年），頁30～32。

9　《史記》‧卷28〈封禪書〉：「自古受命帝王，曷嘗不封禪？蓋有無其應而用事者矣，未有睹符瑞見而不臻乎泰山者也。雖受命而功不至，至梁父矣而德不洽，洽矣而日有不暇給……」封禪，一種帝王受命於天下的典禮。這種儀式起源於春秋戰國時期。

10　《史記》‧卷28〈封禪書〉記載：「古者封泰山禪梁父者七十二家。」

11　〔明〕查志隆：《岱史》（揚州：廣陵書社，2004）卷8〈遺蹟紀〉：「秦篆碑在玉女池上，西公署後李斯書始皇二世頌文。宋劉跂序，泰山秦篆譜時尚有二百二十有二字，今湮泐，僅存二十九字。」

海桑田之感，「空鎖」則又有時間迢遞之悲慨，詩作著重詩個人情感之發抒，「君不見秦碑昔已斷」之語調看似以他者之眼，邀引讀者走進現場，實為個人情感之介入。詩中選擇「斷碑」，展現了旅行者在歷史時刻的遭遇與經驗。[12] 相對而言，在〈岱遊記〉所出現的斷碑，是由觀秦封禪臺，進而辨析其非舊物，既而摹寫攀崖之險。以「則秦李斯斷碑也」為收束，更能點染大自然與時間抗衡的張力。

（二）登嶽之行動

　　從王士性的詩作題目可讀出其遊旅活動的各種狀態，或贈詩，或與朋友同行（或送別），或標示地名等等。〈岱游（下）〉的詩作與詩題相勾連，呈顯了王士性登岱的身體感，其詩作的藝術表現形式，建構在對地景的「感」「知」。詩題為〈登岱〉、〈登岱宗觀海行送鄒爾瞻南游〉，詩作則突出了「登」的身體動態。〈華遊記〉稱：「下視三峰，則四山爭相獻奇，一望千里，溪原草木如畫，間一回首，又戀戀而不忍下矣。若余之上而霧，下而霽，藉賜山靈，尤非淺鮮，乃為詩四章記之。」（〈華遊記〉，頁38～39），可見其〈登太華絕頂四首〉可與〈華遊記〉並讀。其登臨之境如「憑君咫尺瞻霄漢，好把雙星手自捫」（〈登太華絕頂四首〉，頁126），或「欲躡青冥瞻帝座，遙探玉女上雲臺。」（〈與劉元承登華山入自桃林洞因宿玉女峰冒雨上三峰絕頂〉，頁127）之「欲躡」與「遙探」點出登華山的動態。〈華遊記〉則言：「說者謂此山高五千仞，余固不能以仞計。第始至青柯坪，指西峰之麓近矣。比至白雲峰，而望蒼龍嶺猶在天也。過嶺息將軍樹，扳玉女近矣，而望三峰猶在天也。至玉女躡三峰之麓矣，而

12　以「物」作為串連歷史現場之感發與懷想，是王士性詩歌創作的基調。在《大江南北游》〈晚過申伯臺〉有云「天南地北此孤原，淮水千秋古碣存。」以「古碣」連結「現在」與「過去」。

望南峰猶在天也。」（〈華遊記〉，頁38）以層層相遞之型態寫登高之境。

　　形容「在高處」的情境則為：「已躡丹梯萬仞橫，共傳蟬鳥此無聲。」（〈登太華絕頂四首〉，頁126），並強調「身」在高處的意氣風發，詩句如「欲吸金莖學輕舉，此**身**先在碧霞端。」（〈登太華絕頂四首〉，頁126）「俛仰置**身**輕一羽，天風颯颯引征衣。」（〈登岱四首〉，頁125）與〈岱遊記〉所云：「時罡風烈甚，吹足起寸餘，幾墮。」（頁31），〈華遊記〉所述：「適其時金颷荐涼，衣袂盡舉，真自絕粒煙火，飄飄欲仙矣。」（頁38）自可呼應。

　　〈登岱〉與〈登太華絕頂〉各有四首，王士性均以不同的方式形容「絕頂」與「登」之身體感，或為「百盤鳥道魂應墮，五嶽名山勢獨尊。」（〈登太華絕頂四首〉，頁126）或為「振衣最高頂，恍惚到層城」（〈太華山〉，頁127）。以「夾道兩崖行逼漢，摩空片石行臥分雲」（〈登岱四首〉，頁125）與「鳥道捫星十八盤，峭壁回飆四萬尺」（〈登岱宗觀海行——送鄒爾瞻南游〉，頁125）「削成峭壁三峰出，曲抱洪河一線奔」（〈登太華絕頂四首〉，頁126）透過道之逼仄，行之艱難，寫登岱之險。

　　寫海景之孤絕為「平原勢壓海天孤」、「蜃作樓臺海日暉」（〈登岱四首〉頁125），海上之物色為「咫尺顥氣摩穹蒼」「積氣蒼茫縱吐吞」，「大古風生岩壑動」寫其氣勢，而身在高處的「元氣淋漓泣真宰」則為其壯遊下了註腳。

　　此外，王士性對於登山之特殊情境也多所著墨，尤其是登山時所遇見的氣候與天象。譬如〈與劉元承登華山入自桃林洞因宿玉女峰冒雨上三峰絕頂〉詩題即有「冒雨」之實錄，亦有「雙龍風雨崖邊合」之句。又如「山頭隱避行日月，山下倏忽殷雷霆」（〈賦得祝融峰〉，頁128）「嶄石飛泉歸洞壑，懶雲送雨下山坪」（〈登太華絕頂

四首〉，頁126）。而詩中也有與遊記相同的山中「行動」：「雲海盪胸
發大叫，手提斗酒呼山靈」（〈賦得祝融峰〉，頁128）〈華遊記〉則
云：「中條黛色，遙接太行，與之蜿蜒俱去。東海微雲捧日上，在隱
見間，如隔絳紗，那令人不發狂大叫也。」（〈華遊記〉，頁37）

　　綜上所述，〈嶽遊上〉與〈嶽遊下〉分以詩、文描述個人登臨望
遠的心緒，又以「斷碑」連結歷史情懷。值得注意的是，〈嵩遊記〉
雖無詩作，記錄了登山過程的「（不）行動」：「此去少室絕頂不遠，
欲遂登之，以時大雨後，山澗流水急，沒人脛，且山陡無別道，故
不果也。」、「乃由黃蓋峰上，挹盧岩瀑布，不啻龍湫。此去嶽頂不
數里，亦以雨不果行，而嵩嶽之遊止是矣。」（〈嵩遊記〉，頁29），
其〈嵩遊記〉之結尾饒有意趣，王士性提出，何以嵩山稱嶽的扣問：
「然余獨怪宇內名山，亡論岷、峨、瓦屋，即余家萬八千丈下，猶窮
日乃陟其巔。二室頂不三十里而遙，而以為神州首嶽，至詩稱「峻極
於天」何？豈此山隱瞵岼崿，突出於平原大陸內，以自軒鬖，特標所
勝為奇耶？抑戴日至下為天中，鍾顯蒼最清淑之氣，以總領諸嶽而然
乎？或謂山高為崧，詩稱嶽之「崧高」，非嵩嶽之高也，蓋堯時止有
四嶽。余聞於楊用修之言云。」（頁29）王士性提出諸種可能，或以
其高度，或以其清淑之氣；或就《詩》所云：「峻極于天」[13]，或以楊
慎[14]之言云「崧高」非「嵩嶽」之高。這些思索都使得登嵩嶽多了一
些人文的思索，恰與王士性篇首所述「蓋余少懷尚子平之志，足跡欲

---

[13] 《毛詩・鄭箋》卷18：「嵩高惟嶽，峻極于天，惟嶽降神，生甫及申，惟申及甫，
惟周之翰，四國于蕃，四方于宣。」（臺北：學海出版社，2001年），頁143。

[14] 楊慎（1488～1559），字用脩，號生菴。嘉靖三年廷臣數爭大禮，用脩偕同列
三十六人上言，帝怒，命執首事者下詔獄。後謫戍，用脩得雲南永昌（今雲南保
山縣）。二十餘年間，其或歸蜀，或居雲南會坡，或留戍所，並與雲南名流優遊
山水，飲酒賦詩。參考林慶彰：《明代考據學研究》（臺北：臺灣學生書局，1986
年），頁39～41。

遍五嶽，乃今始得自嵩始云。」相呼應，嵩遊為其五嶽之遊的開端，其間所勾勒的寺廟空間，以及山林間的行動：「碑後植漢封三柏，其最大者南枝一節瘇甚，從者指此木癭也，空其中，余遂割癭注酒滿引之」（〈嵩遊記〉，頁27）以及對嵩嶽之提問與辨析，在在可見王士性的徵實思索及個人情性。王士性對五座山嶽之敘述，有其內在脈絡，茲詮述如下：

〈岱遊記〉篇首標舉岱宗之名：「王嶽通言嶽，而岱獨稱宗」結尾則分析其地貌「余讀圖經、地志，齊州山咸起西北……而岱宗屹立，自雄孕犢千年不少替，豈帝自出震無所假靈于西北耶？」，提出：「岱獨稱宗非偶然矣」（頁33）此段敘述可謂為岱宗定位。其又言：「五嶽通言嶽，而岱獨稱宗。」（頁29）

〈華遊記〉所載主要為其歷險之作，其中涵藏了他與友人的互動，例如篇首即云「余友人陳貞父以忠、艾淳卿穆嘗過太華登絕頂，為余道其勝津津，念何得一飛越其間。」（頁33）文末則為評述：「余睹蒼龍嶺石欄綿亙，誌者謂為漢武帝、唐玄宗升嶽之御道，二君故自豪舉哉。蓋余家東海上，嘗問四明，上雁湖，過白嶽，歷嵩、少，觀封泰岱，宿太行、燕山以西，已而囓峨嵋雪，尋真玄嶽，吾行已半天下矣，行為嶽者四，其他山川弗論。既至華山，而後知天下無復險，亦無復勝云。」從這段敘述可以發現，雖然書籍的編排是按照五嶽的順序，但從敘述中可見華山為其所登臨之第四座山，因此他登華山的情感與視野便與他山不同。

〈衡遊記〉篇首即指出：「湖南郡國諸山皆稱衡也」，「衡岳周迴八百里大小七十二峰。首起于衡陽之回雁，而尾長沙之嶽麓，餘則滿地皆堆阜，如田塍方就耒耜，故湖南郡國山皆稱衡也。」篇末則言：「余鄉應先生良遊衡山，記衡所自起，謂自岷、峨、滇、貴，歷廣右、象郡之北，桂林之西，經武岡、寶慶，又自南趨北，湘江與鎮

靖江爽從而來，至衡陽起，岣嶁諸峰，峙為嶽頂，然後散而為湖南諸郡國以止於洞庭云。然漢武南巡，尚以道隔江、江，望祭于盧江之灊山，而舜狩乃崩蒼梧，葬九嶷，然乎哉？」

〈恒遊記〉篇中指出恒山之所以居五嶽之原因：「水經稱玄嶽高三千九百丈，福地記著某周百三十里，為總玄之天。余過大行跡其分支，自塞外綿邈萬里而來，王氣盤礴，厚地以配五嶽，不誣也。」結尾又以其地理考察之角度判讀恒嶽之地理現象：「余披輿地圖，河北蓋有兩桓嶽云。在曲陽者，當飛石西北百餘里，其上有玄石塚，即飲中山千日酒者。余所至乃渾源嶽也。渾源左太行右洪河，翼以霍山，五臺再當其案，有虞氏北巡狩所憑也。總之，在渾源者近是。始余謂宋祀之陋，及讀李克用刻石，唐貞觀已先之，漢亦以曲陽隸常山郡，疑宋始者非然哉。至于我朝宇下桓嶽，馬端肅主渾源祀，而倪文毅猶然非之。夫非別有見耶？俟以請于博雅之士。北嶽廟規曲陽城而半之，夸麗俟闕。余過其門見巨石肺覆，云自嶽頂飛來依以祀者。」

就筆法上而言，書寫之結尾往往呈現「王子曰」或「王士性曰」其內在思考正為，何以五嶽被稱為五嶽，這是對於古蹟名勝與歷史文化的問題感。

另外，王士性遊覽五嶽，以「觀日」作為比較，如〈衡遊記〉：「晨起復凌風上觀日臺，見東海金縷萬條，捧員魄上，大奇。然天台華頂，岱宗日觀余皆假宿，觀出日比衡嶽較大數倍。」

王士性具有強大的地圖感，重視地方的風貌且觸及歷史與地理的真實。另一方面，他強調親身經歷。如〈恒遊記〉載：「時暮色挾寒氣為威，陰風怒號，同雲布山谷，一無所見，第仰盼其傾崎，殷殷晝星漢。望北崖插漢，凌厲欲飛，隱隱腰間有線路若趾跡然。」展現了登嶽的現場感。

附上遊記與詩作之對照如後：

	文	詩
嶽游	嵩遊記	
	岱遊記	登岱四首
	華遊記	登太華絕頂四首 太華山 贈華山玄龡道者二首 與劉元承登華山入自桃林洞因宿玉女峰冒雨
	衡遊記	賦得祝融峰
	恒遊記	
		泰山行 上三峰絕頂

二　傷今吊古：大江南北諸遊

　　此系列主要以書寫古蹟為主，透過地景而引發懷古之思。王士性行經每地，以所見遺址及文人創作所創造的文人化的詮釋系統，透過個人親身經歷與昔日文本的對照，深化了典範人物與旅行者之間的關聯。歷史感本來就是王士性書寫的基調，《大河南北諸遊上・西征曆》有云：「維時歲在玄枵，律中仲呂，巴渝有役，征途咸望西行，所過為燕、趙、韓、魏、鄭、衛、中山、周、秦之墟，多聖賢、方技、王侯、將相遺鄘廢冢，傷今吊古，涕笑並集，所在與楚黃元承劉君奕俱。元承曰：「是不可以無記。」余記之。」（《大河南北諸遊上・西征曆》，頁44）足見「傷今吊古」為其書寫之基調，由「是不可以無記。」之語，可見其書寫意識。〈嶽遊下〉有「五松亭亭還舊壘，白雲封中年代改」（〈登岱宗觀海行送鄒爾瞻南遊〉，頁126）之語，〈大江南北諸遊下〉的九首詩則透過每個地景的歷史之眼，發抒歷史興亡之慨。「攬勝今何在，荒城臥野煙。」昔日的勝景，今日的

荒城；廢墟的時間美學層疊地在詩中顯現，譬若「古瓦磨作硯，層臺變蒿萊」、「浮華昨日事，陵谷遞相遷。」「高臺浸荊棘，賓客去不存。」透過具體的物象：層臺、陵谷等等去點染時間之然則在這些「共有」的歷史感懷之外，王士性如何標示去記錄每一地景的獨特性，如何突顯每個地景歷史記憶及其獨特的地理空間，是這些篇章中更值得去追索的課題。

(一) 以地名為核心，摹寫人物與事件

王士性在詮釋大江南北遊時中涉及古代人物、事件或情境。這些人物的選擇基本上涉及典範的認同，不論是朝向地點或人物，都具有典範形塑的意義，而典範的認同出於人與人之間面對規範跨越時空的同氣相求。[15]

〈涿鹿望華陽臺〉之詩題的焦點主要為地名，而詩作則以歷史人物與事件為內涵：

> 燕丹懷慷慨，誓欲掃秦氛。惜哉時不遇，枉殺樊將軍。當其叩關來，孤鳥飛念群，置酒華陽臺，酣歌日未曛。（〈涿鹿望華陽臺〉，頁128）

詩題之核心概念即為地名與建築，雖則文中仍有人物之傳記情境[16]，然而詩所渲染的仍是地方感受，如詩作所云之「莽蕩」、「日暮

---

[15] 關於典範形塑的觀念，可參考蔡瑜：〈陶淵明的懷古意識與典範形塑〉，《台大文史哲學報》第72期（2010年5月），頁1～34。

[16] 舒茲（Alfred Schuz 1899～1959）曾指出，每個個體是以一種「傳記情境」（biographical situation）的方式，將自己安置在日常生活當中。每個生命在化育時期，皆以一個獨特方式形成，甚至每個人終其一生皆以其獨特的興趣、動機、欲求、期望、宗教、意識形態的認同等觀點，而來解釋他所接觸的世界。見舒茲著，盧嵐蘭譯：《舒茲論文集・第一冊》（臺北：桂冠圖書公司，1992年），頁3～4。

雲」種種：

> 莽蕩邯鄲道，荒臺日暮雲……毛生處空囊，薛公倚市門。（〈叢台臺故趙武靈王所築〉，頁128）

> 因念枌榆里，為築新豐城。大風歌過沛，遊子氣縱橫……屠酤與蹴踘，任意隨所營。（〈新豐〉，頁131）

傷古興亡本是文人由歷時所觸發的真實感受，尤其是今昔對照的時間性與空間感，更讓旅者感懷不置：

> 邯鄲全盛日，佳麗軼三川。古道仍還昔，芳蹤不復前。（〈邯鄲道道有呂翁黃粱夢祠〉，頁129）

> 洛陽城裡人，北邙泉下客。昨日歌舞場，今朝已陳跡。（〈北邙〉，頁130）

> 走馬鄴城道，置酒臨高臺……雄心託毫素，霸氣橫尊罍（〈銅雀臺〉，頁129）

人物典範是普遍性的社會意義，透過地景感知了人文情境，典範精神也在地景的中，被深刻的記憶。王士性的觀看，不僅僅是「純物」的唯美想像，而是旁徵博引的歷史視角。

(二) 以時間為線索，突顯地方特性

就詩題所見，或有突顯季節者，如〈秋日登玩花臺故息夫人臨妝處也〉、〈冬日真陽道中〉、〈秋雨泌陽道中〉、〈秋夜再泊朱仙鎮〉點出冬日、秋日之外，更有「秋雨」、「秋夜」之蕭索，而「徙倚荒臺

問昔妝，西風吹雨過林塘。」（〈秋日登玩花臺故息夫人臨妝處也〉，
頁133）、「悲風黃葉落」、「野火燒不燃」（〈冬日真陽道中〉）等詩
句，亦能點出「百懷總付高秋裏」的悲感。詩題長如散文，點出地
點、所見之僧以及倡和詩之因緣者如〈秋日過申陽北門一僧拳鬚持
缽立異而訪之僧倐然去偶持梁諸子詩有孔熹等四城門倡和因續之〉[17]
再者，如又以時間之次序如〈早發羅山〉：「暮宿淮水濆，早發羅山
陽。山翁理晨炊，起斫陌上桑」（頁134），又如〈晚過申伯臺〉之
「遠樹煙霞迷晚翠，近城燈火接黃昏」（頁133），以及〈夜宿繁臺高
適李白杜甫所登嘯處也或云師曠吹臺又為梁孝王平臺〉之「氣酣日落
無人上，地迥雲深有鶴知」（頁134）之時間臨界之感；再者，亦有
歲時節氣如〈北邙寒食郊行見醮丘隴者〉之即事感懷：「人人抱甕上
新墳，牛羊下隴鳶烏集」（頁136）。

其中有幾首詩，各自顯示了「大江南北」的地方特性，頗具意
趣。其一為〈函谷關〉，〈函谷關〉可說是一首地誌詩。詩之開頭為
「驅車洛城西，行行入函谷」寫其行動之次序。「雄圖控百二，攢峰
擁如簇。」則言其地勢。「左挾洪河流，右枕秦山腹。一線界分陝，
建瓴落高屋」言其方位與建築。接下來則是古事之敘寫，「指點訪遺
蹤」寫出了王士性的懷古意識，「古來都會地，興廢代反覆。」則是
此系列詩中屢屢強化的今昔感懷。

再者為兩首寫及溫泉之詩，〈驪山〉與〈馬嵬坡坡前白石如菽，
名「楊妃粉」，可已目翳，人競拾之〉。「繡嶺俯山巔，溫泉注山麓。
中有華清宮，明珠耀人目。」〈驪山〉一詩僅以溫泉為開首，主要仍
在回顧舊事，詩中所謂「虢國未承恩，阿環自休沐。」則明指楊貴妃
事，〈馬嵬坡〉亦處處充滿楊貴妃之符碼，無論是「看花沉香亭」、

---

17 續詩共四首，分為〈東城門病〉、〈南城門老〉、〈西城門死〉、〈北城門沙門〉。

「曾憶華清游」或「馳來荔子新」云云，值得玩味的是，詩末的「千
載墳前土，還迷行路人。」（頁131）與詩題所云「坡前白石如菽，名
「楊妃粉」，可已目翳，人競拾之」恰形成一參差的對照。

　　此外，詩題雖為〈陳思俞招飲太白樓〉，雖寫與友共飲，仍回
應「太白樓」的人物特質：「共道登臨咸我輩，誰憑仙客駕長鯨。」
（頁132）再者，突顯北地之氣候與異事景觀，亦為此系列詩作之特
色。摹寫北地之雪，歌行體如〈易水篇 送李山人君實〉「雪花十月大
如手，冰堅水深咽不流。」（頁132）〈雲中謠 送徐民部往大同〉亦有
「邊方八月飛雪來，雁群不斷鳴聲哀。」（頁132）一寫北地雪花之
狀，一寫飛雪之密，要之，均在點染「北風動地浮雲馳」、「焦家坪
口層冰堅」的景貌。異事景觀如「胡姬坐上胭脂濕，紀叟壚頭琥珀
新。」、「紫髯碧眼聲繚繞，霜天吹徹邊城曉。」以「碧眼」、「胡姬」
借代邊地之異，而人之異，恰好顯示了邊界的特殊性，因此，歌行體
如〈易水篇 送李山人君實〉：「我浩歌，君起舞。舞影長，歌聲苦。激
羽流商和者誰‧與君一夜成今古。」人我之間的蒼茫與孤寂之感，放
在此時空之下，方顯得悲愴與深刻，這是邊地中的自我情懷。在〈雲
中謠 送徐民部往大同〉一詩，「平涼點虜唐驕子，雁門太守漢長城。
使君駐節雲中陌，下還看古疆場。」（頁133）則突顯了戍守邊地的官
府視野，當文人感嘆「酩酊百壺還酬客」，使節所思索的則是「胡越
為家瀚海清，總然無事莫休兵。」雖為「東出長安門，西走昌平道。」
的邊地行旅，所關注的仍是「北望三城思悄然，憑君何自論奇畫。」
有關邊務之擘劃。詩歌雖是抒情自我的表述，「已信名王能款塞，更
聞中國重修邊。」想像邊地與真實在場都導向書寫者對於「疆域」的

禦防之自覺，而「中國」一詞更強化了中心與邊緣的差異[18]。

從遊記之內容，可見書寫之行動與軌跡。〈大江南北諸遊上‧西征曆〉指出：「是日（乙丑）發都門，度桑乾水，信宿過涿州，登華陽臺，吊樊將軍。」，以是有詩〈涿鹿望華陽臺〉，〈西征曆〉又云：「庚辰，走邯鄲道上，入盧生夢黃粱處。……午至邯鄲城，過藺相如回車巷。欲尋相如、頗與樂毅墓拜之，為道遠故。乃相攜登古叢臺，歎戰國諸王侯輩，惟趙最多豪傑，即簡子取符於代，主父單騎入秦，類千古英雄氣識，平原以下不足多耳。賦得古叢臺，酒酹之，遂下臥榻焉。」有詩〈邯鄲道道有呂翁黃粱夢祠〉、〈賦得古叢臺〉可對應。諸如此者，皆可知其寫作身影。此外，透過文與詩之對讀，可見王士性「傷今吊古」之外的現世思索。〈大江南北諸遊上‧西征曆〉有云：

> 庚辰，走邯鄲道上，入盧生夢黃粱處，笑謂元承：「生夢者醒矣，余醒者則猶然夢也。因憶趙有邯鄲，齊有臨淄，周有三川，可謂佳麗足當年矣。何知今日皆荒城野煙，又安知姑蘇、武林之它日乎，不轉而黔陽、百粵耶？」元承曰：「固然。」（頁45）

---

18 「中國」、「中原」是相對於四境邊區所建立的中央之國。中國以作為諸夏領域統稱之意最為普遍，也就是中國人「定居」（dwelling）其間的存在空間，然隨著中國政治情勢的發展，行政制度的轉變而改變，使得所囊括的領域時常有所變，歸屬的族群也不盡相同，反倒是文化自我認同的象徵意義成為最穩定的中國義涵。見王爾敏：〈「中國」名稱溯源及其近代詮釋〉，《中國近代思想史論》（臺北：華世出版社，1977年）與劉苑如：〈慾望塵世／境內蓬萊——《拾遺記》的中國圖像〉，收入劉苑如：《朝向生活世界的文學詮釋——六朝宗教敘述的身體實踐與空間書寫》（臺北：新文豐出版公司，2010年7月），頁417～455。另葛兆光：《宅茲中國》（臺北：聯經出版社，2011年）亦有精彩之論述。

　　面對古蹟，王士性不僅是情感上的對應；而是思考此地的「位置」，著重其變遷的可能。眼見邯鄲、臨淄已成「荒城野煙」所興發的不只是歷史感懷，而是城市變遷。以江南之姑蘇、杭州，對照西南之黔陽、百粵；也可看出既有的「江南」中心／「西南」邊緣之意識。

　　再者，遊記之表述可以呈顯創作者的人文觀察。〈遊西山記〉記寫都城周邊之景觀，以香山為主體視角：

> 從山腰轉盼迤邐而去，復數里是為香山。山既峻峭，迫無夷趾，則憑危嵌空，作大叢林，殿深五層，迴廊步欄，垂於兩翅，悉成樓閣，丹甍金阤，欲飛而起。入門有泉，自石渠流墮，匄然紺碧，不減玉泉。寺舊名甘露，以此也。入度石橋，下為方池，金魚數百頭，聞履聲而隱，最長者尚是英廟時物。循石磴而上，室廬回曲，咸與石上下。從下殿視遊客蟻附而上者，如懸木末也。左岡有軒，顏以「來青」。坐軒中見平蕪蒼莽。飛鳥出沒在下，山椒轉處，緇林寶剎與金山園陵錯出千百，緹朱蜃白，狀如簇錦，神京九門，雙闕巍然起於五雲，良都邑之偉觀也。（頁49）

　　就建築設置、空間方位皆可見香山甘露寺之偉麗壯闊，一如王士性所言「夫西山首太行尾居庸而朝于京師．其山水所會既非偶然。」（頁49），然而筆鋒一轉，看見了另一種地理景觀：「中貴人富而黠者，往往散貲造寺，倚為樂丘，動以十數萬計，故香山、碧雲，巨麗咸甲於海內。」此地靠近都城，寺廟反而成為富商生財之空間。這種觀察視角，是詩歌難以表述的人文現象，也是王士性紀遊書寫的特色所在。

　　〈大江南北諸遊〉展示了王士性對於王朝歷史與地域的情感，

〈西征曆〉以時間為序，展示了風景中的歷史，〈遊西山記〉云：
「漢、唐、宋五陵、曲江、艮嶽、西湖，與我明國家之雞鳴、牛首、
西山，咸近都城內外，非乘輿遊幸，都人士走集，百官賜休沐之地
耶？」（頁48）描述都城景觀；〈謁闕里記〉展現「禮樂俎豆之思[19]」
（頁51），〈遊梁記〉以具體之細節「余此行計三十五日，行二千三百
里，計迂道七八百餘」（頁53）展示了中州之盛，〈遊茶城白雲洞記〉
則再現「舟車輻輳」茶城之「白雲洞」，文章甚短，風格與他文迥
異，提出「有洞之奇若此，而人無知者。余與牧父非待淺經日，亦無
由而至焉。然則世之握瑾懷瑜，不聞于時者，豈少乎哉！」實為個人
境遇之隱喻。此外，嵩山與華山均屬此地域，〈遊梁記〉有云：「癸
亥止太、少二室，觀達磨面壁石，別有〈嵩遊記〉。」（頁52）〈西
征曆〉言：「是日登嶽，雨止青坷坪，次日陟三峰絕頂，別有太華遊
記。」（頁47）適可知其行旅、紀錄與書寫之軌跡。

　　附上遊記與詩作之對照如後：

19 《論語‧衛靈公》：「衛靈公問陳於孔子。孔子對曰：「俎豆之事，則嘗聞之矣；軍
　　旅之事，未之學也。」明日遂行。在陳絕糧，從者病，莫能興，子路慍見曰：「君
　　子亦有窮乎？」子曰：「君子固窮，小人窮斯濫矣。」見《十三經注疏‧論語注疏
　　解》（北京：北京大學出版社，2000年），頁234。

	文	詩
大河南北諸遊	西征曆 遊西山記 謁闕里記 遊梁記 遊茶城白雲洞記	覽古十一首 （涿鹿望華陽臺 　叢臺 　邯鄲道 　銅雀臺 　蘇門山 　金谷園 　北邙 　函谷 　新豐 　驪山 　馬嵬坡） 陳思俞招飲太白樓 易水篇 雲中謠 晚過申伯臺 秋日登玩花臺 冬日真陽道中 早發羅山 夜宿繁臺 過夷門 秋雨泌陽道中 與尤子輝宿賢隱寺二首 秋夜在泊朱仙鎮 雪後憶劉子玄紫芝樓 憶游中泉寄劉司徒三首 北邙寒時郊行見醮丘壠者 秋日過申陽北門四首

三　吾鄉勝概：吳遊與越遊

　　〈吳遊上〉有文九篇，附於〈吳遊紀行〉之後有短文八篇。[20]〈吳遊紀行〉總括說明其遊程以及同遊友人，全文如下：

> 三吳南龍之委也。龍氣入海而止，故勃崒而洩為山川，其奇秀甲於天下與二越稱。越余鄉也，故其遊也，往來不一至焉。吳之游則以次舉：歲丁亥四月朔，發天台渡錢塘。越九日陟兩天目，望日登烟雨樓。越五日上虎丘，入太湖，又十日飲慧山泉。午日登金、焦、北固三山，又五日過金陵。望日泊舟采石，次日理棹過青山。廿五日宿九華，六月六日三宿白嶽。其欲遊而不果者三：曰茅山、曰天平、曰陽羨。諸潭洞遊而別有記者四：曰天目、曰太湖、曰金陵、曰白嶽。同遊者：友人陳大應。解逅而遊者：丘謙之、王伯熙、陳穉登、郭次父、陳從訓、茅平仲、蔡立夫、秦孟章。晤而未與遊者：沈純父、盧思仁、江長信、沈少卿、湯義仍、丁元父、俞公臨，余家弟圭叔、永叔，與王元美、汪伯玉二先生。（頁55）

　　從文中可知吳遊的時間排序，以及同遊的友朋群，在〈吳遊下〉有一註解：「天台、剡川、越王臺咸越山川，緣遊吳而作，故繫之吳。」（頁138）可見〈吳遊下〉三十六首之編排，以「遊」之「緣由」，而非以「地點」為主。這是詩、文可應和之處；相對而言，王士性自稱「越余鄉也，故其遊也，往來不一至焉。」越遊雖僅四篇，

20　此八篇為〈遊煙雨樓以四月望日〉、〈遊虎丘以望後五日〉、〈遊慧山泉以望後十日〉、〈遊金山以午日〉、〈遊焦山以登金山次日〉、〈遊采石以五月望日〉、〈遊謝家青山以望後一日〉、〉〈遊九華山以望後十日〉。

〈越遊注〉以地名連結地名之頂真筆法，環環相扣，顯示其對鄉土的
情感。〈入天台山志〉有云「自余為桃源主人，結廬洞口，不啻數十
至矣。」文章中透過題壁、構堂、命名以強調自己與天台緊密之關
係；〈遊雁蕩記〉有云：「余家海上，南趨雁宕，北走天台，咸百里
而遙，二山故余家物也。」（頁85）雁蕩山非僅一行旅地點，而是具
一處有情感，有意義的「地方」[21]。〈台中山水可遊者記〉則是書寫王
士性之家鄉台州，如其所言：「台郡上應台星，漢時曾遷江、淮，空
其地，後復城於章安之回浦。回浦山川亡它奇，至唐武德徙治於大固
山下，近佳山水，則今城也，蓋千餘年矣。余生長於斯，顛毛種種，
即身所釣游，與鄉先民遺蹤古蹟所嘗留焉者，咸得而言其概。」（頁
85）為家鄉台州摹寫地理景觀，勾勒人文圖像。地景如巾子山：

> 前對三台山，半山為玉輝堂，登堂見靈江來自西北，環抱於
> 前，流東北以去。江上浮梁臥波，人往來行樹影中，海潮或浮
> 白而上，百艘齊發，呼聲動地，則星明月黑之夕共之。唐任
> 翻題曰：「絕頂新秋生夜涼，鶴翻松露滴衣裳。前村月照半江
> 水，僧在翠微開竹房。」（頁86）

先言其地勢，既而寫其海潮流動與百艘船艦之壯觀。引用唐詩與
前述「鄉先民遺蹤古蹟所嘗留者」可相呼應。除了唐任翻之外，尚有
王右軍於惡溪所書「突星瀨」以及文天祥卜居仙巖之遺址。又以異僧
「見烹螺而熟者放之池中，至今螺生咸漏其底。」之傳說鋪衍雲峰寺
「松陰滿門，間以篔簹萬種。」之場景。

21　關於「地方」（place）是我們經驗世界的方式，也是被賦予意義的空間。關於「地
　　方」（place）（或稱地點）這一詞彙，中文翻譯或稱場所，或稱所在，有其發展脈
　　絡。請參見曾旭正：〈地點、場所或所在：論place的中譯及其啟發〉，《地理學報》
　　第58期，2010年），頁115～132。

　　整體言之，對王士性而言，吳、越的分界或許並不明顯；就文本而言，「咸越山川」之語顯示了地理空間與原鄉情感及文化鄉愁的情感距離是有差距的。

　　〈吳遊下〉的詩題都為地名，詩題也顯現了他與友朋之往來，如〈賦得大江行 送圭叔之南水部郎時中叔守浮光余亦請告將歸海上〉、〈白下與湯奉常義仍集家弟圭叔宅有作兼寄朱考功汝虞〉，其中有幾首強調了季節與時間如〈除夕舟泊吳閶門寄懷王父伯仲〉、〈立春江行金山雪霽〉，身在江南的氣候之變異，也是王士性歌詩中所強調之處。如〈泊瓜州一夕大風望廣陵城不至〉，以「晨昏倏變易」點出「百年故如斯」之感，又以「層冰滿江湄」對應「春風柳如絲」之景，而〈夜下剡州〉又以「朝發天姥岑，暮投石門徑」寫一日之時間推移；在〈立春江行金山雪霽〉則標舉其旅行偶像向子平[22]：「向平未遂名山願，肯把屠蘇讓後生」。

　　〈越遊下〉之詩作與遊記可對讀之處，可分兩部分說明，其一為「桃源」想像，其一為海洋書寫。分述如下。

　　王士性於〈越遊注〉云：「南明山者……余為天台桃源主人，每出必假道於是」（〈越遊注〉，頁71）指出「余乃於離別巖下，鑿石通道，構一室於洞口為桃花塢，扁以「儷仙」，屋頭種桃千樹，茶十畦，買山田二十雙，計作菀裘。它日二娥，想當相俟於桃花碧落間也。」（〈入天台山志〉，頁80）屢屢稱「桃源」並有詩作〈桃源行〉[23]

22　即向長，字子平，河內朝歌人也。隱居不仕，性尚中和，好通老易，貧無資食，好事者更饋焉，受之，取足而反其餘…喟然嘆曰：吾已知富不如貧，貴不如賤。但未知死如何生耳……於是遂肆意與同好北海禽慶，俱遊五嶽名山，竟不知所終。見〈後漢書·逸民傳·向長〉。

23　王士性對於「劉晨、阮肇」的情節敘述及桃源意象多所著墨，於尺牘〈寄詹牧父〉亦有言：「又桃源自劉、阮後橋採不通，僕茲攀藤緣石尋得之。沿巖溪十里植桃千樹，作桃花塢已招二娥，計夏深可成。足下來以結夏為佳會，稽道上無可為具，芻

以抒懷：

> 君不見劉、阮相將出洞天，洞門轉盼埋蒼煙。花開花落誰為
> 主，寥落壺天幾歲年。我亦天台採芝客，來往青山訪陳跡。萬
> 樹天桃隔綵霞，彷彿仙娥落空碧。記得津迷採藥郎，桃花流水
> 偶相望。隱隱胡麻來石髓，雙雙玉女下天香。雲鬟翠黛流蘇
> 帳，伉儷不殊人世狀。仙家雞犬日月賒，七日滄桑何淅蕩。塵
> 心忽自憶人間，一別仙源遂不還。白石蒼苔翳舊路，瓊樓玉宇
> 掩重關。狐鬼為家莽荊棘，煙霧茫茫招不得。鑿石誅茆發隱
> 淪，我與山川生氣色。古陌無津不記春，敢希邂逅望仙塵。但
> 將指點漁郎道，弗使桃花解笑人。（頁150～151）

　　以志怪所書劉晨、阮肇之事為引，寫其對築構「異質空間」之想
像。[24]

　　由此可見王士性對於小說地理的創造：「桃源自劉、阮後樵採不
通，僕茲攀藤緣石尋得之。沿巖溪十里植桃千樹，作桃花塢以招二
娥，計夏深可成。」遊旅中尋訪小說中的故蹟，六朝志怪的劉晨、
阮肇彷彿成了王士性的友人，他也煞有介事地描述自己「攀藤緣石」
而找到了桃源之地。轉換虛構的小說地理，重新創造了自己的「桃」
（植桃）源。這種地點的重構恰好安頓了王士性對於真實的追求與美
感的想像，依據小說文本重建現場的詩意空間，此地就成了我（王士

　　力者俟其監，大夫行部至為商之，勅騎以邀耳。」見王士性著，周振鶴校：《王士
　　性地理書三種》（上海：上海古籍出版社，1993年），頁602。

[24] 《幽明錄》記載：「漢明帝永平五年，剡縣劉晨、阮肇，共入天台山取穀皮。迷不
　　得返，經十三日，糧乏之盡，饑餒殆死。遙望山上有一桃樹，大有子實，而絕巖遼
　　澗，永（一作了）無登路。……共送劉、阮，指示還路。既出，親舊零落，邑屋改
　　異，無相識。問訊得七世孫，傳聞上世入山，迷不得歸。至晉太元八年，忽復去，
　　不知何所。」〔宋〕劉義慶：《幽明錄》（臺北：廣文書局，1989年），頁15～16。

性）與文本融通的互文想像，創造地理與文本的相互對應。

　　王士性之家鄉為台州，觀看海景為日常之視角。〈台中山水可遊者記〉有云：

> 海幢庵者，江海交處，兩石崖天然束之為海門，左崖有石闕焉結屠蘇，以兩崖如幢而名也。坐庵中看大海，瀞漾天際，不知孰為天為海也。惟日輪初出水，隱約辨別之。及高春目力復窮矣。徐市昔稱三山在水中，舟且至為風引之去，而磷磷海島，一如恆沙微塵，欲求其似而不可得，惟視初出日如腥染其大，倍於車輪，為山海偉觀。（〈台中山水可遊者記〉，頁87）

　　書寫觀海的幾種角度，於庵中看海，天與海瀞漾為一，不可分辨；透過日出隱約可辨天與水之差異；海上觀日，其形「倍於車輪」，其色「如腥染」。又寫海中島嶼如恆沙微塵，分述海、日與海上島嶼。〈越遊注〉則書寫渡海之工具及個人所見所思：

> 補陀者，東海島嶼孤絕處，為大士道場。……余友屠長卿海上，初欲拉與俱往，而長卿方作客宛陵，余乃獨與陳生乘艛艫，至定海而渡。適雲霧連三日重，海氣昏昏不辨，候大將軍力止之，僅得於招寶山懸望焉。……東有望海亭，望大海茫無津涯，與天為一。……正指顧間，忽颶風復吹人欲起，黃雲滿島，驚濤拍天，余顧足下山，如欲浮去，乃悸而返。（〈越遊注〉，頁73）

　　此處可見王士性對海的嚮往與驚懼。更有意思的是，此處寫出所搭之交通工具艛艫，也寫出旅行中「天候」與「路程」之不可預測。

　　〈越遊下〉有關海洋的詩作或如〈九日候濤山望海〉：

鴻雁江湖處處心，高臺此日一登臨。天迴南斗星辰近，水落寒濤渤海深。把酒暫逃蘭社會，憑樓試作越鄉吟。長風吹入蛟門島，蜃氣蒼茫涌萬尋。（頁199～150）

寫出海洋之蒼茫壯闊，關於海潮之蒼茫，〈舟次海口〉有云：

蒹葭秋水木蘭橈，挾客來觀海上潮，萬里蒼茫空碧落。三山縹緲接青霄。西風木落驚帆影，南極星明射斗杓。目斷扶桑天外盡，何煩鞭石駕危橋。（頁156）

「蜃氣蒼茫」與「萬里蒼茫」，觀海潮與登臨望海，都有相似的情境感受。或與友人海上觀日出：

玉渚流虹雲氣杳，金莖飛雪露光寒。峰頭怪石多人立，直上乘風跨紫鸞。

灝氣淋漓接素秋，露冷月白水光浮。煙銷渤海三千島，石擁瑤天十二樓。

翠岫黃雲臥野蒿，石城樓閣倚天高。長風破浪來秋色，白日行空駕海濤。

洞口垂蘿辭不記春，簷前飛瀑下平津。石門流水漁郎遠，贏得青山好避秦。（〈同潘明府去華何山人貞父登玉甑峰是夕宿洞中觀海上出日洞一名玉虹〉，頁156～157）

或點出海上島嶼之形貌：「巨鰲忽斷雙龍起，屹立寒濤薄太清。滄海無津煙嶼遠，青天不動暮潮平。星槎此夕通銀漢，月色千山滿玉京。燈火城南纔咫尺，恍疑身世隔蓬、瀛。」（〈七夕宿江心寺〉，頁156）與紀遊書寫皆可呼應。

此外，或寫先人遺跡：

巨鰲不戴蓬、瀛去，獨向江門枕濁流。曲磴眠雲芳草濕，洪濤
浴日曙光浮。山城埤堄黃沙磧，水國兼葭白露秋。極目西風傷
往事，誰家君相屢維舟。（〈登金鰲山宋高宗文信國俱航海至
此〉，頁 153）

雞鳴犬吠白雲中，共指三山有路通。縹緲層樓疑海氣，箜篌一
竅倚天風。長安日落孤航杳，故國魂招大澤空。天為群公留勝
概，登高極目恨無窮。（〈遊仙巖謁文信國諸公像〉，頁 151～
152）

值得注意的是〈登岱宗觀海行送鄒爾瞻南遊〉這首詩所展現的山、海
想像。「雞鳴赤日升扶桑，日觀峰高海水黃」，從「赤日」與「海水
黃」即可知所寫為日出之景。「老鮫奔走驪龍怒，珠光吐射三峰摧」
亦寫浪濤奔流，光影曳動之貌。而「蓬、瀛明滅不可睹，恍惚似欲揚
塵埃」則以傳統意象中的蓬萊瀛洲為象徵，描摹海中小島予以一種縹
緲、迷離之感。

附上遊記與詩作之對照如後：

	文	詩
吳遊	吳遊紀行 遊煙雨樓以四月望日 遊虎丘以望後五日 遊慧山泉以望後十日 遊金山以午日 遊焦山以登金山次日 遊采石以五月望日 遊謝家青山以望後一日 遊九華山以望後十日 留都述游 游武林湖山六記 出湧金門過孤山至岳墳記 出清波門遊湖南諸山至六橋記 出錢塘門觀戒壇至靈隱上三天竺記 再出清波門至六和塔望潮記 登吳山記 白嶽遊記	夜下剡川 越王臺 西湖 嘉禾煙雨樓 虎丘 慧山第二泉 金山 牛首山 燕子磯 采石 謝家青山 白岳東天門 羅漢洞 太素宮 五老峰 釣臺 歸天臺 西湖放鶴亭 立春江行見金山雪霽 賦得大江行 金陵懷古二首 白下與湯義仍集家弟圭叔宅 王將軍園亭 再宿王將軍石室四首 除夕泊舟吳閶門寄懷王承父伯仲 春日別周公瑕王百穀張伯起幼于諸君 錫山人日別陳穉登 陳從訓茅平仲飲於京口舟中語次有懷張助父綠波樓 賦得紫霄崖 贈黃說仲游雲間 廣陵曲 泊瓜舟一夕大風望廣陵城不至

	文	詩
越遊	越遊注 入天台山志 遊雁蕩記 台中山水可遊者記	泊鄞江 登雪竇寺 余公子招飲湖莊 九日候濤山望海 禹穴 過樵夫亭 兩登巾山雨憩景高亭 桃源行 上華頂 宿石梁 游仙岩謁文信國諸公像 蓋竹歌 元夕宿精進寺四首 黃尚仲讀書委羽洞 登金鰲山 華頂太白堂觴別王承父 惡溪道上聽猿聲 行至華濤憶王承父劉孟玉 桃源道上別甘使君應溥 入歡嶴懷顧處士歡故居 咏明岩 七月三日過盤山 過石門 宿靈岩寺 舟次海口 七夕宿江心寺 同潘去華何貞父登玉甑峰四首 雁山雜咏八首

四　搜奇履險：蜀遊[25]

　　王士性在《五嶽遊草・蜀遊上──入蜀記上》指出：「左太沖賦蜀都，王右軍嘆彼土山川多奇，恨左賦未盡，乃致意岷山、汶嶺，思得一至。及讀陸務觀蜀遊記、范致能吳船錄，益脈脈焉。乃今得與元承劉君擁傳以往，搜奇履險，大益昔賢所未聞見，效陸、范二公記入蜀三篇，俟它日老而倦游，取枕上輒讀一過。」（頁88）足見王士性是帶著前代文人之「前理解」，以及「搜奇履險」的心態展開蜀地行旅。從這段敘述也可看出他是以「回顧」、「預告」之心理展開行旅書寫。

　　因此詳實紀述行旅地點與感懷（「俟它日老而倦遊，取枕上輒讀一過。」）之外，亦注意今昔之差異（「大益昔賢所未聞見」）。〈入蜀記〉以時間為序，〈入蜀記（上）〉每段之首分為「丙辰──己未──庚申──辛酉──壬申──丙寅──戊辰──己巳──甲戌」，以時間之刻度與地名之標舉突顯現場感，以下先就所撰詩篇分述之。[26]

（一）在歷史脈絡之下的遊旅

　　就詩題所見，王士性所寫之詩，每個地景幾乎都回應了一個時代。透過地景去追溯史事、傳說與人物，於是而有〈五丈原〉的「將星忽無光，化作營前石。」、「興劉與帝魏，往事俱陳跡。寂寞登古

25　〔晉〕常璩《華陽國志》描述蜀地，「東接於巴，南接於越，北以秦分，西奄峨嶓。」見〔晉〕常璩：《華陽國志》（臺北：世界書局，1979年）

26　由於王士性指出追躡陸游、范成大之行蹤及寫作筆法，筆者特以一專章討論之，詳見第五章〈追蹤躡跡：地域經驗的聯繫與對話〉。

原，黯黯土花碧。」（頁159）蜀地所聯結的歷史人物，其一為諸葛孔明，以〈五丈原〉詩為首，似乎先預告了一個將星的隕落，既而在細寫其功績，如〈連雲棧〉，但此詩點出「秦茲開蜀道，漢茲築秦鹿」之「誰為鑿此險，世代共馳逐」之宏觀的歷史眼光，而以「雄關與敗壘，零落隨草木」帶出懷古而感傷的基調。

此外，薛濤[27]（〈薛濤井〉）、嚴君平[28]（〈君平賣卜處〉、〈支機石〉）、杜甫[29]（〈浣花草堂〉）、司馬相如[30]（〈琴臺〉）等文人軼事與文壇典故，皆各以一地景為引，既而鋪敘其人其事。因此，摹寫蜀地之詩歌，卻形塑了文人化的景觀。[31]

---

[27] 《全唐詩》記載：「字洪度，本長安良家女，隨父宦遊，流落蜀中，遂入樂籍。辯慧工詩，有林下風致。韋臯鎮蜀，召令侍酒賦詩，稱為女校書，入幕府。歷十一鎮，皆以詩受知。暮年退居浣花溪，著女冠服，制紙為箋，時號薛濤箋。」

[28] 《漢書・王貢兩龔鮑傳》：「蜀有嚴君平，……君平卜筮於成都市，以為：「卜筮者賤業，而可以惠眾人。有邪惡非正之問，則依蓍龜為言利害。與人子言依於孝，與人弟言依於順，與人臣言依於忠，各因勢導之以善，從吾言者，已過半矣。」」另《太平御覽》卷八天部八・漢：「《集林》：昔有一人，尋河源見婦人浣紗以問之，曰：此天河也，乃與一石而歸，問嚴君平，云，此織女支機石也。」

[29] 杜甫乾元二年（759）秋自華州到秦州，十月遷往同谷，十二月又自同谷出發，歲末到成都。自上元元年（760），一直到永泰元年（765）五月才離開成都，中間首尾約莫五年半，而其中曾於東川奔走將近二十個月，換言之，居蜀時間，約有三年多的時間在浣花溪旁的成都草堂。關於杜甫詩與杜甫生平相關研究，可參考許銘全：〈杜甫詩追憶主題研究〉（臺北：臺灣大學碩士論文，1997年）及李欣錫：〈杜甫巴蜀詩「生活」題材研究〉（臺北：臺灣師範大學碩士論文，1999年）。

[30] 《史記》卷117〈司馬相如傳〉：「相如之臨邛，從車騎，雍容閒雅甚都；及飲卓氏，弄琴，文君竊從戶窺之，心悅而好之，恐不得當也。既罷，相如乃使人重賜文君侍者通殷勤。文君夜亡奔相如，相如乃與馳歸成都。」

[31] 鄭毓瑜指出，典故聯繫了古今至少兩個時空不同的事件，讓一個已知成分（典故所在），去聯想另一個未知成分，透過這種譬類關係去命名新事物，這種以知典故背後牽涉到一套認識世界的方式、組合事物的關係。見鄭毓瑜：〈舊詩語的地理尺度〉，收於王瓊玲編《空間與文化場域：空間移動之文化詮釋》（臺北：漢學研究中心，2009年），頁251～292。

（二）風景凝視

　　蜀地系列詩作中對於地景之摹寫甚為細膩，王士性如何在詩中突顯蜀地之空間識覺？其一為顛崖與絕壁，在〈連雲棧〉有云：「連雲八百里，顛崖架高木。鑿石布山阿，椓杙倚岩腹。閣道間偏橋，詰屈如轉轂。馬蹄飽崚嶒，輿卒競擁簇。黑白俯二江，狂流撼飛瀑。」（頁159），又如〈谷口〉：「龍江噴珠玉，鳥道錯嵅岈」（頁160），以及〈五丁峽〉：「連山跨隴蜀，地險絕躋攀。」（頁160）

　　再者為水勢之險，如〈黃陵廟〉所云：「壁立重霄迴，斜連斗極高。山迴石倒出，拍岸盡驚濤」（頁162）以及〈灩澦〉：「一柱當坤軸，盤根逆逝波。夾崖啼虎豹，轉轂鬪黿鼉」（頁163）「地險」與「驚濤」突顯了蜀地的山、水經驗（驚豔），以詩語為蜀地的山水定格。

　　值得注意的部份是詩歌的創作形式與吳、越遊以及大江南北諸遊等書寫之差異。首先，〈蜀遊〉標舉了〈江樓八景〉，分別為鷺沙月白、漁磴風清、螭縞石迴瀾、虹橋返照、蒀楠圍翠、雙桂交香、竹徑瑯玕、花禽抱玉。有別於地景或人物事蹟為詩題，而以傳統的「八景」概念勾勒蜀地風景，唯一出現地名之詩為螭石迴瀾，詩云：「三星飛墮水，怒激起盤渦。五月瞿塘口，魚龍不敢過。」（頁164）也是其中一首較具雄偉壯闊之風格，其餘數首則以「光」、「月」、「風」、「香」等意象凝結風景，僅能稱作「江樓八景」[32]實非「蜀遊八

---

[32] 「八景」的「景」字原意為「日光」，將「八景」解釋為「八種景觀」其實是北宋才興起的概念。「八景」多由八個四字一單元的標題組合而成，用以形容地方美景，如「遠村明月」、「蕭寺清鐘」……等。衣若芬在〈旅遊、臥遊與神遊——明代文人題「瀟湘」山水畫詩的文化思考〉中提到，今人雖有所謂「景八股」之譏，然隨著明清旅遊活動的蓬勃興盛，各種地方大大小小的新舊「八景」、「十景」……等，仍層出不窮，足見遊人對此之喜好。魯迅〈再論雷峰塔的垮掉〉中則指出，

景」。詩作如下：

〈鷺沙月白〉

　　皓月籠輕渚，蒹葭一望秋。道人心似水，羣鳥逐行舟。

〈漁磴風情〉

　　返照入荒郊，晚風何處笛。輕舟罷釣歸，相向柳陰側。

〈虹橋返照〉

　　長虹臥碧波，夕夕看天繪。人歸倒影中，鳥出斜陽外。

〈蕺楠圍翠〉

　　六月班荊坐，深林無暑來。掛巾時復墮，為有午風吹。

〈雙桂交香〉

　　空街綠玉樹，對影光離離。月落寒塘曲，露凝香滿枝。

〈竹徑瑯玕〉

　　三徑煙霞伴，流陰冷畫屏。蕭蕭風雨夜，積翠滿空庭。

〈花禽抱玉〉

八景模式化的現象，他說：「中國許多人大抵患有一種『十景病』，至少是『八景病』，沉重起來的時候大概在清朝」。見衣若芬〈旅遊、臥遊與神遊──明代文人題「瀟湘」山水畫詩的文化思考〉，收入《明清文學與思想中之主體意識與社會──文學篇》（臺北：中央研究院中國文哲研究所，1995年），頁17～92。以下詩作見〔明〕王士性著，周振鶴校：《五嶽遊草、廣志繹》（北京：中華書局，2006年），頁163～165。

　　寶幄闌干裏，天香引玉雛。春風任榮落，得食自相呼。

　　這幾首詩透過時間「暑」、「夜」、「午」的切分，體現了外在物景的「微」感受，譬如「倒影」、「對影」、「露凝」等等。另一首〈江樓歌〉，融入了賦之體式，有騷體之風，這也是王士性所作詩歌中罕見之歌行體：

> 若有人兮江之干，抱危石兮俯長湍。麟鳳郊遊兮，鴻鵠斂翰。牽蘿帶荔兮，碩人之寬。南山有薇兮，北山有蕨。倚江樓而日暮兮，神縹緲其飛越。云誰之思兮美人，隔千里兮共明月。明月皎兮如沐悵，幽人兮其獨。時颯颯兮風松，又蕭蕭兮雨竹。風雨倏兮何常，四時春兮如簇。登茲樓以歸來兮，何詹尹之可卜。（頁165）

　　相對於〈浣花草堂〉詩中強大的歷史感：「萬里橋西路，百花潭水流。落花隨去水，潭影日悠悠。憶昔僑居客，思歸江漢頭。笳悲白帝急，木落錦城幽。病骨緣詩瘦，奚囊足旅愁。春秋三史在，風雅百年留。楚、蜀俱陳跡，乾神祇浪遊。伶俜頭早白，搖落興先秋。老去詩千首，吟成土一抔。貞元人繼死，大雅欲誰收。」（頁161）〈江樓歌〉以物象的隱喻顯示了幽獨的情懷，行旅中透過詩作所凝結的情懷，不僅是旅愁，而能開展文人內心幽微的情思，以各種文體表述旅行的心靈版圖。一如《德勒茲論文學》所述「風格對作家而言，不是技術上的問題，而是視野上的問題。它是一種顯現──質的差異。如果沒有藝術，這差異將永遠是每一個人的秘密。」「每一個人都從特定的角度表達世界。角度本身就是差異。」[33]

33　雷諾・博格（Ronal Bogue）著、李育霖譯：《德勒茲論文學》（臺北：麥田出版社，2006年）。

附上遊記與詩作之對照如後：

	文	詩
蜀遊	入蜀記上 入蜀記中 入蜀記下 遊峨眉山記	五丈原 連雲棧 谷口 五丁峽 琴臺 支機石 浣花草堂 君平賣卜處 薛濤井 巫山 黃陵廟 白帝城 灩澦 江樓八景 江樓歌 余得調去蜀入粵叔明程先生亦自蜀來共話 山川淒然興感賦此短章

五　西南勝景：滇粵遊

　　滇粵之遊為王士性行旅歷程中最後的一塊版圖，因此其詩作中別具時間感，且多以歌行體表述，分述如下：

（一）特殊時間與文體

　　行旅之中往往受到不可逆的自然時間所限，歲時節日之文化時間，往往召喚個人的生命感受。在紛然變動的人生旅途中，這些「常

與非常」[34]的時間感既是旅者銘刻旅地的生命姿態，卻也勾勒了一己之生活圖像。

〈桂嶺守歲效李長吉體〉[35]：

> 街鼓逢逢催曉急，家家樹柏春風集。傾盤剪勝百事新，昨夜神茶爐中泣。朝行紫海暮歸疾，母道經年兒半日。兒女催人攜老至，百年轉盼須臾事。蒼梧夢斷紫筠斑，石墮湘流去不還。無計聖賢能守此，年年草色自江關。坐來兼憶麻姑別，東海飛塵白如雪。（頁167）

詩中透露其詩作中少見的思鄉心緒與家庭話語：「母道經年兒半日。兒女催人攜老至」，恰好回應了詩題中時間感——「守歲」，也可感知其身處西南的羈旅之思。〈滇粵遊〉系列詩中多有呈現個人內心之感懷之句，如詩題〈蒼梧道中攬鏡獨歎蓋余風塵荏苒一時五載矣〉，除了具體指出旅居時間，「對鏡」別是一種隱喻。又於詩題回憶友人——〈攜兒自滇遊還途中即事寄子行因憶吳惟良陳良卿陳大應鄧子昌俱已化去〉。

此外，詩題中亦書寫個人生活之實景，如〈再至龍池時史侍御餘皇成因憶余白鷗莊中扣舷問月必有朋輩在而余則相去萬里矣〉。王士性別有〈白鷗莊記〉，白鷗莊為王士性構設之園林：

---

34 關於「常與非常」之觀念，為李豐楙建構之理論架構，所謂的「非常時間」，通常指日常生活以外的節慶、儀式的神聖時間。參見氏著〈由常入非常——中國節日慶典中的狂文化〉，《中外文學》第22卷第3期（1993年8月），頁116～154。

35 李賀（790～816）字長吉。方瑜提到：李賀詩歌的意象具有強而有力的視覺，及由幻覺帶來的強烈感覺性。他的詩歌造境，則具有特異的時間觀點、魅麗奇異的世界。為了追求藝術的完美，他的詩歌往往刻意求工，由練字、鍛句、謀篇到意象的搜求、氣氛的經營、境界的構築君全力以赴。方瑜：《唐詩論文集及其他》（臺北：里仁書局，2005年），頁267～308。

白鷗莊者，余郭東溪頭小隱處也。……始浚曲池三畝，縱橫隨勢，得二洲三島。洲島非特敕，即以畚臿所施處，浚之深則成池，培之高則成島，浮之平則成洲。洲後長松落落，翁翳蔽日，拓架六榇，不施題井。[36]

莊內有紫芝白石山房、空濤閣、綠雲亭（釣亭）、蓮社、夕陽塢、小山叢桂、先月墩、白龍谿、芙蓉城、三星石、曲水瀨、龍藏西舍、雲碓山、臥雲坪、忘歸石。[37] 王士性之尺牘亦有：「近於郭東三里構一草堂，屋下冷泉，屋上好山。泉中白石齒齒，遊魚萬頭，置畫舫丈餘，時御于風前月下。山麓種桃百樹，當其春花爛開，遠望之不下桃源。」[38] 詩題以白鷗莊為一象徵，所謂「扣舷問月」或為「西島員亭如蓋，週畫檻焉，松杉夾水，下繫釣船，浮光耀金，得月為最，是為先月墩」之場景。情感的氛圍即是時空錯位的自我省思，透過「景象」與「聲響」再現了抒情當下。王士性於「國境邊陲」書寫這些與友朋相處的情境所生發的「抒情時刻」，除了是個人生命史的對話，其實也與〈白鷗莊記〉所云：「夫後視今，今視昔，白衣蒼狗，世態大都若此矣」相呼應，實為人生之鑑照。[39]

（二）文人化之景觀

〈謁柳柳州祠墓〉與〈吊劉參軍墓〉表述了王士性為羈居此地的

---

36 〔明〕王士性著，周振鶴編校《王士性地理書三種‧拾遺》（上海：上海古籍出版社，1993）。頁 629。

37 〔明〕王士性〈白鷗莊記〉，同前註，頁 629～630。

38 〔明〕王士性〈寄詹牧父〉，同前註，頁 600。

39 關於〈白鷗莊記〉，可參看喻學才：〈王士性與白鷗莊〉，《東南大學學報》（哲學社會科學版）（1999年01期），頁 82～89。

文人的懷思與詮釋。〈謁柳柳州祠墓〉[40]所云：「天寶、貞元人已死，千年大業竟誰是？」（頁168）當文人離開這世界，他留下什麼？而後代文人來到此地，他又看見什麼？當王士性提出了「千年大業竟誰是？」之扣問，即有柳宗元定位之意圖。「手提大冶鑄乾坤，後來共說河東氏。並轡中原有幾人，愈也角立河之濱。」（頁168）可見他並陳韓、柳二人之思考，「百川卻障狂瀾折，風雨延津會有神。解道河清苦難俟，瞥驚白日風塵起。去國投荒十二年，驅鱷開雲八千里。魑魅蛟螭作比鄰，強開闇昏就陽春。耐可呼天作知己，詎知天意難具論。」（頁168）以「去國投荒十二年，驅鱷開雲八千里」概括其生命經歷，又以「詎知天意難具論」暗藏對其人生經歷的評議。「刻物肖形神理在，尺管疇令握真宰。爾曹自取造化忌，夭死炎荒託蓬蠟。」（頁168）表面上以造化妒人述其客死炎荒之無奈，實則暗藏悲憫之情。「侯死較先韓較後，羅池之碑及韓手。敖氏春秋鬼不餒，桐鄉丘壠人應守。潯水南流即舊津，黃蕉丹荔伏猶新。手批蔓草荒祠下，余亦東西落魄人。」（頁168）評議韓柳二人之外，亦有個人情感之涉入。

〈吊劉參軍蕢墓〉有云：

> 劉參軍[41]，獨鷤啾啾百鳥羣，長鋏倚天氣吐雲。巫咸不下霄漢

---

[40] 「柳州羅池廟碑」為韓愈所作，時為柳宗元逝世後四年（元和十七年（923）），內容主要言及柳宗元之生平以及對於柳州的貢獻。其云：「羅池廟者，故刺史柳侯廟也。柳侯為州，不鄙夷其民……」至南宋之時，蘇東坡亦為其寫碑：「荔子丹兮蕉黃，雜肴蔬兮進侯堂……」故後人取其碑文前兩字，名為「荔子碑」。

[41] 〔宋〕歐陽修等撰：《新唐書》（臺北：中華書局，1965年）列傳第103：「劉蕡，字去華，幽州昌平人，客梁、汴間。明《春秋》，能言古興亡事，沈健于謀，浩然有救世意。擢進士第。元和後，權綱馳遷，神策中尉王守澄負弒逆罪，更二帝不能討，天下憤之。文宗即位，思洗元和宿恥，將翦落支黨。方宦人握兵，橫制海內，號曰「北司」，凶醜朋挻，外脅群臣，內擊侮天子，蕡常痛疾。」、「蕡對後七年，

遠，淚斷杞國人無聞。欲抉霾曀上天門，虎豹猰㺄坐九閽。玉
女投壺笑方劇，眾星爭月光猶繁。且招龍比遊地下，萬里投荒
奄墮馬。湘流東去鵬南來，長沙弔原君泣賈。生慚借劍阻尚
方，死願裹屍棄中野。雄虺封狐任九頭，魂招不來粵山赭。劉
參君，青山瘴癘多風雨，化碧啼鵑一抔土，土偶何知便是君，
請看生氣麾靈氛。（頁 168）

從王士性的作品中，可見其深層的古典文化心理，層層互文。如
〈弔劉參軍蕢墓〉中，暗用了李商隱〈哭劉蕢〉：「上帝深宮閉九閽，
巫咸不下問銜冤」，以及「何曾宋玉解招魂」由此可知在現存的地景
中，遊人的觀點可穿透古典的文人意識。另外也看出詩歌與遊記的相
異處。遊記書寫了現在的行動，而詩歌則隱喻了錯落參差的心景。

（三）雪之物態

關於地景之書寫，鋪衍雪之意象為詩作之主題。〈九日同吳原豫
張養晦二憲丈登九鼎山〉有云：

君不見，巴西吳使君，君家九峰號凌雲，三峨隱隱天際分。又
不見，沅陵張仲子，君家九疑隔湘水，白雲盡入蒼梧裏。就中
九鼎亦巀嶭，五雲自昔稱奇觀。揭來選勝正陽九，北風吹雁天
宇寬。白衣望斷黃花老，落落長松翠色寒。疏檽朗月照清夜，
大壑噫氣搏林端。燕壘蜂房嵌空碧，清磬一聲天咫尺。秋旻欲
化無羽翼，仰頭好把雙星摘。君為我浩飲，我為君朗吟。烏帽
籠頭吹不落。杖底青山知我心。醉晚點蒼山上雪，手撲飛花和

有甘露之難。令狐楚、牛僧孺節度山南東西道，皆表蕢幕府，授秘書郎，以師禮禮
之。而宦人深嫉蕢，誣以罪，貶柳州司戶參軍，卒。」

酒咽。（頁172）

　　點蒼山之雪，為其書寫之複調，〈點蒼山記〉之風景築構更是值
得玩味。王士性藉著一問一答的方式，摹寫點蒼山之山景物態：

> 原豫曰：「秋冬霖霖，村甸同雲，半山以下，盡皆積雪，璚樓
> 玉宇，其態萬狀，往往初暘起灼，雪影射人，又時而天風吹
> 花，落於海水，雖人居雪嶺之下乎，而風氣常燠不寒；卉木植
> 雪嶂之中乎，而葩蕊常帶玉屑以開；朱夏行五六月之間乎，而
> 陰崖皓魄，皚皚猶有存者。昔人云：飛來碧落千年雪，點破蒼
> 山六月寒。又云：玉碗滿盛三伏雪，炎方人在水晶宮。又云：
> 鏤銀屏風十九曲，人家五月開西窗。又云：陰崖猶餘太古雪，
> 白石一化三千秋。又云：千年老雪消不盡，龍湫六月生陰寒。
> 此皆可謂善詠矣，吾子以為奚若？」余曰：「得之矣，此宇內
> 之絕景也。余居天台，嘗中秋嚼華頂雪，結廬就之。余遊恒
> 嶽，亦九日見五臺雪，形於夢寐。余登蛾眉，又盛夏望西域雪
> 山，為之發狂大叫。然皆在萬山之巔，亦或萬里之遠，若朱明
> 有雪，家家開西窗見雪，人人得六月餉雪，雖有奇觀，弗逾之
> 矣。余生病渴，安得菟裘老是焉，撲嚼之以當仙人掌上露哉。
> 然是山之溪巒磯島，其名皆可得聞乎？」（頁121～122）

　　吳原豫談雪，先是「半山以下，盡皆積雪」，既而言「雪影射
人」，接著則是談人的感覺：「雖人居雪嶺之下乎，而風氣常燠不
寒」，並援引詩歌以印證其說。王士性則綜論其「親雪」經驗：「余
居天台，嘗中秋嚼華頂雪，結廬就之。余遊恒嶽，亦九日見五臺雪，
形於夢寐。余登蛾眉，又盛夏望西域雪山，為之發狂大叫。然皆在萬
山之巔，亦或萬里之遠，若朱明有雪，家家開西牖見雪，人人得六

月餉雪，雖有奇觀，弗踰之矣。余生病渴，安得菀裘老是焉，撲嚼之以當仙人掌上露哉。」在遠觀與親近之間，「見雪」以及「撲嚼」的行動，也呈顯了人與環境之間的關係。這段敘述中有積雪、雪影、雪嶺、雪嶂之說法，又舉他人之詠以映襯雪景；再對照個人經驗——觀華頂雪、恆嶽之雪，以及望西嶽雪山之距離感，對照出「家家開西牖見雪」之親切感。詩歌創作如〈點蒼山雪歌〉所書，則又另有情致：

> 點蒼山高高矗空，連峰十九如掛弓。峰峰流泉落澗底，下浸榆葉函山東。高山積雪照人眼，六月吹墮隨罡風。寒光飛翠迸馬首，太陰顥氣摩蒼穹。我聞點蒼有奇石。胡自山蒼石還白，豈是陰崖太古雪，化作瑤華點空碧。玉宇璚樓互終古，影落榆河驚水府。驪龍弄珠蛟起舞，吐炬燃天作風雨。洪濤不沒大鸛洲，瞥然大地如欲浮。四時變態更譎幻，深山巨澤良悠悠。我欲乘風御列缺，排雲直踏中峰裂。珊瑚出水月未高，倦來且嚼山頭雪。（頁171）

「高」若「掛弓」之山與山峰之間的流泉點出空間位置及形貌，詩題中的「雪」如「寒光」，而我所聽聞之「奇石」，實為山嶺之積雪。由「石還白」到「點空碧」又渲染了山、雪之色澤。然則，點蒼山之雪非僅「寒光飛翠」「瑤華空碧」，更以其變幻馳騁物我之想像。遊記與詩同樣提及「嚼雪」之情境，「醉睨點蒼山上雪，手撲雪花和酒咽」有瀟灑之快意；「倦來且嚼山頭雪」，從「倦」到「嚼」，別具生活感，文中的「余生病渴，安得菀裘老是焉，撲嚼之以當仙人掌上露哉。」又可知雪成為王士性病軀的安慰。[42]

────────────

42 關於王士性之病軀，在其書信〈寄蕭座師〉中曾提到：「某渴疾本未瘥，數月中亦瘦瘠骨立……」見王士性著，周振鶴編校：《地理書三種》（上海：上海古籍出版社，1993年），頁598。〈史記・司馬相如傳〉亦曾載：「相如口吃而善著書，常有

附上遊記與詩作之對照如後：

	文	詩
滇粵遊	桂海虞衡志續	桂嶺守歲效李長吉體
	遊七星岩記	謁柳柳州祠墓
	泛舟昆明池歷太華諸峰記	吊劉參軍蕢墓
	遊九鼎山記	蒼梧道中
	遊點蒼山記	栖霞洞
	遊雞足山記	黃化之招遊端州七星岩
		還自粵途中即事二首
		昆明池泛舟夜宿太華山縹緲樓上二首
		點蒼山雪歌
		行定西嶺即事
		與劉憲使質之浴安寧溫泉
		九日同吳原豫張養晦二憲丈登久鼎山
		贈無心
		贈月輪
		迦葉殿謁尊者
		將入滇寄子行
		史侍御招飲龍池
		再至龍池
		攜兒滇遊還寄子行

六　山川如故：楚遊

　　楚遊之部共四篇遊記，〈太和山遊記〉，論武當山景與宮廟之築構，以朱升之品評加以印證：「昔朱升志嶽，謂得三大觀：栖危巔、憑太虛，如承露仙掌，擎出數千百丈，日月出沒其下，不如太和；立

　　消渴疾。」現代中醫一般認為渴疾即所謂俗稱之糖尿病。

神以扶棟宇，鑿翠以開戶牖，逞伎巧於懸崖亂石間，因險為奇，隨在成趣，不如南巖；右虎左龍，前雀後武，雖當廉貞、貪狼二獸之下，而環抱天成，楹石所栖，各有次第，不如紫霄。故論太和之勝，於其高不於大；論南巖之勝，於其怪不於其麗；論紫霄之勝，於其整不於其奇。信夫。」（頁103）此為觀武當之層次：觀太和之高，搜南巖之怪，覽紫霄之整。又提出其人文觀察：

> 所憾者，山饒水瘠，諸宮泉池僅涓流焉已，若山頂則已窖雪而飲之。至宮庭之廣，土木之麗，神之顯於前代亡論，其在今日可謂用物之宏也矣。志云聚南五省之財，用人二十一萬，作之十四年而成，大哉我文皇之烈乎。非神道設教，餘山安望其儔匹耶？（頁104）

篇首指出：「山既以擅宇內之勝，而帝又以其神顯，四方士女，持瓣香戴聖號，不遠千里號拜而至者，蓋肩踵相屬也。」（頁101）對應於此山之建所耗費之人力與財力，此地「山饒水瘠」只因「神道設教」因而有「宮庭之廣，土木之麗」這些敘述，也可看出王士性是以「對照」的角度看山寺，而非僅是遊覽紀錄。

〈廬山遊記〉提出「地以人顯」之說法，廬山[43]之前代文士遺跡如：「唐李渤馴白鹿讀書其中，枕溪石竇處為白鹿洞。昇元中，建廬

---

43 廬山，以自然風光來說，位於中國中部江西省九江市南，北瀕長江，南接鄱陽湖。山體總面積三〇二平方公里，南北長、東西窄。全山共九十多座山峰，最高峰為大漢陽峰，海拔高一七三‧四公尺。群峰間散布有許多壑谷、岩洞、瀑布、溪澗，地形地貌複雜多樣。廬山風光以「奇、秀、險、雄」聞名於世，素有「匡廬奇秀甲天下」的美譽。見《廬山地理調查》（武昌：武漢大學出版社，2004年），頁76。而對於李白名山詩（尤其廬山詩作）的精神底蘊研究，可參考蕭麗華：〈出山與入山：李白廬山詩的精神底蘊〉，《臺大中文學報》第33期（2010年12月），頁185～224。

山國學，晦翁為請書賜額，拓而大之，與嵩陽、石鼓、嶽麓並。禮聖殿居中，左右列書屋百楹，以廩餼諸來學者。石鐫「風雩釣臺枕流漱石」字，晦翁手跡居多。」（頁105）〈楚江識行〉則指出地域空間之變化：「王生曰楚在春秋時擯為外夷，今聲名文物，乃甲大江之北，然而洞庭、彭蠡、長江、巨漢非有加也，以昔若彼，以今若此，豈天運地脈，亦待人事而齊哉。」（頁109）從春秋時代遭擯為外夷到今日豐富的文物聲名，地景依舊，足見「人事」為地域的主軸核心。

〈吊襄文〉展示了王士性對昔日文人的眷慕之情：「青蓮居士不云乎：晉朝羊公一片石，龜頭剝落生莓苔。淚亦不能為之墮，心亦不能為之哀。」白之懷與漢水俱長矣。余三復朗吟，仍下拜於公像而去。」（頁109）對於李白之懷想，如其所云：「遺蹤百世，天地悠悠」又言：

> 余昔行浣花草堂，拜其遺像而躊躇者久之。睠茲故鄉悲斯人之流落無成，而稷、窩空許也。世之以詩人目公者，淺之乎。其識公矣，嗟士君子，尚友古人，得遺言於敗簡，恨不識其面貌，問其子孫，況余之履斯地也，婆娑乎斷碑殘碣，眇睞其故趾荒墳，晚仰今昔，有不為之泣下霑襟者乎？雖然咸與其人俱往矣，事異時遷，古今旦暮，惟此山川依然如故，即峴山之泣，非襄陽之舊事乎？羊叔子曰：「自有宇宙，便有茲山。」[44]由來賢達勝士登此者何限，而皆湮滅無聞，然則余之可紀者

---

[44] 〔唐〕房玄齡：《晉書》卷34列傳第4羊祜：「祜樂山水，每風景必造，峴山置酒言詠，終日不倦。嘗慨然歎息，顧謂從事中郎鄒湛等曰：『自有宇宙，便有此山。由來賢達勝士，登此遠望，如我與卿者多矣，皆湮滅無聞，使人悲傷，如百歲後有知魂魄，猶應登此也。』」另，宇文所安（Stephen Owen）《追憶：中國古典文學中的往事再現》（臺北：聯經出版公司，2006年）第一章〈黍稷和石碑：回憶者與被回憶者〉，頁34～47，亦有所論述。

數公耳，又多乎哉。嗚呼！九原可作，吾誰與歸，後余而來游
者，與余之視數公何如？（頁110）

　　此段敘述的情感轉折分為幾部分。其一為懷想杜甫，對杜甫之
追想牽涉及對其之定位；王士性以為杜甫不僅以詩聞名，令人銘記於
心者為其士君子之精神。第二部份則是時空變遷中人的位置之思索，
先從「事」、「時」、空間思索記憶之存留，既而以自己為座標，思量
自己對於前人的記憶感懷，遙想後之來者如何看待自己以及今日之遊
旅。如是，則拉開了時空的縱深，對於「湮滅無聞」以及「尚有古
人」、「識與不識」，就有了哲學性的思辨。王士性在詩中多運用「典
故」，「典故」是一種歷史語言，它或是某一特定的發生事實或虛構
事象，在歷史文化的演變中，由於它的典型性，而逐漸抽象化、普遍
化引申而成為某些概念性的意義，這就是詩中所謂「用故事」。[45]
　　詩歌的寫作與遊記亦可相應。詩題〈夢遊楚中因繹為楚歌〉，是
王士性詩作中少見的「夢遊」之作，如葉國良所云「幻遊」[46]，詩作如
下：

　　六千大楚壓江濱，吞吐風雲幾萬春。鸚鵡磯頭誅傲吏，汨羅渡
　　口放忠臣。
　　黃鶴高樓幾度過，一聲鐵笛傍漁歌。夕陽倒處波心動，明月來
　　時樹影多。
　　湖湘千里洞庭開，一髮君山天際來。駕鶴仙人蓬島去，牧羊神

45　參顏崑陽：《李商隱詩箋釋方法論——中國古典詮釋學例說》（臺北：里仁書局，
　　2005年），頁72。
46　葉國良指出，「幻遊」是指確有其地，只是作者未曾親歷。幻遊作品則作者完全以
　　想像力進入現象世界所沒有的時空，如孫綽遊天台山、李白遊天姥山等。見葉國
　　良：〈中國文學中的臥遊——想像中的山水〉，《政大中文學報》第13期（2010年6
　　月），頁177～194。

女涇陽回。

舟過夷陵第七灘，棹歌聲在白雲端。巴心明月猿啼遠，石首清風郢調單。（頁166）

詩歌之作亦藉地景之聯結，懷想文人風景與歷史之作。如〈寄題九疑山酬李十二使君以圖示〉：

洞庭南來幾千里，九點蒼山凝暮紫。云是重華古帝陵，夕陽明滅渾相似。玉輦何年不去還，湘娥淚盡籜衣斑。白雲一片蒼梧遠，木落湘江杳珮環。山鬼跳前狖嘯後，暝煙歷亂浮雲走。金支翠蕤不復御，九山黛色無尋處。苦竹叢頭叫鷓鴣，帝子不知春已去。風雨寒崖薦綠蘋，千年陳跡總留君。披圖若聽山靈語，製錦於今有美人。（頁166）

所謂「楚天牢落楚江秋，楓葉蘆花伴客愁」（〈過洞庭〉，頁166）洞庭江水、湘娥鷓鴣召喚遊人之旅思與鄉關之情，一如〈與劉元承入蜀至荊門執別〉詩中所云「客心何自最關情，潦倒煙霞物外盟。」（頁167）楚地遊思，召喚王士性的「旅思」與「鄉心」（〈過洞庭〉云：「若為旅思逢歸雁，一夜鄉心到薜蘿。」頁167），詩與文之情懷漾蕩，創造了悲感的景象與聲響。

附上遊記與詩作之對照如後：

	文	詩
楚遊	太和山遊記 遊廬山記 楚江識行 吊襄文	夢遊楚中因繹為楚歌四首 寄題九疑山 過洞庭五首 與劉元承入蜀至荊門執別二首

第三節　山水構圖的紀實特徵與抒情向度

一　以感官經驗為山水構圖

　　山水是客觀對象，遊覽與行旅是「接觸」山水的方式與途徑。[47]
王文進指出，陶淵明呈現的是隱逸閒適的心靈空間，謝靈運則是「如
印之印泥」，呈顯真實的地理空間[48]，這是兩種相異的空間經驗。而人
們一定是藉由某種方式，「看到了」這「客觀的」、「真實的」地理空
間。[49]高友工說：「藝術不論它的最初創造時的表現方式為『代表』抑
或『體現』；在成為藝術品以後既是原有美感經驗的環境的重現。有
了這重現的材料，我們才能想像一種原有經驗的重現。」[50]關於山水紀
遊之書寫其實也牽涉到「經驗者」與「對象」之間的關係。如高友
工所述：「我們感官隨時所感受的萬千印象，彷彿是未對準焦距的鏡
頭後的一片模糊影像；而注意的集中把其中某些材料置於正確焦點之
下，形成衣服清晰的感像。這注意的集中是由於兩類原因：一則是對
象本身性質的突出引起了我們的注意，一則是經驗者的意旨使我們注
意某些性質和對象。行旅者置身於山水之間，感官全然投注在「身」

---

[47] 王文進：〈謝靈運詩中「遊覽」與「行旅」的區分──以《文選》為主的觀察〉，
《南朝山水與長城想像》（臺北：里仁書局，2008年），頁1～2。

[48] 王文進：〈陶謝並稱對其文學範型流變的影響〉，《南朝山水與長城想像》（臺北：
里仁書局，2008年），頁64～65。

[49] 鄭毓瑜：〈抒情自我的詮釋脈絡〉，收入《文本風景》（臺北：麥田出版社，2005
年），頁18。

[50] 高友工：〈文學研究的美學問題（下）：經驗材料的意義與解釋〉，《中國美典與文
學研究論集》（臺北：國立臺灣大學出版中心，2004年），頁44～103。

之外的地景，四周的聲色成為被注視的主體。這種感應方式與伯梅所述「氣氛美學」若符合節。[51]

　　氣氛是一種空間，就是通過物、人或各種組合的在場（及其外射作用）所薰染（tingiert）的空間。當觀賞者放下自然物，也放下自身，即擺脫對世界的掌控，自然物便發出光韻。光韻顯然是空間中的湧瀉物，有如輕風、薄霧，也就是氣氛。[52]王建元在〈中國山水詩的空間經驗時間化〉指出：「山水詩應是一種表達『空間經驗』的藝術型態；其歌詠的對象是一切自然景物。詩人大多親身登臨山水，從實際經歷中獲取某種美感經驗。」點出了身體經驗與地方交織的具體感受。一如鄭毓瑜《文本風景》中所言：「一個地理空間（包括各式建築或不同地域）可以是某種意象化的形式，而人們正是藉助於再一定程度上共通的意象，來「看到」這個空間，或發展出對這空間的感知。」[53]

　　筆者想關注的，即是王士性如何感知到山水的實然存在？如何體現身體經驗與山水之間的交會？如何藉由感官經驗（聲、影、形、味等）以及文化記憶為此地賦形？又如何認識地方，為地景命名？如果我們從人文地理學的角度審視，段義孚（Yi-fu Tuan）在"Space and Place：The Perspective of Experience"一書指出人類組織空間並賦

---

[51] 鄭毓瑜指出，從「氣氛美學」的看法，也許可以讓我們重新思考文本中的「情景」議題。如果人身與外物相接的經驗被考慮進來，景物所在的空間背景也因為這交接經驗的環繞，而成就具有切身意義的「地方感」，不再只是仿如參考資料的史地知識而已。參見鄭毓瑜：〈抒情、身體與空間──中國古典文學研究的一個反思〉，《淡江中文學報》15期（2006年12月），頁269。

[52] Gernot Bohme 著，谷心鵬、翟江月、何乏筆譯：〈氣氛作為新美學的基本概念〉，《當代》188期（2003年4月），頁16。

[53] 鄭毓瑜：《文本風景──自我與空間的相互定義》（臺北：麥田出版社，2005年），頁18。

予意義的三個相互關聯的面相：1、生物學的事實：比如由人的身體姿勢的不同，可以產生上下、前後、左右等空間區分甚至價值取向；2、空間與地方的關係性；比如空間（space）的開放、自由可以對比出安全、穩定的地方（place）；3、經驗或知識的範圍：人往往在知識概念上認識一個地方，卻遺忘透過感覺、觸覺、視覺等豐富經驗資料所形成的複雜、矛盾的地理感。而他進一步從感官經驗的角度強調，一個人要擁有充滿動感的三維度空間，最先必須運用視覺、觸覺，再加上嚐、嗅、聽覺以及皮膚的細緻感覺，就可以強化對世界的空間意識。[54] 以下的論述將借鑑人文地理學對於空間區分與感官經驗的角度探討《五嶽遊草》中山水構圖的特質。

王士性的紀遊書寫有開闊視野、洗滌內在的意涵；其紀實的文字未必不涵藏抒情質素，如屠隆所述「抒藻采真，二者兼之，多啟悟之語。」兼具文學的美感體悟。美感體悟是抒情的感懷，行旅紀錄則具有紀實特徵，這兩重特質正是王士性書寫、形構山水行旅中值得深入抉發之處。

二 以身體經驗勾勒地誌形貌

何乏筆指出：「氣氛是模糊的，是一種『間現象』，因為快樂的或沉悶的氣氛是『內在』的，可主觀地感受到的情感，但同時也是『外在』的，可客觀地感染許多人的情境。」「氣氛是一種空間，也就是受物和人的「在場」及其「外射作用」所「薰染」的空間。由此

---

54 參考潘朝陽：〈空間、地方觀與「大地具現」暨「經典訴說」的宗教性詮釋〉，《中國文哲通訊》第10卷第3期，頁173～176。以及鄭毓瑜〈抒情、身體與空間──中國古典文學研究的一個反思〉，《淡江中文學報》15期，2006年12月，頁264～265。

看來，氣氛不是獨立飄動在空中，反而是由物或人及兩者的各種組
合生發開來而形成的。」[55]以此觀之，王士性對於所「在」之地，並非
以「內向性」的心靈視域相應；而是以身體感官的各種知覺去「體」
認。[56]在〈嵩遊記〉有這段敘述：

> 是夜入縣宿，風雨驟翻盆下，暝不見山，質明稍霽，起出戶
> 視之，則嵩山兀立縣城之北，而少室從西嶂，二室皆白雲衣
> 其半。余乃策騎出北門，時細雨猶拂人衣面。(〈嵩遊記〉，頁
> 27)

以細雨拂人衣面這種「微動作」(也可以說是氣氛美學「間」現
象)紀錄行旅，以至於山行的記憶都凝結在季候之變化(從風雨的
翻轉到雨後初霽)。又如「時暮色挾寒氣為威，陰風怒號，同雲布山
谷，一無所見，第仰盻其傾崎，殷殷矗星漢。輿人拾級循山東北麓而
上，高或崛岉，盤則紆鬱，上下遞相喁于。七里跨虎風口，樹木多輪
困戟幹，披蒙茸行，似虎豹向人欲攫。」(〈恒遊記〉，頁42)則以氣
候帶出的情境(時暮色挾寒氣為威，陰風怒號)，呼應地景(似虎豹
向人欲攫)，而〈嵩遊記〉：「相攜登五乳峰，蓋山形為飛鳳，又若五

---

[55] 何乏筆：〈氣氛美學的新視野〉，《當代》第188期(2003年4月)，頁38。

[56] 知覺乃是生活世界的核心，也是人與世界接觸和交往的最基本方式。而身體的空
間性是屬於一種位置的空間性，一種「處境的空間性」，透過活動，方可使身體
的空間性處境化和環境化，使人經由「生活世界」境域的標識，而成為一個具體
的環境人。梅洛——龐蒂有關「身體空間」的討論，見Maurice Merleau～Ponty,
Phenomenology of Perception,trans. Colin Smith. New Jersey：Poutledge&Kegan
Paul,1962；中譯本為梅洛——龐蒂著，姜志輝譯：《知覺現象學》(北京：商務印
書館，2001年)。另外相關研究，可參考龔卓軍：《身體與想像的辨證：尼采、胡
塞爾、梅洛龐蒂》(臺北：國立臺灣大學哲學研究所博士論文，1998年)以上參
見劉苑如：《朝向生活世界的文學詮釋——六朝宗教敘述的身體實踐與空間書寫》
〈導言〉部分(臺北：新文豐出版社，2010年7月)，頁24～25。

乳然者。時白雲復靉靉起山腰，咫尺不見人，纍隨六里許，雲過處則
以袖藏之，至洞揮袖，片雲從掌畔飛出也。」（頁28）又以雲過藏袖
呈現了當下的風景。這些表述，呈顯了內在的抒情感受與外在的山水
行動，既形構了王士性所觀看的地景，也透過細微的感官知覺，呈顯
了身體與空間交會的內在感受。而這些內在感受又是透過創作者以肉
身與山岩互動，與節候相接的真實記憶。以〈華遊記〉為例：

> 自坪至頂二十里，蟬鳥遂絕，木惟松始生，路僅徑尺，臨萬仞
> 壑，絕處即鑿石度以木棧，欲上令善導者以絙曳之，下則留絙
> 於後，其名為『懸汲』。遇險甚，則如猿升木，手足相禪，不
> 能全用足行也。」余顧元承曰：「毋論其勝，即此險吾輩可弗
> 一嘗？」元承笑頷之。（頁34）

> 遇荊棘刺面且披且行，衣復胸而卻，前人行蓬藋，後人不見
> 也。（頁37）

> 蓋登華惟不墮，墮則皆萬仞。故千尺撞枯枝折而墮一，犁溝足
> 一失墮二，擦耳崖手一脫坎墮三，閻王邊值神暈眼花而墮四，
> 蒼龍嶺遇風掀而舉諸嶺外以墮五，衛叔卿下棋，賀老避靜處，
> 崖滑欄折而墮六七。余度四死矣，此其難哉。（頁36）

以接連的「墮」渲染險境，而地名與身體動作之呼應饒富意趣，如
千尺撞（地名）之於枯枝折（動作）、擦耳崖（地名）之於手一脫
坎（動作）；尤其「閻王邊（地名）值頭暈眼花」更有自嘲與幽默的
諧趣。於是這些「墮」卻不死的經歷更成了身體經驗為地誌表述的印
記。對照於後文「晨起夙靄俱收，青翠方滴。向之如螺、如蠡、如巾
笏出沒於烟濤者，今皆環侍几席不動。」的溫緩情境，更顯出山峰的

變貌。此外書寫人隨山勢起伏的動作，又以「以足次第退」、「挺身直走」、「仰臥蟲縮」寫山勢之險與狹。在紀實敘述中，看見了旅人實存的身影；在客觀的紀錄之外，也透顯了旅人「當下」的呼吸與情緒。

三　「聲」／「身」與外在情境的交融

紀錄自己的遊蹤之外，王士性與友朋的書信對話不時強調身體感，如〈與長卿〉：「時或積雪披體，罡風吹衣，沁齒舉袂，寒澈詩脾。」親身之「體」感也成了其紀遊書寫的主體形貌。地景之摹寫包含了美感經驗與山川奇景，是書寫者身體空間的抒情感應。如「西湖在玉泉山下，泉水所匯。……出湖以蚱蜢入玉可，兩岸樹陰掩映，遠望城闕在返照間。」（頁206）寫實敘述中涵蘊了個人的視覺經驗（遠望）以及對四周環境的敏銳知覺（返照的光影、掩映的樹陰）。再如（玄武湖）四山蘸翠，藕花滿湖，香氣襲人，月明之夕，遊賞為最。」（頁211）這美感經驗，來自於特定時間（月明之夕）與剎那的美感；藕花盛開具季節性，香氣則是嗅覺的感官經驗，這些簡筆的敘述呈顯了自我與空間接應的獨特經驗。空間自有美感薰染，「自然」即是具有美感意趣的客體。

> 旁一泉石髓沁齒，東去憑小閣遠望，酒艦往來湖面，如飛鳶點點墮水，最有致。（〈出湧金門過孤山至岳墳記〉，頁64）

> 沿湖人家，水土掩半扉，植標種荷，或帶以長簿，袤廣里許，花時水雲如錦，香隨風或聞入城中，游人以小葉舟闖入。賦採蓮之歌，在淨慈之藕花居為最勝，今亦圮。（〈出清波門遊湖南諸山至六橋記〉，頁65）

　　空間情境不只是視覺的再現。嗅覺（「香隨風或聞入城中」）、聲音（「賦採蓮之歌」）與人、舟之流動自相掩映。再如〈遊煙雨樓以四月望日〉「若其輕煙拂渚，山雨欲來，夾岸亭臺，乍明乍滅，漁舠酒舸，茫茫然遙載白雲，第聞櫓聲，咿喔唉唚，而不得其處，則視霽色為尤勝。」（頁55～56）則是聲音與情境的交融。關於聲音之摹寫，除了柔美輕緩的意趣，亦有充滿想像力的壯美之音：

> 宿上祠，望大江東南來，浮白一線，夜半而聽，又如震雷，殷殷起山足，漸轟虢上山，崖谷俱撼，不知為海潮音也。若五更東海出日，適與潮會，則赤輪上涌，捧以瑤盤，更耀心目。（〈再出清波門至六和塔望潮記〉，頁67）

　　如震雷之聲，實為海潮之音。又有澗水之音：「澗水自高山落，與石齒齧，喧豗叫號，如璣如練，如翔鸞鳳，倏忽萬狀。」（〈入天台山志〉，頁78）而水石相遇之聲則有：

> 其下水石相齧作建瓴聲，枕石嗽之。（〈岱遊記〉，頁30）

> 據石而嘯，聲從硈砑間出而裂山谷，為朝陽洞也。（〈岱遊記〉，頁31）

> 右為山蓀亭，據磐石上，前對三古樹‧繞以藤蘿，幽陰可人，水聲出自石，潺潺也。（〈華遊記〉，頁33）

> 余時以九日獨行，水落石出，緣麓過磧，趺坐大岩之上，滴玉泉琤然，墮石穴作聲。（〈桂海志續〉，頁114）

從「滴玉泉琤然，墮石穴作聲」聆聽自然之聲，以滴水琤然可見其感

受之細密。以身（趺坐）與地景（大巖）之互動，體會地景的奧秘。這些細密的感覺與壯美的山景對應，他以「桂林無山而不巉岏，無石而不太湖，無水而不嚴陵、武夷，茲特就人所已物色者而志之。」總括言之，顯現了王士性獨特的山水美學。

　　被王士性視為「雁山一大奇觀」的剪刀峰瀑，其精采的描述如下：「初至剪刀峰下，疑有犬聲起壑底，四盼不知其倪，逼近之，則見一飛瀑從天下，然無水狀，僅如煙雲搏聚而落，落地為珠璣。或朔風久盤桓不下，忽迸裂響如震霆，又谷圍如甕，聲出則谷傳，游人每二三十鼓譟，或以金鼓佐之，則瀑隨風飛過澗，如暴雨灑人衣面，群走避之，水激石射，咸膩滑不可立。」（〈遊雁宕記〉，頁84）先是「犬聲」（這聯想就有詭譎的氣氛），繼而是「飛瀑」，「然無水狀」（更是一奇），卻以「煙雲」、「朔風」形容飛瀑的張力，既而則是如「雷霆」般的聲響，接續則為「金鼓」之鳴；而身體的接觸則是「如暴雨灑人衣面」、「膩滑」之感。緊密地接合「聲」與「形」、「體」，客觀的記述中涵藏細微的抒情感受。而這些細密的感受可將客觀（甚或有些僵滯）的行旅記錄轉形為生動的行旅經驗，以浮波山的描述為例：

> 伏波山迫城外，屹立千丈，趾沒於江流之西。洞乃東向，維舟始入，別無他道。洞前懸石如柱，去地一線不合，俗名伏波試劍石。初陽起射，光照岩室，後漸潭水，潭清晃入，岩影倒掛，千尺之內躍金。余至在水落時，石齒齒足玩，水漲溢無奇也。張羽王謂伏波軍行未出此道，邛離新息，俱下湟水而西，元豐間游者題為洑波，蓋取麓遏瀾迴之義，近之。（頁114）

　　從地景的面向「洞前懸石如柱，去地一線不合」點出其俗名。既而書寫其親身經歷的感覺，先是光線的照映：「初陽起射，光照巖

室」，既而為「巖影倒掛」，原本「懸石如柱」的剛硬剎時溫柔而清婉，具層次感。

空間中的感覺除了細分聽覺、觸覺、視覺之外，混合的交感其實是人與空間相遇之常態。這些感覺正是王士性山水構圖中抒情性的開展。藉由紀實的表述，再現山水行動的過程，身體感官在空間中的體驗成為美感的來源；無論是「探禹穴、躡會稽」的史蹟踏查或是「一片隨風來襲巾裾」的舒緩，都是身體與世界之間的交互經驗，呈顯各種感覺之間的相互越界、滲透的關聯。[57]

四　實境與地名的詮釋

經由人的居住，以及某地經常性活動的涉入；經由親密性及記憶的累積過程；經由意象、觀念及符號等意義的給予；經由充滿意義的「真實」經驗或動人事件，以及個體或社區的認同感、安全感及關懷的建立，空間及其實質特徵遂轉形為「地方」[58]；地方感的形成可以是居者（或旅者）為此空間的命名活動，亦可是人在「此地」的「真實」經驗或動人事件。

循此，可見王士性為山水命名或詳實紀錄行走的歷程。當文人「介入」了各種地理空間，並且書寫他與這空間的交會情境，這些空間也就轉形為對文人有感受有意義的一處地方。

---

57 參照梅洛・龐帝著，姜志輝譯：《知覺現象學》（北京：商務印書館，2001年），頁283、222、285。

58 艾蘭・普瑞德：〈結構歷程和地方——地方感覺與感覺結構的歷程〉，收入《空間的文化形式與社會理論讀本》（臺北：明文書局），頁86。

（一）地景命名

　　宇文所安〈特性與獨占〉一文指出：「擁有一種獨特的風格，或者一篇不同尋常地描述了一經驗或地方的作品，是將所有權傳之後世的更可靠的手段。」又指出：「作者通過文本在話語的層次上完成了對景物的占有，法律形式上的占有，是通過買賣交易實現的，而將之書寫成「記」，則是一紙文化意義上的佔有契約。」[59]王士性在寫景記事之外，亦為空間命名，其實是參與地景的一種方式。首先是題字命名，在〈華遊記〉一文有言：「旋而北一山如鹿頸長里許，名白雲峰。有石檐覆山頂，余為書「礙雲」二字。（〈華遊記〉，頁35）又如「三峰如蓮房，諸峰片片裹之，其瓣也。獨稱西峰，則又自為蓮華，而洞當華心處，余乃為題「石蓮房」三字。（〈華遊記〉，頁38）」為地景命名的實例多有以地形標識的特質，如「華頂」名稱的形象（如懸一朵青蓮華，方開而瓣垂垂）詮解，又如「白龍洞，緜亙雞山口別有派，曰南溪。拏小舟問津而入，四壁峭懸，蒼翠時落入衣袂。溯流南去，高山麗空，其半有洞，躡衣而上洞口，有物倒懸如龍首，故名白龍。」（頁114）亦是從其寫實的形象命名。又如「山四穴如天窗，隔山通日月星辰之光，故曰四明。」

　　其次，則是「寫意」式的命名，如〈衡遊記〉所述：

> 余謂當移赤帝祠於上，而亭祠之遺址以覽湘北佳也。已乃雲幕
> 不散，寺僧請先抵會仙橋。循崖東畔下三里許，石崖屹立千
> 尺，造石為飛橋橫度之，以非仙人不能，故名。過橋憑石欄茵

59　見宇文所安著、陳引馳、陳磊譯、田曉菲校：《中國「中世紀」的終結：中唐文學文化論集》（北京：生活・讀書・新知三聯書店，2006年），頁11～36。

　　草而坐，回望北崖插漢，凌屬欲飛，隱隱腰間有線路若趾跡
然，名捨身崖，此南嶽第一險絕處。坐久之，前山雲歸盡，乃
復上祝融，則平望千里，瀟湘如一髮西南來，達山足北去，潛
於洞庭。僧指洞庭在山北蒼茫縹緲間，余瞪目久之，猶不辨為
天為洞庭水也。（〈衡遊記〉，頁40）

　　先解釋「會仙橋」名稱的由來，繼而以「腰間有線路若趾跡然」
點出捨身崖之險峻；又轉換語氣，以「瀟湘如一髮西南來」敘寫洞庭
之水，在山脈的厚重氣勢之外加入了水的流動，將地景擴展成遼遠的
「蒼茫 緲間」；置身於其間，人的微小與自然的宏大就有了對照。

　　此外，尚有將地名拆解組合的釋名方式，如「下瞰無底，絕處則
布石為橋。度橋又登頂，數里過雲臺石，取『石作蓮花雲作臺』之
句。（〈華遊記〉，頁35）

　　而根據當地季候與地勢之配合而命名者，如「寒風闕」：「別一
岐而東行，既逾嶺，折而西北數里，兩崖如闕，巨石踞其表，罡風蓬
蓬起，驅石如舞，人行不成步，即六月披裘而慄，名寒風闕。」（〈入
天台山志〉，頁79）另一方面，值得注意的是地名與傳說的連結：

　　虞山起城東北隅，灘波左繞，皇潭後承之，亦名皇澤灣。山下
有韶音洞，洞前平原舜祠在焉。古松數十，虬枝若蓋。余以六
月朔至，問所謂韶音者而不得，已乃薰風南來，吹落松間蓬蓬
然，捲濤撼空向東北而去。余曰：「是矣。」及俯灘波激石砰
湃硴訇，則又疑此為近之，南巡之遊其附會與？（卷七〈滇粵
遊上〉，頁114～115）

　　先以「古松數十，虬枝若蓋。」呈現了舜祠的時間感，接著，以
「韶音洞」洞名緣由為開端，一為薰風吹落松間之聲，此聲壯闊「捲

濤撼空」「蓬蓬然」，另一種聲音則是「俯灘波激石砯湃訇訇」；究竟那一種才是韶音？虞山舜祠的傳說與韶音洞結合，堯山則以季候之變「天將陰雨，先有白雲起山中。登其巔，則萬石疊於西南，灘江來自東北，良足快也。」與堯祠的「不知所自始」渲染成一則地理傳奇。此處，恰與前述人文地理學所關注的「空間意識」與因空間區分而形構的價值取向可以呼應。而所有紀實的摹寫，背後其實朝向一種感覺的建立。地景的建構其實與行旅者的感受相連繫。從外在事件觀之，山水活動者從觀覽到書寫的過程，必然有其客觀的外在摹寫；另一方面，與自然交接的「觸然」「共感」，也顯現了內在的抒情感受。

（二）空間賦形

　　王士性在《五嶽遊草》中的紀遊書寫，是透過細節的紀錄再現其行旅經驗，而對於實境的地景摹寫，顯示了他對於空間的敏銳知覺與感受。以〈滇粵遊〉一文為例：

> 七星巖峙江東里許，列岫如北斗，山半有洞名栖霞。時惟中秋，與梟副李君約入洞，而後至省春巖。李君畏不敢入，余乃徑入。入洞，石倒掛崚嶒，手捫壁走闇中百餘武，已復大明，猶然上洞也。下洞更在其下，下數十級，更益宏朗，如堂皇。仰首見鯉魚躍洞頂，正視之。忘其非真也。已過三天門，每過則石楹垂立，僅度單人，第乏扃鐍耳。過已，則又黝然深黑，目力不能窮，高或十尋，闊或百尺。束炬照之，傍列萬形，命黃冠一一指之：為象則捲鼻臥，為獅則抱毬而弄，為駱駝則長頸而鞍背，為湘山佛則合掌立，為布袋和尚則側坐開口而胡盧，半為石乳，萬古滴瀝自成，巧於雕刻，如水精狀。半乃真石，想其初亦乳結也，誰為為此，真造物之奇哉。其他如床如

几，如曬網，如奕棋，如魚如鳥，如佛手足，顧此失彼，不得
盡矚，亦不得而盡名之。（卷七〈滇粵遊上〉，頁 112）

　　這篇遊記值得關注的除了是王士性的歷險經驗（以李君的「畏不
敢入」，與「余乃徑入」相對照）之外，還有其為物賦形的感受力與
詮釋。王士性寫出了旅行中最深刻的不是預定的行程內容，而是其間
的跋涉與曲折，譬如「李君畏入」，自己獨自進入的「歷險」而有的
意外發現。如文中所述，在黑暗中獨行，才發現別有洞天，內分為上
洞與下洞。先是「手捫壁走闇中百餘武」，既而在「黝然深黑」、「目
力不能窮」的洞內以炬光照明，發現鐘乳石的奇景。王士性為物賦
形，先以動物之形如「捲鼻臥」、「長頸而鞍背」描述；或以人之動
作形貌「合掌立」、「側坐開口」再現；再細寫其質地：「半為石乳」
「半乃真石」。其他以物擬象，連續的譬喻「如床如几，如曬網，如
奕碁」等等顯示了王士性的銳敏觀察力，將萬古滴瀝而成的鐘乳石以
貼近生活「魚、鳥、佛手足」作為象喻，又以「不得盡矚，亦不得
而盡名之」，表述自己面對造物之奇的驚詫與感嘆，呈現遊人面對自
然奇景的人文想像。末了，以「粵中多蛇虺，獨洞中不栖，故得酣游
焉。亦若鬼神呵護之。」作結，突顯王士性重視民風民俗的考察，點
出「粵中多蛇虺」的現象。行旅各地，多有「奇」的讚嘆，奇景多在
西南諸省，如「貴州多洞壑，水皆穿山而過，則山之空洞可知……由
月潭寺左拾級而登，仰視層岩如蜂房燕窠，級窮，上小平臺，石欄
圍繞，臺後岩嵌入巉絕，岩上如居人，重檐覆出，而石乳懸寶，怪詭
萬狀，洞前立二石，突兀更奇。」（頁324）以動態前進的筆法，「仰
視」洞內乾坤，以「怪」、「詭」渲染奇景。再如府江之景：「自靈川
至平樂皆石山，拔地而起，中乃玲瓏透露，宛轉游行。如栖霞一洞，
余秉炬行五里餘，人物飛走，廣右山川之奇，以賞鑒家則海上神山不

過，若以堪輿家，則亂山離立，氣脈不結。府江兩岸石阜如槍、如旗、如鼓、如鞍、如兜鍪、如疊甲、如蘭錡，無非兵象，宜儂僮之占居而世為用兵之地也。」（頁310）以連續的排比與譬喻──「如槍、如旗、如鼓、如鞍、如兜鍪、如疊甲、如蘭錡」──創造了地景的氣勢。而堪輿家與賞鑒家的說法又顯示了觀看地景不同的角度與意義。這種奇景的視點鋪陳出多元層次的景觀構圖，展現了與自然萬物遭逢的審美心理。

有別於「為地景命名」或討論命名根據，或重新發掘地名之意涵；此處的賦形藝術，透過豐富的自然知識以及深刻的觀察力、對自然的憬慕之情，顯示了王士性對於「遊」的執著與情性，同時也表現了客觀、「紀實」中的「抒情」向度。

第三章　地景江南：空間記憶的文化詮釋

第一節　何處是江南[1]

　　人與自然的相接，充滿著多元的人文想像；對自然景觀的客觀記述，對人文世界的抒情感懷，織綜了古典紀遊書寫的內在意涵。其間所涵攝的議題除了山水的觀看、人文的演繹、作者表述的形式與風格之外，尚有旅行者對風土的觀察以及土地的深刻思索。筆者曾指出：「如果遊是一種空間移動的歷程；明代文人的遊，除了閒賞山水的雅興、抒懷寫志的寄託之外，未嘗不是一種自我與外在世界相接的重新「看見」，「發現」自己所處空間的人文義涵。」[2]而關於旅行閱讀視域的擴展，在山水小品之外，筆記體著作中的行旅書寫，似乎可以讓我們看到不同的面向，藉以理解庶民的日常生活體驗。

　　王士性的紀遊書寫投射了自我對於江南鄉居的美感體驗。[3]在觀看

---

[1] 本標題引自楊念群：《何處是江南：清朝正統觀的確立與世界的異變》（北京：三聯書店，2010年）是書考察江南之地理概念與文化隱喻，其論述之思維對本文有所啟發，故引用之。

[2] 范宜如：〈華夏邊緣的觀察視域：王士性《廣志繹》的異文化敘述與地理想像〉，《國文學報》42期（2007年12月），頁123。

[3] 同前註，頁142。

「他者」與「自我」之間，王士性如何書寫他與外在世界的關係？然則，面對「江南」這個涵義豐富的名詞，王士性在《五嶽遊草》與《廣志繹》又有不同的表述方式。因而，本文一方面想釐清「江南」此一名詞的意涵，另一方面，亦可追索晚明遊人王士性對於「江南」的地景、風俗與文化書寫。這樣的研究，其實關涉了文人與週遭世界之間的觀看之道，正如Mike Crang在《文化地理學》書中所云：「文學不僅是在地理學的客觀知識之外，提供情感性的對應部分。反之，文學提供了體察世界的方式，展示品味、經驗與知識的廣闊地景。」[4]

江南這一名詞，已因文學創作的積累，而成了古典文學與文化中意義豐富的辭彙。[5]韋莊的詞：「人人盡說江南好，游人只合老。春水碧於天，畫船聽雨眠。壚邊人似月，皓腕凝霜雪。未老莫還鄉，還鄉須斷腸。」寫出了風景、生活、人物之美。

另一方面，江南的地理區域，又因時代的變更，有不同的地理畫分與名稱指涉。周振鶴在〈釋江南〉一文講述其歷史演變過程[6]：秦漢時期，江南指的是今長江中游以南的地區（今湖北南部和湖南全部），漢代的江南包括豫章郡、丹陽郡、會稽郡北部，即今日江西及安徽、江蘇南部。較確切的江南概念則是到唐代才形成：自湖南西部迤東直至海濱，稱為江南道。唐玄宗時，又將之分為江南東道、江南西道和黔中道。唐時的江南指的是江淮以南，南嶺以北的整個東南地區。而較準確的說法是專指長江以南地區。兩宋時期的江南指涉的是

4　Mike Crang著，王志弘等譯：《文化地理學》（臺北：巨流出版社，2003年），頁75～76。

5　林啟屏提到從漢樂府的「江南可採蓮」開始，「江南」如何成為充滿歷史、文化的想像空間，江南如何被制約成一個永不變化的時空美地。參見〈詩的隱喻：韋莊〈人人盡說江南好〉〉，收入《傾聽語文》（臺北：里仁書局，2005年），頁89～90。

6　周振鶴的資料大量採用了王士性在《廣志繹‧方輿崖略》的說法，參見〈釋江南〉，《中華文史論叢》49輯（上海：上海古籍出版社，1992年）。

　　狹義的江南地區，相當於整個太湖流域。明代則以蘇、松、常、嘉、湖五府與鎮江府和杭州府。江南可以泛指江淮以南和江漢以南地區，亦可專指江蘇南部及浙江全境等核心區域。江南不僅是一個地域概念，亦具有經濟意涵，同時也是文化概念。雖則如此，卻可看出因為河道的位移，歷代區域劃分的名稱變化，因此，江南成為一種泛稱。

　　李伯重在〈簡論「江南地區」的界定〉[7]則指出，古代文獻中的「江南」如同「中原」、「塞北」、「嶺南」、「西域」等地理名詞，並非有明確範圍的地域區別，此時的江南包括長江以南、五嶺以北的遼闊地域。唐朝的「江南道」，囊括今日浙、贛、湘、閩四省與蘇、皖的南部，由於地域遼闊，因此又畫分成「江南東道」（今日浙、閩二省與蘇、皖南部）與「江南西道」（江南東道之外的其他地區）。宋代將「江南東道」分為兩浙路、福建路與江南東路，元朝之後，「江南」一詞被用來專指吳、三吳或浙西地區。明清時代的江南地區，則是蘇、松、常、鎮、杭、嘉、湖八府以及由蘇州劃分出的太倉州，恰與本來意義上的長江三角洲若合符節。

　　陳江指出，明清時，人們使用「江南」一詞仍較隨意，只是指其大概。[8]亦有學者指出，明清兩代的江南概念，就自然區域來看指淮河以南，行政區域包括揚州、應天、蘇州、松江、常州、鎮江、江寧、杭州、嘉興、湖州和太倉州等十府一州[9]，亦有以「文化圈」的概念劃分者，包括長江中下游一帶，將範圍擴張至今天的江蘇中南部、上

7　李伯重：〈簡論「江南地區」的界定〉，《中國社會經濟史研究》1991年第1期，頁104～105。

8　陳江：《明代中後期江南社會與社會生活》（上海：上海社會科學院出版社，2006年），頁5。

9　馮賢亮：《明清江南地區的環境變動與社會控制》（上海：上海人民出版社，2002年）。

海、浙江、安徽、江西、湖南、湖北中南部、福建北部各省。[10]

　　無論是「指其大概」或是擴大（縮小）解釋，都可以看出江南不僅是一個涵義豐富的詞語，而且具有高度的彈性，在書寫者筆下展示它獨特的輪廓。

　　王士性在《廣志繹‧江南諸省》前言有云：「江南地拓自漢武帝，其初皆楚羈縻也，故楚在春秋、戰國間，其強甲於海內。」（頁263）從歷史的角度論述江南之地的源頭。在《廣志繹‧方輿崖略》則書寫其地理區域之變貌：

> 江南佳麗不及千年。孫吳立國建康，六代繁華，雖古今無比，然亦建康一隅而止，吳、越風氣未盡開也。蓋崔葦澤國，漢武始易闇胃而光明之，為時未幾。觀孫吳治四十三州、十重鎮，並未及閩、越，特附於宣州焉已。晉分天下十九州，吳、越、閩、豫，通隸揚州。唐分十二道，一江南東道，遂包昇、潤、浙、閩；一江南西道，遂包宣、歙、豫章、衡、鄂。豈非地曠人稀之故耶？至殘唐錢氏立國，吳越五王繼世，兩浙始繁。王審知、李璟分據，八閩始盛。然後宋分天下為二十三路，江南始居其八焉，曰兩浙、曰福建、曰江南東、曰江南西、曰荊湖北、曰荊湖南、曰廣南東、曰廣南西、而川中四路不與焉。趙宋至今僅六七百年，正當全盛之日，未知何日轉而黔、粵也。（頁190）

　　王士性點出他所處的時空位置，江南一詞是承自宋代的疆域分野，包含「兩浙、福建，江南東，江南西，荊湖北，荊湖南，廣南

10　如胡衍南：〈江南：明清長篇小說俗雅分流的人文地理因素〉，《紹興文理學報》第28卷第1期（2008年2月）。徐林：《明代中晚期江南人士社會交往研究》（上海：上海古籍出版社，2006年）。

東，廣南西」。他所關注的不僅是江南之地理區域的課題，而是在時空座標下，江南之繁華的景貌以及移轉的可能性。基於此種思考向度，他對江南的觀察就兼融了歷史、空間、民俗、日常生活等多元的人文思考。[11]《廣志繹·江南諸省》分浙江、江西、湖廣、廣東四部份，而《五嶽遊草》一書的分類則以「吳遊」、「越遊」為標目，呼應了《廣志繹·方輿崖略》的「晉分天下十九州，吳、越、閩、豫，通隸揚州。」也預示了此書的「古韻」：訪古之風。以下將分從三個角度論其江南敘述，其一為空間意象，其二為情境氛圍；再以文化記憶的書寫論其潛藏的文化心理。期能表述「江南」這個豐富的語碼及其文化視界。

第二節　空間意象的知覺與體驗

提及一處空間，不免要會關注其實體環境。地景（landscape）一詞本具有鮮明的視覺觀念，結合了有形的地勢與視野的概念。[12]地景

11　關於江南地方富庶，人文繁華之現象可參以下所述：張廷玉等撰《明史》（北京：中華書局，1974年），卷229〈列傳〉第117：「蘇、松、嘉、湖諸府，財賦敵天下半」，頁6002。王行有云：「姑蘇古稱吳會，以吳為東南都會也。其地為會府，其人之藩且庶也。」，見《半軒集》，《景印文淵閣四庫全書》（臺北：商務印書館，1983年），卷六〈送沈志道序〉，頁367。陸楫則指出其奢，云：「蘇杭之境，為天下南北之要衝，四方輻輳，百貨畢集；使民賴以市易維生，非市俗之奢故也。噫！是有見於市易之利，而不知所以市易者，正起於奢；使其相率而為儉，則逐末者歸農矣，寧復以市易相高耶？……然則吳越之易為生者，其大要在俗奢，市易之利，特因而濟之耳，故不專恃此也。」見《蒹葭堂雜著摘抄》，輯入《叢書集成新編》（88）（臺北：新文豐出版公司，1985年），頁148～149。

12　Tim Cresswel指出：「在大部份地景定義中，觀者位居地景之外。而地方多半是觀者必須置身其中。」「地景指涉一塊土地的形狀（有形的地勢）」，無論是看似自然的地景，或顯然為人類或文化的城市地景。「我們不住在地景裏，我們觀看地景」之語，也說明了地景是一種人為的建構。見Tim Cresswell〈導論：定義地方〉，收

概括了地方的外觀及其獨特性因素，同時也是思考地方、描繪地方以及賦予地方意義的特殊方式。地景牽涉社會、物質和象徵層次，可說是一種文化意象，藉以再現、結構或象徵週遭環境，地景的文化意義緊緊牽繫於地景裡的特殊社會或群體。[13]地景因不同社群的匯集、融入及地方文化在空間中的散播、傳衍，往往呈現出一極為複雜豐富而流動變化的文化景觀。[14]以下，分從幾個面向敘述之。

一 地域與民風的聯繫

王士性的紀遊書寫，若如《四庫全書總目》所云：「凡山川險易，民風物產之資，巨細兼載，亦間附以論斷。蓋隨手紀錄，以資談助。」則其具有「記錄」的性質，對於「山川」與「民風」的敘述尤為深刻。其中，對於地理山川與人文化育之間的關係，他有如下的評述：

> 江北山川夷曠，聲名文物所發洩者不甚偏勝；江南山川盤鬱，其融結偏厚處則科第為多，如浙之餘姚、慈溪，閩之泉州，楚之黃州，蜀之內江、富順，粵之全州、馬平，每甲於他郡邑。（《廣志繹・方輿崖略》，頁193）

以「山川夷曠」與「山川盤鬱」對照，將人文之興發與地理形勢結合，這與和辻哲郎於一九三五年發表《風土──人間學的考察》一

入 Tim Cresswell 著，王志弘、徐苔玲譯《地方：記憶、想像與認同》（臺北：群學，2006年），頁19～20。

[13] Paul Cloke，Philip Crang，Mark Goodwin 編，王志弘、李炎輝等譯：《人文地理概論》（臺北：巨流，2006年），頁290、299～300。

[14] 鄭文惠：〈公共園林與人文建構：明代中期虎丘地景的文化書寫〉，《政大中文學報》第11期（2009年6月），頁131。

書的觀點：「風土與社會（和辻哲郎的人——間）互相滲透，形成互
為主體的文化景觀。一個地方的文化不是單以人的主體形塑而成，而
是與風土＝空間互為主體形塑而成。」[15]的觀點若合符節。

又因王士性為浙江台州人，他對於此地域的觀察頗為細膩。或從
地形特徵談民風特性：

> 兩浙東西以江為界而風俗因之。浙西俗繁華，人性纖巧，雅文
> 物，喜飾牆悅，多巨室大豪，若家僮千百者，鮮衣怒馬，非市
> 井小民之利。浙東俗敦樸，人性儉嗇椎魯，尚古淳風，重節
> 概，鮮富商大賈。而其俗又自分為三：寧、紹盛科名逢掖，其
> 戚里善借為外營，又傭書舞文，競賈販錐刀之利，人大半食於
> 外；金、衢武健負氣善訟，六郡材官所自出；台、溫、處山海
> 之民，獵山漁海，耕農自食，賈不出門，以視浙西迥乎上國
> 矣。（《廣志繹·江南諸省》，頁263）

先分判浙西與浙東的風俗差異，王士性所居為「尚古敦樸」的浙
東，再細分為三區塊：寧、紹，金、衢，台、溫，並分述其民風之趨
向。這些描述的趣味與意涵不在於對區域的區判與定位，而是王士性
具備獨特的「空間感」，抓取了江南的「澤國」、「山谷」與「海濱」
等地形以定位數民的生活特質。這三種地形既是空間亦是民風型態：

> 杭、嘉、湖平原水鄉，是為澤國之民；金、衢、嚴、處丘陵險
> 阻，是為山谷之民；寧、紹、台、溫連山大海，是為海濱之
> 民。三民各自為俗：澤國之民，舟楫為居，百貨所聚，閭閻易
> 於富貴，俗尚奢侈，縉紳氣勢大而眾庶小；山谷之民，石氣所

15　李永熾：〈空間與日本文化：風土、都市空間與生活〉，《當代》168期（2001年8
　　月），頁71。

鍾，猛烈鷙愎，輕犯刑法，喜習儉素，然豪民頗負氣，聚黨與
而傲縉紳；海濱之民，餐風宿水，百死一生，以有海利為生不
甚窮，以不通商販不甚富，閭閻與縉紳相安，官民得貴賤之
中，俗尚居奢儉之半。（頁264）

而他對自己的家鄉台州之描述，亦可見「各自為俗」的現象：

浙中惟台一郡連山，圍在海外，另一乾坤。其地東負海，西括
蒼山高三十里，漸北則為天姥、天台諸山，去四明入海，南則
為永嘉諸山，去雁蕩入海。舟楫不通，商賈不行，其地止農與
漁，眼不習上國之奢華，故其俗猶樸茂近古。其最美者有二：
余生五十年，鄉村向未聞一強盜，穿窬則間有之；城市從未見
一婦人，即奴隸之婦他往，亦必僱募肩輿自蔽耳。（頁269）

講述自己的家鄉台州，先是地理方位，既而則是民俗特性。有趣
的是「城市從未見一婦人」，而其根源來自「舟楫不通，商賈不行，
其地止農與漁，眼不習上國之奢華」。他再舉嘉興為例，呈現「濱海
之民」的生活情境：「嘉興濱海地窪，海潮入則沒之，故平湖、海鹽
諸處，舊有捍海塘之築，此非獨室廬畎畝民命所繫，即其約束諸水出
於黃浦，則嘉禾全郡一滴不洩，宜其聲名文物甲於東南」。（頁266）
雖然有這些細膩的劃分，對於江南的整體特性，他則以「南人向柔
脆」（頁264）總括之；這也聯繫了魏晉南北朝時期史傳中對於南北
分野的論述。不同的是南北之分判除了地理與民風之聯繫之外，他也
關注到食物與地理[16]的關係，提出「海南人食魚蝦，北人厭其腥，塞

16　Bill Buford：《煉獄廚房食習日記》（Heat）（臺北：久周文化，2007年）在書中第
　　一章引言放了喬治・歐威爾《通往威根碼頭之路》（The Road to Wigan Pier），的一
　　個段落，開宗明義就點出了飲食文化在人類文明史中重要但卻時常遭人輕忽的地

北人食乳酪，南人惡其羶，河北人食胡蔥、蒜、薤，江南畏其辛辣。
而身自不覺。此皆水土積習，不能強同。」的說法，王士性聯繫了前
代的「南、北」分殊之論述，又從物產、行動、食物等水土積習，闡
述了「南人」、「北人」「身自不覺」的現象。這種說法，也開啟了以
庶民生活為觀看角度的地域觀點。

二　「澤國」形塑的生活映象

　　無論是江南整體區域的概述，或是個別地域現象的考察，「澤
國」成為江南的「關鍵詞」之一。前所述「澤國之民」，既是地形亦
是民風；因「澤國」而延伸的民俗，更是庶民生活的底蘊。

> 明、台濱海郡邑，乃大海汪洋無限，界中人各有張蒲繫網之
> 處，只插一標，能自認之，丈尺不差。蓋魚蝦在水游走，各有
> 路徑，闌截津要而捕捉之，亦有相去丈尺，而饒瘠天淵者。東
> 南境界，不獨人生齒繁多，即海水內魚蝦，桅桁終日何可以
> 億兆計。（頁268～269）

　　物產富庶的水鄉，獵捕魚蝦是經濟生活的來源，卻也形成一種民
俗風情。備妥器具，漁夫站穩一處，以標為界，就是工作的場域。魚
蝦有其遊走之路徑，而人各有張蒲繫網之處，然而，「相去丈尺，而
饒瘠天淵」，可見，漁人必有其獨門之技術，方能在「無限界中」，
占一隅之地：

> 浙漁俗傍海網罟，隨時弗論。每歲一大魚汛，在五月石首發

位。——人類根本是一只用來裝食物的袋子；其他的功能和技能容或較神聖，可是
過了一陣子，這些就變得次要了。一個人死了，永埋黃泉，他生前的言行也就被人
遺忘，可是他吃過的食物卻依舊存活，活在他後代子孫健全或腐朽脆弱的骨骼裡。

時，即今之所稱鯗者，寧、台、溫人相率以巨艦捕之。其魚發
於蘇州之洋山，以下子故浮水面，每歲三水，每水有期，每期
魚如山排列而至，皆有聲。漁師則以篙筒下水聽之，魚聲向上
則下網，下則不，是魚命司之也。柁師則夜看星斗，日直盤
針，平視風濤，俯察礁島，以避衝就泊。是漁師司魚命，柁師
司人命，長年則為舟主造舟，募工每舟二十餘人，惟漁師、柁
師與長年同坐食，餘則頤使之，犯則箠之，至死不以煩有司，
謂之五十日草頭天子也。舟中床榻皆繩懸，海水鹹，計日困水
以食，窖鹽以待。魚至其地，雖聯舟下網，有得魚多反懼沒
溺，而割網以出之者，有空網不得隻鱗者。每期下三日網，有
無皆回，舟回則抵明之小浙港以賣。港舟舳艫相接，其上蓋平
馳可十里也。每舟利者，一水可得二三百金，否者貸子母息以
歸。賣畢，仍去下二水網，三水亦然。獲利者，鏦金伐鼓，入
關為樂。不獲者，掩面夜歸。然十年不獲，間一年獲，或償十
年之費。亦有數十年而不得一償者。故海上人以此致富，亦以
此破家。此魚俗稱鯗，乃吳王所制字，食而思其美，故用美頭
也。（頁270～271）

　　這段敘述顯示了漁人的生活型態。首先，分述漁師、舵師所司之
職務。其次，談海上生活甘苦，床榻以繩懸之，這懸空的人生有如漁
獲，有人因此而傾家蕩產，有人因此而致富。「繩懸」彷彿是漁人生
活的雙重隱喻，漁釣是懸空的，眠床也是懸空的；另一方面漁獲的成
果也是「懸」著的，如文中所述，即便漁獲豐富，亦唯恐過重而「割
網以出之」；也有「空網不得隻鱗」的不確定。「繩懸」一語既是船
上生活的實況，也是一種象徵語言。而漁獲與個人氣運又息息相關，
有人可以「一水可得二三百金」，也有人「數十年而不得一償者」，

「獲利」與「掩面夜歸」都在一網之間。文章中對於捕魚細節描述有如一幅民俗圖像，「聽魚」的漁師仿若水中之王，「夜看星斗，日直盤針，平視風濤，俯察礁島」的舵師有如海上智多星；以「漁師司魚命，舵師司人命」描述漁師、舵師的關係，「餘則頤使之，犯則箠之，至死不以煩有司」之幽默的語調之中又顯示庶民生活的日常性。結尾處又以魚之俗名聯繫及吳越意象。此外，文中亦點出漁人生活的週期性，如「每歲三水」、「每期下三日網」等等。關於民俗生活的時間週期，養珠也有特定時間：

> 珠池在合浦東南百里海中，有平江、青嬰等三數池，皆大蚌所生也。海水雖茫茫無際，而魚蝦蛤蚌，其產各有所宜，抑水土使然。故珍珠舍合浦不生他處，其生猶兔之育，惟視中秋之月，月明則下種多，昏暗則少。海中每遇萬里無雲，老蚌曬珠之夕，海天半壁閃如霓霞，咸珠光所照也。舊時蛋人採珠之法，每以長繩繫腰，攜竹籃入水，拾蚌置籃內則振繩，令舟人汲上之，不幸遇惡魚，一線之血浮水上，則已葬魚腹矣。蚌極老大者，張兩翅亦能接人而壞之。（頁296）

這段敘述亦與水域相關，有意思的是蚌殼生珠亦需「中秋之月」，此時「海天半壁閃如霓霞」，允為人間奇景。而昔時採珠之法的驚險，亦如繩懸之隱喻，振繩汲上之際，若遇惡魚則水光血影，一瞬之間，大蚌已葬身魚腹。足見水域生活之艱險。此外，又有「蠶月」一語：

> 農為歲計，天下所共也，惟湖以蠶。蠶月，夫婦不共榻，貧富徹夜搬箔攤桑。江南用舟船，無馬，偶有馬者，寄鄰郡親識。古人謂，原蠶，馬之精也，彼盛則此衰。官府為停徵罷訟。竣

事，則官賦私負，咸取足焉。是年蠶事耗，即有秋亦告匱，故絲綿之多之精甲天下。（頁266）

蠶月表現了生活中的韻律與時間感。當時或許是工作，「再現空間」[17]則呈現了生活的細節與美學。蠶月的作息是集體性的，不分貧富「徹夜搬箔攤桑」，同時存有許多禁忌，如「夫婦不共楊」、寄馬於鄰郡、「官府罷訟」等等，其間容有神話傳說的身影[18]，展示了農業生活的實景。

「江南四時有雨，霔潦不休，故其流迂緩而江尾闊。」（頁193）王士性指出江南水鄉的氣候特色與水流型態；河水的氤氳流動，澤國景色，自然成為江南所見的風景。

> 寧、紹之間，地高下偏頗，水陡不成河。昔人築三數壩蓄之，每壩高五六尺，舟過者俱繫絙於尾，榜人以機輪曳而上下之，過乾石以度，亦他處所無也。度剡川而西北，則河水平流，兩岸樹木交蔭，蓮荇菱芡，浮水面不絕，魚梁罾笱，家家門前懸掛之，舟行以夜，不避雨雪，月明如晝畫，昔人謂，行山陰道上，如在鏡中，良然。又云，秋冬之際，殆難為懷。（頁266）

先以紀實的手法寫江南水域的舟行場景，如「舟過者俱繫 於尾，榜人以機輪曳而上下之」，點出「水陡不成河」的地形變化，家家門前懸掛「魚梁罾笱」的觀察又呼應了漁人生活的實境；再以抒情的手法書寫江南水鄉的情境，如「兩岸樹木交蔭，蓮　菱芡浮水面

17　Richard Peet 指出：「再現的空間和物理空間重疊，在象徵上利用了自然客體。再現的空間傾向於非口語象徵和符號系統。」，見《現代地理思想》（臺北：群學出版社，2005 年），頁164。本處所指的再現空間即是文本。

18　參見〈蠶馬〉一文，收錄於徐志平主編：《中國古典短篇小說選注》（臺北：洪葉文化，1994 年），頁45。

不絕」；月夜行舟，詩意盎然，嵌入《世說新語・言語》的典故：王子敬云：「從山陰道上行，山川自相映發，使人應接不暇，若秋冬之際，尤難為懷。」的美感經驗，又聯繫了歷史敘述。此外，「一街一河」的市鎮格局，也是水鄉澤國的場景。

> 紹興城市，一街則有一河，鄉村半里一里亦然，水道如棋局布列，此非天造地設也？或云：「漕渠增一支河、月河，動費官幣數十萬，而當時疏鑿之時，何以用得如許民力不竭？」余曰：「不然。此本澤國，其初只漫水，稍有漲成沙洲處，則聚居之，故曰菰蘆中人。久之，居者或運泥土平基，或作圩岸溝瀆種藝，或浚浦港行舟往來，日久非一時，人眾非一力，故河道漸成，甃砌漸起，橋梁街市漸飾。即嘉、湖諸處，意必皆然。」（頁267）

王士性理性地分析「水道如碁局布列」的成因。從澤國到沙洲，乃至於溝瀆、浦港；行舟往來故有河道；而橋樑漸起，一座水道城市因而成形。雖然，其敘述語調不若「行山陰道上，如在鏡中」的溫婉柔蕩，卻可以體現江南澤國的感覺結構[19]。

人類對於地方有主觀和情感的依附，就形成了「地方感」（sense of place）。當生活在其中的人視地方不只是一個客體，而是一個感覺價值的中心，一個動人的，有感情所附著的焦點，是一個令人感覺到充滿意義的地方。就具有「地點的真實感」。這是一種自主心靈的產物，無法與其過去歷史的交互作用、社會化歷程等具體情境分離。

19　感覺結構（structure of feeling）是在特殊地點和時間之中，一種生活特質的感覺，也是一種特殊活動的感覺方法，混合了「思考和生活的方法」。參夏鑄九、王志弘編著：《空間的文化形式與社會理論讀本》（臺北：明文出版社，1988年），頁119～120。

「地方感」概念的形成，須經由人的居住，以及某地經常性活動的涉入；經由親密性及記憶的積累過程；經由意象、觀念及符號等意義的給予；經由充滿意義的「真實的」經驗或動人事件，以及個體或社區的認同感、安全感及關懷的建立，才有可能由空間轉型為地方。[20] 因而，江南水域中的生活者，漁汛、舟行等有關「水」的經驗，必然會創造出許多民俗與故事。這些故事，或是一種心靈的慰藉或對未來生活的諭示，展現了常民生活內在的想望。

> 洞庭水淺，止是面闊括風，驚濤軟浪，帆檣易覆，故人多畏之。湖中有數蛟，有喜食糟粕者，遇舟中攜糟物過，出而奪之；有喜食硃砂者，遇舟中攜硃砂過，出而奪之。奪則濤興浪起，或危舟楫，齎此物者或重裹以犬羊之韗。余以端午過洞庭，風浪大作，時兒女或以硃砂塗耳鼻者，舟人亦請棄之。余笑謂，老蛟乃竊此分文之餘乎？已而風息，類藉口如是。（頁282）

這是一次王士性個人在端午行舟的經驗，當眾人喧擾不休，他卻談笑風生。洞庭之蛟嗜食糟物，不惜翻舟求物。長期以來，魚蛟威脅到行舟者的安全，而他們「果然」也發現湖中之蛟喜食糟粕，甚至「出而奪之」；為了讓舟楫之行順抵彼岸，只能棄此物或「重裹以犬羊之韗」。文末以「已而風息，類藉口如是」來證成這些疑慮純屬多餘，顯示了王士性的「科學精神」。但是舟人與眾人果會如是想？還只是王士性個人的反應與判讀？文章的開頭也點出洞庭湖「驚濤軟浪，帆檣易覆，故人多畏之」的集體現象，可見舟行者無法避開湖中

---

[20] Allan Pred 著，許坤榮譯：〈結構歷程和地方——地方感和感覺結構的形成過程〉，《空間的文化形式與社會理論讀本》（臺北：明文書局，1988 年），頁86。

之蛟，只能棄硃砂以求現世安穩。回應及原文所述「洞庭水淺，止是面闊括風，驚濤軟浪，帆牆易覆，故人多畏之。」王士性從地理現象指出帆船容易傾覆的原因，以端午過洞庭的經驗，寫出舟人請棄硃砂，而風停後景象如常的情景，顯示其追求客觀真實的態度；而記寫常民經驗，也為江南水景留下悠然舟景[21]之外的生活映象。

第三節　光影染動的山水容顏

　　江南是一處結合心理意識與實體地理的「地方」。[22]王士性在《廣志繹》一書裏他把江南「地方化」了，純粹以地方感、現實的空間來詮釋，而非隱喻化的江南。這樣的書寫基調到了《五嶽遊草》則呈現一種氛圍，多以「感官經驗」來呈現，這或許是一種文類的選擇，同時也體現了江南多元的內涵。這種感官經驗，不妨借用鄭毓瑜的說法：「從「氣氛美學」的看法，也許可以讓我們重新思考文本中的「情景」議題。如果人身與外物相交接的經驗被考慮進來，景物所

21　關於舟景的意涵，請參侯乃慧：〈明代園林舟景的文化意涵與治療意義〉，《臺北大學人文集刊》第二期（2004 年 4 月）。

22　關於「地方」的用語，如 Tim Cresswell 所述，「地方」在日常言談裡岸是所有權，或是一個人和特定區位（location）或建築物的某種關連。地方，意指在具有社會——地理基礎的世界上，事物有其特殊秩序，這種特質使得地方別於地理學中自稱為專門術語的其他詞彙。最直接且常見的地方定義是——有意義的區位（a meaningful location），也是人類創造的有意義空間。Tim Cresswell 以 John Agnew 勾勒地方作為「有意義區位」的三個基本面向，分為：區位、場所、地方感。「區位」意指任何地方都有其「位置」，「場所」指陳社會關係的物質環境，表示地方除了其定位，並具有物質視覺方式，同時與人產生關係。「地方感」則是人對於地方總有主觀和情感上的依附。參見 Tim Cresswell〈導論：定義地方〉，Tim Cresswell 著，王志弘、徐苔玲譯：《地方：記憶、想像與認同》（臺北：群學出版公司，2006 年），頁 5～16。

在的空間背景也因為這交接經驗的環繞，而成就具有切身意義的「地方感」，不再只是仿如參考資料的史地知識而已。」[23]當《廣志繹》以紀實角度書寫常民生活的實境，傳述了史地知識與民俗生活，《五嶽遊草》傳達的多是一種氣氛，氣氛是一種空間，就是通過物、人或各種組合的在場（及其外射作用）所薰染（tingiert）的空間。何乏筆指出：「氣氛是模糊的，是一種『間現象』，因為快樂的或沉悶的氣氛是『內在』的，可主觀地感受到的情感，但同時也是『外在』的，可客觀地感染許多人的情境。」[24]伯梅的氣氛美學將物視為美學形體，並定義為：「某種明澈的底層的事物（例如，物、聲響、芳香、色彩）如果能像身體般地容納作為客觀情感的氣氛，因而在氣氛上暗示出身體之受擄獲，我便將之稱做美學形體。」[25]本處將從氣氛美學的觀點解讀江南生動的氣韻，並以光影之染動為觀視的向度。

在《五嶽遊草》〈吳遊〉〈越遊〉之紀遊書寫，時有壯美如「登上層憑欄俯之，流長江其下，塔影半浸江中，勢欹欲入，魂悸不自持」（〈再出清波門至六和塔望潮記〉，頁67），或柔美如「鼎湖峰屹立於前，宿霧欲收，翠色尚滴，澄波在下，倒影半浸，亦令人心目為舒。」（〈越遊注〉，頁76），這些感受是因著王士性長久浸潤於江南一地而有的體驗。段義孚（Yi-Fu Tuan）如是辨析空間與地方之內涵：「如果我們將空間視為允許移動，那麼地方就是暫停；移動中的每個暫停，使得區位有可能轉變成地方。」[26]David Seamon 則指出「理

---

23 鄭毓瑜：〈抒情、身體與空間──中國古典文學研究的一個反思〉，《淡江中文學報》15期（2006年12月），頁269。

24 何乏筆：〈氣氛美學的新視野〉，當代第188期（2003年4月），頁38。

25 Gernot Bohme 著，谷心鵬、翟江月、何乏筆譯：〈氣氛作為新美學的基本概念〉，《當代》188期（2003年4月），頁19。

26 Tim Cresswell，徐苔玲、王志弘譯：《地方：記憶、想像與認同》（臺北：群學出版公司，2006年），頁17。

解地方的關鍵成分是身體移動性（bodily mobility）」他認為，身體主體有一種與生俱來的能力，指揮人的行動舉止。當日常的移動維持一段相當長的時間，稱為「時空慣例」（time-space routine），這個詞語描述了一個人遵循慣例路徑而行止的習慣。許多時空慣例在某個特殊區位裏結合在一起，就出現了「時空芭蕾」（place-ballet）。Seamon認為這會產生強烈的地方感。身體的移動性在空間與時間裡結合，產生了存在的內在性，那是一種地方內部生活節奏的歸屬感。「地方芭蕾」是召喚我們地方經驗的隱喻，它指出了地方乃是透過人群的日常生活而日復一日操演出來的。」[27]原本只是一處山水空間，因著王士性與此空間的「暫停」與「駐留」，身體的移動與外在空間的結合，形成了獨特的韻律感。尤其他屢屢強調「夫越余家也，其山川是不一至焉。」（〈越遊注〉，頁77）「越余鄉也，故其游也，往來不一至焉。」（〈吳游紀行〉，頁55）鄉居的日常生活與行旅的特定時間縮合，讓王士性得以「透視」微光中的時光之影，進而透顯江南獨特的光影氛圍。在〈吳游·游武林湖山六記〉即寫此地「晴雨雪月，無不宜者」，其中「若其晴空萬里，朗月照人，秋風白苧，露下滿襟，離鴻驚起，疏鐘清聽，有客酹客，無客顧影，此於湖心亭佳，而散步六橋，興復不減，故曰宜月。」（頁63）即寫出他對於「影」之鍾情，在〈越遊〉系列，亦有「南明山者……今移其寺於右偏山巔，有闕，中秋月正墮影於中。」（頁71）之月、影書寫。其中〈出錢塘門觀戒壇至靈隱上三天竺記〉的光影頗具情韻：

> 東山月出，眾云月湖佳，余復捨輿買艇，戴月飲湖心亭，倚闌獨嘯，影落藻荇間，與流光上下，真自濯魄冰壺也。春寒夜寂，如有聲自北麓起，余曰：孤山鶴已回矣。遂返。（頁66）

27　同前註，頁57～59。

交通工具的擇選（捨輿買艇）就與江南之舟行風景呼應。光（流光）、影（影落藻荇間）與音聲（獨嘯、如有聲自北麓起）的流動，別有情致。再如〈遊煙雨樓以四月望日〉「若其輕煙拂渚，山雨欲來，夾岸亭臺，乍明乍滅，漁舠酒舸，茫茫然遙載白雲，第聞櫓聲，咿唔眛旽，而不得其處，則視霽色為尤勝。」（頁55～56）亦以「乍明乍滅」的亭臺之影，「霽色為尤勝」的無色之光創造一種情境氛圍。再如江心寺的月景，交融人文與自然的情味：

> 江心寺者，永嘉大江中孤嶼也。城抱九山為九斗門，嶼與之對峙，海濤日夜齧其下，左右造浮圖鎮之，如兩龍角然。當其青天不動，滄海無波，春日初長，晴江似鏡，塔影東擲，晚渡爭喧，憑江天閣而眺，亦一樂也。若夫隔江煙火，如天星錯落，則在雲陰之夕佳。海潮奔激，西去有聲，自顧身在嶼中，如泛銀河上下，則月明之夕為最。（〈越遊注〉，頁76）

光影本來就是在無可追返的時間中瞬間掌握的意象。「如天星錯落」的「雲陰之夕」、「如泛銀河上下」的「月明之夕」，都體現了人與物在自然情景之中獨特的遭逢。因而春日晴江的塔「影」，煙火如星「光」錯落，或為不可掌控的非物質性存在，卻也精準地再現文學中「復得的時間」。[28]

---

[28] 雷諾‧伯格（Ronald Bogue）在〈普魯斯特的符號機器〉一文詮釋德勒茲（Gilles Deleuze 1925～1995）論普魯斯特（Marcel Proust 1871～1922）的文學理論，認為普魯斯特作品中的時間構造有四種形式：第一種是「流逝的時間」，變化、老去、腐朽、銷毀的時間，人與萬物均不能例外。其次是「個人失去的時間」，個人一生經歷中，享樂的時間，沉溺的時間，學習的時間，浪費的時間等等。第三種是「找尋的時間」，只能經由理智而獲得。對於作家而言，「感動的作用，先於理智。」「流逝的時間」與「個人失去的時間」對於藝術創作而言，都成為「找尋的時間」。最後一種時間形式是「尋回的時間」，或稱「復得的時間」，這是時間最純

一　光影氛圍

　　光影是無法創造無法復現的美好感受。[29]「浮生輕一葉，遊蹤固無定。」王士性在〈夜下剡川〉詩中表述了自己的游蹤與游思：「攬衣杖前策，淬此五嶽興。不甘作臥遊，吾具差濟勝。」（頁138）又云：「三山浮海外，五嶽畫天表。焰蛙足涓滴，遊道一何眇。」（〈贈黃說仲游雲間〉，頁147）又有「我遊五嶽兩未周，向平婚嫁徒掩口。」（〈贈黃說仲游雲間〉，頁147）之語，可見，回到吳地——青少年時期首度出遊的地景，王士性對遊旅的思索也在山林之間一一流轉。除了前所述，歷史的魅影為其詩歌書寫主軸之外，吳地風景自成詩歌的意象，而江南的人文與自然也透過山水之光影朗現。

　　而吳地之山水與他地有何不同？是古蹟的歷史想像？如「遙指姑蘇臺，麋鹿遊當年」（〈虎丘〉，頁139），或是與前代文人對話？如「伊昔李青蓮，輕舟泛宮袍。扣舷欲無人·對月成吾曹。斗酒自淋漓，眼花興益豪。騎鯨去不返，海闊天宇高。茫茫此碧落，百代沈風騷。」（〈采石〉，頁141），或藉由故物召喚文人風采，如「昔在宣城守，青山屬謝君。青蓮有居士，投老欲為群。太守五畝宅，居士三尺墳。精靈自來往·賢達垂令聞。歲久冢宅改·田父紛耕耘。斷碑臥荒草，彷彿留空文。悠悠千載間，誰與續清芬。欲語無人會，青山有白

粹的形式，也就是存在於藝術作品中的時間，不會隨現實時間腐朽、衰敗。參見雷諾·伯格（Ronald Bogue）著，李育霖譯：《德勒茲論文學》（臺北：麥田出版社，2006年），頁85～87。

29　詩句中多有「時間」與「空間」結合的瞬間光影：「四山收暝色，野火落漁磯。回颰亂浮雲，一雨生晚聽」（〈夜下剡舟〉）、「水雲三萬斛，人在鏡中迷。一雨催歸棹，湖光日暮低。」（〈西湖〉）、「海月開夕霽，天風散朝嵐」（〈金山〉）、「菰蘆拍岸長，叢林間清樾」等等。

雲。」（〈謝家青山〉，頁141）以「斷碑」、「宅」、「墳」想見謝朓；或就眼前實景想見昔日高士，如「伊昔嚴先生，於焉披羊裘。垂綸有深意，世事非吾求。青天釣明月，滄波隨白鷗。不知有天子，焉論公與侯。」（〈釣臺〉，頁142～143）故物、史蹟渲染了吳地的文化氛圍，凝結江南的文化意識；然而，王士性吳地歌詩中所鋪陳「動態」的，「虛化」的感官經驗，或許是此系列詩歌值得追索之處。

所謂「動態」與「虛化」，是從身體的感發著眼。「怪石怒層巒，儼若虎豹蹲。」（〈牛首山〉，頁140），「疊嶂若雲屯」以虎豹喻石之怪奇，以雲屯譬重嶂疊嶺，這是視覺的象喻；「疾風吹浪起，清夜雨濛濛」（〈燕子磯〉，頁140）「浮煙落天門，千里翻波濤」（〈采石〉，頁141）則以「疾」、「浮」、「落」字點染水之動態。此種動態之美，不是宏大與壯美的奇景，而僅是「偶來越疏林，颯颯如斷蓬」此種「偶來」的時間感以及「寒雨晝常飛」的迷離之貌。其間，王士性對於光影極具敏銳度，「四望坐積水，明月照遠村」（〈牛首山〉，頁140）「遲日照溶溶」（〈羅漢祠〉，頁142）「浮圖振鳴鐸，倒影懸朱旛」（〈牛首山〉，頁140）、「維舟迷故渚，影落冰壺中」（〈燕子磯〉，頁140）「鶴歸夢斷梅花白，影落寒塘君未知」（〈西湖放鶴亭〉，頁143）在「影」的照映與起落之間，王士性以光影創造了一個具感性基調的江南。[30]

---

30 王士性在此系列的詩作裡，出現了大量的「白」的語彙，點染了「虛化」與「動態」的感受，例舉如下：「鶴歸夢斷梅花白」〈西湖放鶴湖〉（頁143）、「一萬八千丈，白日行為斜」〈歸天台〉（頁143）、「白雪乍消楊子渡」〈立春江行見閩山雪霽〉（頁143）、「青天釣明月，滄渡隨白鶴」〈釣台〉（頁142）、「遙向黃山去，一片浮雲白」〈五老峰〉（頁142）、「長風吹不散，時有白雲封」〈太素宮〉（頁142）、「行行躡其巔，白雲封朝昏」〈牛首山〉（頁140）、「欲語無人會，青山有白雲」〈謝家青山〉（頁141），見王士性著、周振鶴點校：《五嶽遊草》（北京：中華書局，2006年）。

二　遊之蹤跡

　　「水府淼莫測，驪頷誰許探」（〈金山〉，頁140）對於水的摹寫，除了流動的美感之外，〈賦得大江行 送圭叔之南水部郎，時中叔守浮光，余亦請告將歸海上〉一詩以歷史典故連結地景，勾勒水域景觀，值得深入探討。詩作如下：

> 大江西來六千里，驚濤射日長風駛。金山倒擁海門開，玉壔平臨浪花起。結綺涵虛事已空，皇州春色逐征蓬。六朝事業寒煙裏，一統河山化日中。漢家習戰昆明水，舳艫橫蔽江之涘。旌旗晝拂石城飛，鯨鯢夕泛滄溟徙。共看巨艦駕黃龍，亦有輕舠貢白雉。江上千艘為君使，尚書之郎古虞氏。君才本是濟川舟，握籌五月下揚州。何遜暫教為水部，青山綠水恣行遊。采石磯空明月夜，雨花臺迴晚風秋。轉憶和歌燕市曲，祇今離別楚江頭。吳越山川梁苑客，萋萋芳草隔汀洲。龍江關南海天碧，龍江關北淮雲愁。一水盈盈雙鯉杳，大江上下日悠悠。
> （頁144）

　　此詩之首尾呼應，以「大江西來六千里」與「大江上下日悠悠」對應，「六千里」之空間實數與「日悠悠」之時間推移，連結詩中的歷史縱深，漢室習水戰的典故，舳艫橫江的氣勢，驚濤長風與海天雲愁，以一詩跨越時代記憶，投射個人經驗。一如〈金陵懷古〉詩中所言：「青山不管興亡恨，誰攬浮雲吊古丘。」（頁144）終究，吳地的文化記憶與地理特性，召喚了旅人的歷史感受。

　　〈越遊下〉有關海域之書寫，有詩題直指「海」者，如〈九日候濤山望海〉的即景敘事，點出時間與地點。

　　或〈舟次海口〉、〈同潘明府去華何山人貞父登玉甑峰是夕宿洞中觀海上出日洞一名玉虹〉，詩作或寫海潮濤浪之夐深，如「天迴南斗星辰近，水落寒濤渤海深」（〈九日候濤山望海〉，頁149）、「挾客來觀海上潮」（〈舟次海口〉，頁156）、「長風破浪來秋色，白日行空駕海濤」〈同潘明府去華何山人貞父登玉甑峰是夕宿洞中觀海上出日洞一名玉虹〉頁157等等。或為海島之想像「長風吹入蛟門島，蜃氣蒼茫涌萬尋」（〈九日候濤山望海〉，頁150）、「滄海無津煙嶼遠，青天不動暮潮平」（〈七夕宿江心寺〉，頁156）島嶼之名多借代為扶桑、蓬、瀛，「目斷扶桑天外盡，何煩鞭石駕危橋。」（〈舟次海口〉，頁156）以及「燈火城南纔咫尺，恍疑身世隔蓬、瀛」）（〈七夕宿江心寺〉，頁156），這均是海洋詩歌中的傳統意象。

　　此外，又有詩中小序提及海者，如〈登金鰲山宋高宗、文信國俱航海至此〉：「巨鰲不戴蓬、瀛去，獨向江門枕濁流。曲磴眠雲芳草濕，洪濤浴日曙光浮。山城埤堄黃沙磧，水國蒹葭白露秋。極目西風傷往事，誰家君相屢維舟。」（頁153）此此詩意不在觀海，而是連結文信國的歷史記憶，可與〈游仙岩謁文信國諸公像〉對讀，寫其「故國魂招大澤空」之悲慨，也以「天為群公留勝概，登高極目恨無窮」表述後來者的心懷。

　　「一雨催歸棹，湖光日暮低」（〈西湖〉，頁138）、「倒影逐流光」（〈嘉禾煙雨樓〉，頁139）、「海月開夕霽，天風散朝嵐」（〈金山〉，頁140）一如鄭毓瑜《文本風景》中所言：「一個地理空間（包括各式建築或不同地域）可以是某種意象化的形式，而人們正是藉助於在一定程度上共通的意象，來「看到」這個空間，或發展出對這空間的感知。」[31]而詩歌正以意象涵容了對空間的感知，無論這光影是時

31　鄭毓瑜：《文本風景——自我與空間的相互定義》（臺北：麥田出版社，2005年），

間移動所產生的，如〈燕子磯〉「天涵一鏡空」、「影落冰壺中」（頁
140）；或是特殊空間所創造出來的，如〈羅漢洞〉「惟餘潤下水，遲
日照溶溶」（頁142）或〈西湖放鶴亭〉「鶴歸夢斷梅花白，影落寒塘
君未知」（頁143），都是江南地景的投影，召喚了讀者對於吳越古地
的文化想像。

第四節　文化記憶的內涵與書寫形貌

一　懷古與述古

　　空間作為人類棲息的場域，也是記憶駐足之所在，既為社會過程
中的產品，又可反過來形成一種作用力，影響人類世界的活動範圍與
發展路徑。[32]

　　〈吳游下〉有一註解：「天台、剡川、越王臺咸越山川，緣遊吳
而作，故繫之吳。」（頁138）可見〈吳游下〉三十六首之編排，以
「遊」之「緣由」，而非以「地點」為主。或者說，對王士性而言，
吳、越的分界並不明顯；總括而言，「咸越山川」之語顯示了地理空
間與原鄉情感及文化鄉愁的情感距離是有差距的。

　　〈吳游下〉的詩題都為地名，詩題也顯現了他與友朋之往來，如
〈賦得大江行 送圭叔之南水部郎時中叔守浮光余亦請告將歸海上〉、
〈白下與湯奉常義仍集家弟圭叔宅有作兼寄朱考功汝虞〉、〈春日過吳

頁18。

32　參見菲利普・E・魏格納（Philip E. Wagner）：〈空間批評：地理、空間、地點和文
　　本批評〉，收於朱利安・沃爾弗雷思（Julian Wolfreys）編著，張瓊、張沖譯：《21
　　世紀批評述介》（南京：南京大學出版社，2009年），頁244。

門留別周公瑕王百穀張伯起幼于諸君〉、〈錫山人日別陳樨登余故因
其父光州君而交樨登〉、〈陳從訓茅平仲二山人飲余京口語次有懷張
助父綠波樓〉，其中有幾首強調了季節與時間如〈除夕舟泊吳閶門寄
懷王父伯仲〉、〈立春江行金山雪霽〉，身在江南的氣候之變異，也是
王士性歌詩中所強調之處。如〈泊瓜州一夕大風望廣陵城不至〉，以
「晨昏倏變易」點出「百年故如斯」之感，又以「層冰滿江湄」對應
「春風柳如絲」之景，而〈夜下剡州〉又以「朝發天姥岑，暮投石門
徑」寫一日之時間推移；在〈立春江行金山雪霽〉則標舉其旅行偶像
向子平「向平未遂名山願，肯把屠蘇讓後生」（頁143）。

　　身處吳地文化氛圍之中，〈越王臺〉「遂令霸圖寢，孤城白日斜」
（〈越王臺〉，頁138）之感懷，「遙指姑蘇臺，麛鹿遊當年」（〈虎
丘〉，頁139）之興亡感，均透過具體可見的「廢墟」，以及無所不
在的歷史人物與場景一一顯影。看得見的遺址與山水奇景相掩映，
如〈金陵懷古〉之詩云：「龍盤虎踞石頭橫，百二雄圖控帝城。自識
東南多王氣，謾論西北總神京。長江天作三吳塹，衰草煙迷六代營。
歷盡廢興還白下，海門斜日暮潮生。江左偏安昔未收，披襟此日羨皇
州。九衢閣道瞻華蓋，千里江濤擁上遊。神策旌旗新氣象，離宮月露
舊風流。青山不管興亡恨，誰攬浮雲吊古丘。」（頁144）

　　或如〈廣陵曲〉：「惡梅好李豈忘情，滄海桑田故應爾。水殿樓
船事已非，黃昏古道客行稀。誰堪再說迷樓事，一望荒臺淚滿衣。」
（頁148）看不見的，無論是「不見當時女，春風自浣紗。」（〈越王
台〉），或是「雄圖悵何在，白虎臥冢前。」（〈虎丘〉）青山綠水在王
士性一一唱名之下，春光楊柳、江南芳草、麛鹿荒台都成為歷史的大
型佈景，敘述時間的流逝與士人內在的情感結構。

　　王士性紀遊書寫中有關吳越部分呈現了他對文學歷史的追憶。
〈吳游紀行〉有云：「三吳南龍之委也。龍氣入海而止，故勃峷而洩

為山川，其奇秀甲於天下與二越稱。」（頁55）〈越游注〉則顯示其懷古之情：「東海之墟，有二越焉。於越當其北，甌越當其南。其始一越也，接禹之後，王勾踐之所治也。漢時無終始自別為東甌。天台以北，則於越之故都，雁蕩之南，則東甌之別壤。余生台、蕩間，飫其山川，而吊乎先生者之人，雄圖霸業，蓬嶵繩樞，而今安在矣？」（頁71）王士性身為浙人，對地點有其熟悉度與情感之認同，而每一處又涵藏歷史文化之軌跡，形成懷古之抒情質素。所謂「問其山川，山川不知，余於是悵然興懷。」所追懷的即是古往今來人們的集體智慧與個人的生命經歷、文學與文化知識的重複累積以及典範傳統的延續，亦即「文化記憶」。[33]

　　文化記憶的內涵可分為兩層，其一是吳越歷史的追憶與考辨。在〈遊虎丘以望後五日〉有云：「姑蘇有天平、洞庭、玄墓諸勝，而負闔閭便舟航者，近莫如虎丘。虎丘者，吳王闔閭葬以金鳧玉雁，銅蛇水精，與水犀之甲，扁諸之劍，白虎之氣騰上，而見怪於秦皇也。墓今不知其處，或曰浮圖下，又云劍池下。」（頁56）這段敘述是地域經驗與文化記憶的結合。虎丘以其地理位置及豐富的史蹟典故意象，成為著名的景點。「金鳧玉雁，銅蛇水精，與水犀之甲，扁諸之劍」[34]綴連傳說中的兵器與精琢的器物為此地增添幾許古意。有意思的是，由於時間夐遠「墓今不知其處，或曰浮圖下，又云劍池下。」這「不知」反而創造了虎丘的獨特性，「真實」的吳王闔閭之墓，似乎可以

---

[33] 文化記憶是文學與文化知識的重複累積，典範傳統的延續；文化記憶融會了古往今來人們的集體智慧與個人的生命經歷。參見衣若芬：〈瀟湘八景——地方經驗・文化記憶・無何有之鄉〉，《東華人文學報》第9期（2006年7月），頁119。

[34] 《越絕書・外傳記・吳地傳》：「闔廬冢，在閶門外，名虎丘。下池廣六十步，水深丈五尺，銅槨三重。墳池六尺，玉鳧之流，扁諸之劍三千，方圓之口三千，時耗、魚腸之劍在焉。千萬人築治之，取土臨湖口，築三日而白虎居上，故號為虎丘。」見袁康、吳平：《越絕書》（臺北：世界書局，1962年），卷2，頁36。

持續地考察與追尋。一如王士性所述「劍池兩崖如裂，側立十仞，蓋石溜天成，寒泉出其竇而停潴焉，墓不當在其下，意浮圖者近之。」他也試圖從地景來判讀古墓的方位。虎丘一地除了闔閭之墓，尚有「吳王試劍石」、「千人石」、「生公點頭石」等等遺址，王士性以「初入酌憨憨泉，坐吳王試劍石，摩挲石縫為凝睇而沉思久之。」（頁56）表述，標明地名的知性意味之外，也展現了他對於古蹟的感性介入。

《姑蘇志》卷三十三〈古蹟〉云：「吳自泰伯迄今，其間古蹟多矣」，又云：「古今之在天地間，猶旦暮也。而古人所遺，每為今人所重，雖故阯墟廢隴，往往過之，為躊躇而不忍去，豈非以其廢興存亡有足感耶？」由《姑蘇志》所列的古蹟來看，所存留之實體並不多。書中所列之古蹟共一百零四處，但僅有三十處是有實物依據的，而在這三十處中，大部分還是如林屋洞、消夏灣或七星檜等自然景觀，實際上留有古代建築痕跡的僅有金城、塢城、郊臺、吳小成白門等五處以及四、五口古井而已。其餘全都是如姑蘇台那種有「古」而無「蹟」的「歷史記憶」。[35] 再參索其他方志資料，如《〈同治〉蘇州府志》卷三十五〈古蹟〉僅列出六十七處，多能標示今日之地理方位，如「在百花洲，在胥盤二門」（同治蘇州府志，卷三十五），其它重點於加入的吳越歷史敘述，如：

> 走狗塘在城西吳王游獵也。

> 越來溪在越城東南與石湖通，相傳越侵吳自此入故名。溪上有越城橋。

35　石守謙：〈古蹟‧史料‧記憶‧危機〉，收錄於〈古蹟保存論述專輯〉《當代》第92期（1993年11月），頁10～19。

香水溪在吳故宮中，俗云西施浴處，一云吳王宮人濯妝於此，又忽為脂粉糖。〈《同治蘇州府志》，卷三十五〉

　　並有言：「吾吳春秋時為霸王之都，故闔廬夫差遺跡最夥。」王士性〈虎丘〉詩有云：「遙指姑蘇臺，麋鹿遊當年。誰令石室空，秣馬去不還。興亡等灰滅，荒冢使人憐。」（頁139）吳越歷史的確是江南人王士性永恆的鄉愁，也是江南文人恆久銘記的時光命題。然而，江南深邃的詩意與豐富的人文內蘊不只因為吳越歷史，而是「文學史化」的地理景觀，每至一處，幾乎都可向昔日文人致意。如〈游采石以五月望日〉：「余幸生太平時，既不學樊若水祝髮鑿石，引繩度江，即泠奇吊怪，燃犀照水，亦無事驚此鬼物為也。噫哉！謝將軍踏月微行，得袁宏於唱咏中，風流可想。而斯人既不作矣，則引杯向青蓮居士曰：『君著官錦袍，扣舷捉月，旁若無人，亦知千載後有人醉酒采石乎，神乎何之，余欲騎鯨魚向碧落尋君耳。』」（頁58～59）這段敘述呈現了王士性沉浸於文人與地理之間的實然關聯。先是追想此地的文人屐痕，繼而有如走入時光軌道般向前代文人致意；在今──昔──今的回返之間，顯示了與文人同在的鄉邦情懷。再如〈游謝家青山以望後一日〉：「謝玄暉守宣城時，於窗中見遠岫樂之，故人以名其山。山南亦有玄暉故宅，俯覽平川，煙林如織，題構遠矣，流泉怪石尚留與閑雲往來。頂有謝公亭，西北十五里，山之支麓有李太白墓，前為白祠。……百尺倚山，四際無所不盼，亦謝舊北樓址。」（頁59）、〈越游注〉：「行會稽山，群峰擁簇，水繞鑑湖，有賀季真舊宅。自鑑湖達楓橋，則美竹嘉樹相望。十里而至王逸少之蘭亭。亭有曲水，有鵝池、墨池。」（頁73）從六朝到盛唐，文人名士的居處、書房、遊賞之地如星圖散佈於吳越之地。因著吳越歷史

與「文學史化」的地理景觀，王士性以遊記、詩歌寄託感懷，懷古之中，也鐫刻了屬於江南人文的集體記憶[36]。

二　吳越書寫的雙重特徵

王士性紀遊書寫中有關吳越部分有其獨特之書寫手法。一方面王士性身為浙人，對地點有其熟悉度與情感之認同；另一方面，這些書寫形式具有紀實之特徵；而每一處又有其文化記憶之軌跡，形成懷古之抒情質素。以書寫手法論之如：「至麗水，則有南明之勝。南明者，麗水南明也，以別於新昌。」「過麗水則有石門之勝。石門在青田境中，發括蒼，放舟踰石帆，不五十里而至。」「余遊乃在南明之後，自此復東南行至永嘉，則有江心之勝。江心寺者，永嘉大江中孤嶼也。」每段的最末一句與下一段的首句相連，創造了連綿跌宕的閱讀效果；頂真手法的設計，將分段的旅行敘事，成為巨型的山水圖卷。

（一）旅行指南

《五嶽遊草》的「吳遊」之部從標題開始就迥異於其他地域的書寫設計，均以「地點」加「時間」，如〈遊煙雨樓以四月望日〉、〈遊虎丘以望後五日〉、〈遊慧山泉以望後十日〉、〈遊金山以午日〉、〈遊焦山以登金山次日〉、〈遊采石以五月望日〉、〈遊謝家青山以望後一日〉、〈遊九華山以望後十日〉等等。除了紀實書寫的態度外，也看

36　Maurice Halbwach 以為，記憶是一種集體社會行為，現實的社會組織或群體都有其對應的集體記憶。人們往往追憶、重組過去以解釋現實的人群組合關係。見〔法〕莫里斯・哈布瓦赫著，畢然、郭金華譯：《論集體記憶》（上海：上海人民出版社，2002年）。

到旅程之間的關係，如〈遊焦山以登金山次日〉。而各段的寫法似
乎也有其規律，文章的開頭均為地名的闡述。如「環嘉禾郡城皆水
也，其高阜面城而起者，拓架其上為煙雨樓。」（〈遊煙雨樓以四月望
日〉，頁55）寫其地勢與方位，又如「錫山出郭外十里為九龍山，山
之麓有泉焉，名慧山泉，即以名其寺。」（〈遊慧山泉以望後十日〉，
頁57）則寫其地名與寺名的結合。再者，多以旅行指南的方式寫出
時程及地點：

> 吳之遊則以次舉：歲丁亥四月朔，發天台渡錢塘。越九日陟雨
> 天目，望日登煙雨樓。越五日上虎丘，入太湖，又十日飲慧山
> 泉。午日登金、焦、北固三山，又五日過金陵。望日泊舟采
> 石，次日理棹過青山。廿五日宿九華，六月六日三宿白嶽。其
> 欲遊而不果者三：曰茅山、曰天平、曰陽羨。諸潭洞遊而別
> 有記者四：曰天目、曰太湖、曰金陵、曰白嶽。（〈吳遊紀行〉
> 頁55）

　　就當時而言，或許僅是單純的旅行記錄。今日讀來，卻可藉此判
讀旅程的遠近、旅劇的擇選以及空間方位的設準。再者，關於地名的
描寫都充滿了知性意味。如虎丘：「姑蘇有天平、洞庭、玄墓諸勝，
而負闤闠便舟航者，近莫如虎丘。虎丘者，吳王闔閭葬以金鳧玉雁，
銅蛇水精，與水犀之甲，扁諸之劍，白虎之氣騰上，而見怪於秦皇
也。墓今不知其處，或曰浮圖下，又云劍池下。」（〈遊虎丘以望後
五日〉，頁56）這段敘述結合了地域經驗與文化記憶。虎丘以其地理
位置及豐富的史蹟典故意象，成為著名的景點。「金鳧玉雁，銅蛇水
精，與水犀之甲，扁諸之劍」綴連傳說中的兵器與精琢的器物為此地
增添幾許古意。有意思的是，由於時間夐遠「墓今不知其處，或曰浮
圖下，又云劍池下。」這「不知」反而創造了虎丘的獨特性，「真實」

的吳王闔閭之墓，似乎可以持續地考察與追尋。

（二）地誌表述

吳潛誠指出，地誌詩有三種特徵，其一、地誌詩的描述對象以某各地方或區域為主，諸如特定的鄉村，城鎮，溪流、山嶺、名勝、古蹟，範疇大抵以敘述者放眼所及的領域為準，但想像的奔馳則不在此限；其二、地誌詩需包含若干具體的細節描繪，點染地方的特徵；而非總是書寫綜合性的一般印象；其三、地誌詩不必純粹為寫景而寫景，而可以加進詩人的沉思默想，包括對風土民情和人文歷史的回顧、展望與批判。[37]以此檢視王士性的行旅書寫，即可發現，他突出地方的特徵，紀錄地名、地理方位，聯繫歷史掌故與古蹟元素，以地誌表述山水，顯示了知性的人文感受。以〈遊虎丘以望後五日〉為例：

> 自闔門買舟，五里即達寺門。初入酌憨憨泉，坐吳王試劍石，摩挲石縫為凝睇而沉思久之。再入則清泉白石斷齶益奇，巨坂額砥如砥，可羅胡床百座，號千人石。石齧水處為白蓮池，近池而灌莽塞焉者，為清遠道士放鶴澗。循澗上登大雄閣，右行過劍池石梁，望浮圖而息焉……復下可中亭，觀生公點頭石。……復右上而嘗陸羽泉。（〈遊虎丘以望後五日〉，頁56）

本段的描寫依順序羅列虎丘鄰近的景點，再以個人體驗貫串。依序為闔門——憨憨泉——試劍石——千人石——放鶴澗——大雄閣——劍池——點頭石——陸羽泉[38]。景點中的個人體驗或為「凝睇

---

37 參見吳潛誠：〈詩與土地：南臺灣地誌詩初探〉，《感性定位——文學的想像與介入》，（臺北：允晨文化實業股份有限公司，1994年），頁57～58。

38 《（同治）蘇州府志・流寓》云：「陸羽，字鴻漸，一名疾，字季疵，竟陵人。隱苕

沉思」，或為「聽空中鐸聲」，或嘗泉品茗（復右上而嘗陸羽泉，石
寶似慧山而味劣之。）而以秋月絕景為虎丘之勝。「遊蹤成市」是庶
民的生活感受，「把酒問月，醉而枕之」則是文人的生活情調，然而
蘇州人的共同記憶則是「遠瞰湖天，內捧一輪月色」。在行走方位的
紀實描述中增添了抒情的美感。再如〈遊慧山泉以望後十日〉：「錫
山出郭外十里為九龍山，山之麓有泉焉，名慧山泉，即以名其寺。石
寶方丈，唐令敬深源鑿而廣之，陸鴻漸品以為江南第二水者。石無坎
罅，當是狀流滲漉而出，停泓清冽，余飲而甘之，勝於虎丘。」（頁
57）先具體摹寫地點方位、寺院命名，繼而從鑿泉之由來連結陸羽
品泉之歷史典故；又細寫泉之源頭，以水流之「滲漉」，水質之「清
冽」，點出泉之「甘」；並以個人體驗評之「勝於虎丘」。又敘寫建築
空間：「士大夫壘石為山，鑿地為沼，深篁高柳，掩映樓臺，咸在寺
左右，而假泉為勝。又沿流一葦可航，故遊者亦引興於泉，而盤桓於
諸園亭水石之內。」（頁57）以一泉而能大興土木，足見慧山泉之美
不只是味甘而已，而是涵藏了歷史記憶與文化典故。

　　王士性有關吳越之書寫，對於地名、地理方位與文化記憶之結合
多所著墨。以焦山為例，就有幾種闡釋的方式，其一是地理方位與地
名內涵：「焦名先，又名光，漢世三詔不起，故人以姓名山，以三召
名其洞。」（〈遊焦山以登金山次日〉，頁58）」其二為地形摹寫：「焦
山亦江中浮嶼，視金山委過之，然不及其峭削。登其巔，水天萬頃，
四望在目，胸中所收貯更多，而金山真拳石耳。」最常見的就是聯結
典故，如「從牛渚入，過敬亭山，草樹翳薈，舟中望之，若空翠飛
落舲艇。再數十里，則為青山。謝玄暉守宣城時，於窗中見遠岫樂

溪，自稱桑翁，閉門著書，詔拜太祝不就。貞元中寓虎丘，嗜茶，著經三篇。嘗品
眾泉，鑿井於虎丘劍池西南，品為天下第三泉。」

之，故人以名其山。」（〈遊謝家青山以望後一日〉，頁59）再如金山的敘寫：

> 金山一名浮玉，稱金者以裴頭佗掘地得金而名也。山為大江孤島，隨漲截涸，波濤日夕撼之如砥柱。維舟山趾，初從碕岸修廊而入，寺前至小島儷立，左為栖鶻右為白雲。白雲即郭璞墓也。（〈遊金山以午日〉，頁57）

或寫出命名之緣由：「九華山去江百里而遙，九峰秀色縹緲霄漢間，如青蓮花開於佛宇，故李白易九子而名之。劉禹錫行江上，指謂天地一尤物焉。」（〈遊九華山以望後十日〉，頁59）透過地名的闡釋，一一為往日的文人招魂；將吳越山水從客觀的紀實注入了抒情的質素，形成文學史化的景觀。這些書寫方式均可以見出王士性對於吳越山水有其獨特的觀視之道，一方面以紀實的地誌表述突顯地方特色，另一方面也顯示了個人的鄉邦情感與文化記憶的同情共感，顯現了人與自然之間的「感覺結構」。[39]

　　透過頂真手法的旅行敘事，文學史化的景觀會因連綿的圖卷而更顯鮮明，「地點」加「時間」的旅行指南，又具體標示著吳越歷史的地理刻痕；王士性面對自己的「鄉土」，創造了獨特的書寫型態與內涵。

　　巫仁恕論述清人的遊記書寫，指出一個現象，相對於晚明文人士

---

[39] 「感覺結構」是 Raymond Williams 所提出的觀念：「在特殊地點和時間之中，一種生活特質的感覺；一種特殊活動的感覺方法」，「新的一代以自己的方式反應了其特有的世界（雖然它是繼承而得），接納了很多可以被溯源的連續性，而且複製了組織的很多面貌，且可以被分開描述。但是，可以用某些不同的方式去感覺整體的生活，以其富有創造性的反應能力，塑造出一個新的感覺結構。」參見 Allan Pred：〈結構歷程與地方──地方感和感覺結構的形成與過程〉，《空間的文化形式與社會理論讀本》（臺北：明文書局，1988年），頁92～93。

大夫遊記所呈現的雅俗區分與品味塑造的論述，清人轉向知識性的
「考古」論述，在休閒旅遊之外，重視知識探索的旅遊風氣崛起。[40]
王士性的江南敘述的確呈現這種好古、懷古、訪古的寫作基調。
如〈出涌金門過孤山至岳墳記〉先是「斷橋繞孤山而西者，蘇公堤
也。」，既而「孤山即林處士逋隱處」、「冢前放鶴亭，亭東四賢祠，
以祀李侯泌、白公居易‧蘇子軾，與處士共俎豆之。」、「環孤山北
麓窮，乃入岳鄂王廟。」、「山南亦有于肅愍墓，與岳墳南北相望，博
千古遊人一涕。出廟復挐舟，東謁陸宣公祠。」（頁64）在吳越歷史
的形影之外，江南山水本是文學史化的景觀，而王士性羅列處士、
文人、孤臣與名將，也是一種品味的塑造。在抒懷之際，王士性卻
創造了辨實考古的考證旅行學。如〈游焦山以登金山次日〉「問右軍
所書瘞鶴銘，為雷擊覆於水濱」（頁58）他所關心的不只是傳說而是
真蹟，但因「需臥而仰視之」，因而「泥滑不果」。再如〈登吳山記〉
所述「初疑神工鬼斧」，「及諦觀之，滿山石骨皆然，此偶為風水所
漂露耳。」（頁68）先是「有疑」繼而「諦觀」，因而產生結論，這
種考索的精神又可從以下兩例得知：

> 江右，江以章、貢為大，澤以彭蠡為鉅，十三郡水皆歸焉，總
> 會於九江而出，大姑、小姑二山攔扼之，此山川之最勝，亦都
> 會之天成也。大孤在府城東南湖中，小孤在彭澤北百里，皆謂
> 其四面洪濤，屹然獨聳。而俗乃以「孤」為「姑」，謂是二女
> 之精，江側有彭郎磯，遂謂彭郎者小姑婿也。歐陽永叔云：
> 「余過小孤山，廟像乃一婦人，而敕額為聖母。」豈止俚俗之
> 謬耶？（頁273）

---

40 參見巫仁恕：〈清代士大夫的旅遊活動與論述——以江南為討論中心〉，《中央研究
院近代史研究所集刊》第50期（2005年12月），頁235～280。

三湘總之一湘江也。其源始海陽而北入洞庭，其流過永而瀟水
入之，是謂瀟湘，過衡而蒸水入之，是謂蒸湘，過常而沅水入
之，是謂沅湘。湘江其初最清，百尺而毛髮可鑑，比會眾流下
洞庭始濁。湘君、湘夫人古今以堯女舜妃當之，唐人用以為怨
思之詩。然計舜三十登庸，釐降二女於溈汭，即年二十，而舜
以百十歲崩蒼梧，二女亦皆百歲人矣。黃陵啼鵑，湘妃竹淚，
至今以為口實，可笑也。（頁281）

這兩者都是地理的實證，依個人聞見為傳說辨訛，與史書對話。
雖然，細溯時間，不免減損了美感想像；指謬正訛，抒情剎時退位。
卻可看出晚明的紀遊書寫已經滲入了知識性論述，而不只是區分雅
俗。如是，則江南的意涵究竟是要歸結於歷史地理的考索，還是情境
氛圍？屬於知識性論述，還是內斂的抒情？

綜合閱讀《廣志繹》、《五嶽遊草》二書，我們可以得知，文類
的擇選就是心靈圖景的再現。筆記體著作以觀察之眼，敘述民俗與地
景，如《廣志繹》序文所稱：「薈萃諸家，標新領異，有所寓焉而成
是書也。」（頁181）王士性所書寫之「怪」與「奇」、「新」，足以放
寬視界，開闊情性。《廣志繹》中的民俗圖景，顯示了以澤國為地景
的民俗敘事，《五嶽遊草》的「吳游」與「越游」展現了文化記憶的
內蘊與書寫風貌；而詩歌所承載的除了歷史意象之外，還有「光影」
的氣韻。

本章以王士性《廣志繹》、《五嶽遊草》為考察對象，探討「江
南」一詞的內涵與文化意義，空間意象一節講述水鄉／澤國的地理景
觀所創造的舟行風景與民俗敘事，光影一節則由氣氛美學的角度詮釋
人在空間中所觀照的光影情韻；文化記憶一節則論述「江南」所涵容
的吳越歷史與文學化的地理景觀。結語則指出王士性的書寫向度除了

民俗敘事、美感經驗、文學地景之外，還創造了具知識性與辨實考古的考證旅行學。藉由不同的文體與表現手法，王士性展現了他身為浙人對於江南的歷史、土地、人文等多向度的體驗與詮釋。

　　以上的解讀，或許僅是「江南」的斷片，表述了王士性如何觀看江南的方式；卻可以小觀大，看見「地域」與「人文」之間相互詮釋的內在關係；既是「文本中的風景」亦是「風景中的文本」，這也是「江南」一詞得以無限創發，續衍流傳的文化本質。

第四章　地方知識[1]：文化景觀的形構

第一節　「風土」觀點下的地方敘述

　　和辻哲郎在《風土》一書提出，「風土」並非僅是自然現象，而是人相應於氣候、地形、風俗等景觀，在歷史脈絡底下所積累的與環境相融的智慧。[2]書中並引用赫爾德（Herder）的說法，赫爾德創立關於人的全部思維能力和感受能力的風土學。他認為水、日光、土地的地形及地質、該地的動植物、物產、糧食和飲料、生活方式、生產方式、服裝、娛樂方式等其他所有不同的文化產物；這些都展示了人類生活的全部內容，構成一幅「風土圖」。我們應該從包含這一切的日常生活的整體中去發現風土。赫爾德提出，就根植於某塊國土的民族而言，風土為它培育出唯有從風俗及生活方式的整體中才能發現的微妙素質。而人類的精神風土結構可從四個面向探索：其一，人的感覺具有風土性，人在日常生活中接觸到事物特性的同時也會成為人們的

---

[1] 本章援引 Clifford Geertz 著，楊德睿譯：《地方知識：詮釋人類學論文集》（臺北：麥田出版社，2002 年）之書名為標目，旨在突顯觀看王士性著作的一種視角，並非以其理論作為詮釋的優先性。

[2] 參看和辻哲郎著，陳力衛譯：《風土》（北京：商務印書館，2006 年）第一章〈有關風土的基礎理論〉，頁 4～18。

感覺特性；其二，想像力具有風土性，牧羊人與漁夫用不同的眼睛看自然，然後以不同的方式建立起想像的世界；其三，實踐性的理解具有風土性，這種理解產生自生活方式的需要，它反映著民族的精神、傳統和習慣；其四，感情與衝動是由人們的生活狀態及其組織所決定的；最後，赫爾德指出，幸福也具有風土性。從這些面向可以得知人、地方與風土之間互為影響。[3]

以「風土」的概念詮釋地方，就地理形貌產生解析地域性的成形，從生活的面貌看見文化圖景的形構；透過「土」質、「地」景的描繪，可以得知風俗民情同一與殊異的內在意義。各種地理空間下的感官體驗，除了實然感知的氣候、食物與民居的差異，同時也呈顯了庶民生活的底蘊。這些詮釋既有客觀知識的考索，亦有書寫者王士性的情感介入；從行旅書寫到日常生活的體驗，正顯示了筆記體著作駁雜豐富且具庶民性格的特質。以下將從三個面向詮述其地方知識的築構。

一　地理與風土

從王士性對於《廣志繹》、《五嶽遊草》的分卷編排，可知「地域」的分判、「地理」之特質為其關懷的重點，如地誌命名，短則若：「關索嶺，貴州極高峻之山，上設重關，掛索以引行人，故名關索。俗人訛以為神名，祀之。」（頁326），「贛州贛水，乃章、貢二水合名也。」（頁279）「雲南者，漢時五色雲現於邑北，是邑所得名也。」（〈遊雲南九鼎山記〉，頁118）再如：「川中郡邑，如東川、芒部、烏撒、烏蒙四土府亡論，即重慶、夔府、順慶、保寧、敘州、馬湖諸府，嘉、眉、涪、瀘諸州，皆立在山椒水濱，地無夷曠，城皆傾

3　同前註，頁193～196。

跌，民居市店半在水上。惟成都三十餘州縣，一片真土，號稱沃野，既坐平壤，又占水利、蓋岷、峨發脈，山纔離祖，滿眼石壙，抱此土塊於中，實天作之，故稱天府之國云。」（頁303）則分析其地勢、民居、地形方位，以鋪陳「天府之國」的美稱。或就地形而命名，如：

> 余行滇中，惟金、瀾二江橫絡，其他多積窪成海，如洱海、通海、楊林海，是不一海焉，非獨滇也。惟滇流如倒囊，腹廣而頸隘，且逆西北流，故稱滇云。（〈泛舟昆明池歷太華諸峰記〉，頁118）
> 疊綵山……東行石文橫布，五色相錯，故圖經以疊綵名之。（〈桂海志續〉，頁111）

此外，地形特徵與地域人文之間的連結，亦是此書「追繹舊聞」之要點。諸如：

> 南中多榕樹，樹最大者長可十丈，蔭數畝，根出地上亦丈餘。臬司分道中一樹，根下空洞處可列三桌，同僚嘗釀飲其中。余參藩廣右，嘗過榕樹門下，樹附城而生，刳其根空處為城門也。（頁293）

這段敘述藉植物寫南方地域特色，又以任參藩時剖樹根為城門及同僚釀飲根下空洞處為事例，突顯「南中」榕樹之多且大。整體言之，王士性以各種角度書寫他對地域的觀看與思索。在在可見他對於「人文地理」經驗的積累及其地域意識的展現。

王士性所關注獨特地景現象或為交通，或為食物，或其民風。而其詮釋地方的內在思考可分為三個層次，表層為地域與人文（民風）；裏層為土地觀念，如「廣右山俱無人管轄，臨江山官府召商伐之，村內山商旅募人伐之，皆任其自取，至於平原曠野，一望數十里

不種顆粒，僅人所種止山，衡水田十之一二耳。又多不知種麥、粟，地之遺利可惜也。」（頁309）底層為家園觀念，如「浮家泛宅」與「有家在岸」的思索。（頁309）

王士性對於土地與人物特質之聯結常以「土」、「水」為喻：

> 關中多高原橫亙，大者跨數邑，小者亦數十里，是亦東南岡阜之類。但岡阜有起伏，而原無起伏，惟是自高而下，牽連而來，傾跌而去，建瓴而落，拾級而登。葬以四五丈不及黃泉，井以數十丈方得水脈。故其人稟者博大勁直，而無委曲之態。蓋關中土厚水深，川中則土厚而水不深，乃水出高原之義，人性之稟多與水推移也。（頁231）

王士性之所以能以「歸納」法談各地人物類型與地方風土之聯結，必有其觀看之道。以本段敘述為例，一樣是高低起伏的地勢，亦有「高原」與「岡阜」之別；而起伏之中，亦有「自高而下，牽連而來，傾跌而去」之層次。以「土厚水深」判讀人稟性「博大勁直而無委曲之態。」他以地勢與地質所形成的建築與聚落來解讀一地之特徵，這樣的「主觀」解讀方式或產生疑義，卻能帶出王士性個人對於地方美學與人物特質之見解。

而《廣志繹》一書中對於「江南」與「江北」，分從聲名文物與地形特徵加以考辨，前者如：

> 江北山川夷曠，聲名文物所發洩者不甚偏勝；江南山川盤鬱，其融結偏厚處則科第為多，如浙之餘姚、慈溪，閩之泉州，楚之黃州，蜀之內江、富順，粵之全州、馬平，每甲於他郡邑。然文人學士又不拘於科第處，嘗不擇地而生。即如國初，劉伯溫以青田，宋景濂以浦江，方遜志以寧海，王子充以義烏，雖

在江南，皆非望邑。其後李獻吉以北地，何大復以信陽，孫太初以靈武，李于麟以歷下，盧次楩以濮陽，皆在江北，然世廟以來，則江南彬彬乎盛矣。」（頁193）

　　這段敘述既是總括式的評價，亦為地形現象的整體評述。以地形為分野，詮說江南科第人才眾多的成因；有望邑之分，卻又提出人才「不擇地而出」的現象，再回到其主論述「江南彬彬乎盛」的斷語，既保持彈性又提出論據。[4]整體評述之外，又從個別的地形現象論之：「嘉興濱海地窪，海潮入則沒之，故平湖、海鹽諸處，舊有捍海塘之築，此非獨室盧畎畝民命所繫，即其約束諸水出於黃浦，則嘉禾全郡一滴不洩，宜其聲名文物甲於東南。」（頁266）緊密地結合地形特徵與人文表現，此種觀看的方式，顯示了自然世界與人文社會之間相互詮釋的關聯。[5]

　　再者，以土地的特質，講述「天造地設」的自然之道。如「江南泥土，江北沙土。南土濕，北土燥。南宜稻，北宜黍、粟、麥、菽，天造地設，開闢已然，不可強也。」（頁207）實然的土地係建構地域的主體元素，它與地方的民情自相縉合，一濕一燥，概括了江南與江

4　後文有對應處：「長安，勳戚伯、恩澤侯、金吾、駙馬、玉帶，無歲無之。南人偶一封拜，則以為祖宗福蔭之奇，而北方爾爾者。蓋京師大氣脈，官家以餘勇賈人，然縉紳文學侍從，竟亦不如各省直之多者，亦文武彼此盈虛消息之理。」（頁206）這段話恰可連結論述江南江北之言。先論北人封侯多於南人，再言晉身多南人之現象，並以「文武彼此盈虛消息之理」作為此現象之判讀。

5　此外，地理的分野同時也是人文的分野，如《廣志繹》所言：「兩浙東西以江為界而風俗因之。浙西俗繁華，人性纖巧，雅文物，喜飾盤悅。多巨室大豪，若家僮千百者，鮮衣怒馬，非市井小民之力。浙東俗敦樸，人性儉嗇椎魯，尚古淳風，重節概，鮮富商大賈。」（頁263）同為浙地，而有「繁華」與「敦樸」之差異。此處，身為浙人的王士性只描述現象，未說明成因，卻成了後人說明浙東、浙西差異的論據。

北的地理現象。

關於地形特徵，又可從生態倫理的面向詮述：「天下惟閩、浙人殺物命最多。寧、台、溫、福、興、泉、漳等處傍海，食魚蝦蛤蟖，即尺鱗拳笱，尚不可以類計，況罟網之大者乎？中原北塞，雖日夕畋獵，然麞豕兔鹿之類，咸以數數。唐朝每聖誕，敕僧放生池放生，著為令。其放魚蝦而不放雞犬者，蓋內典六道雞犬等為定殺業，魚蝦等為不定殺業故也。然海人則自謂：『此造化食我。』」（頁195）這段敘述巧妙地連繫天命、地理、食物與生態。先談閩浙人之殺物命，既而以地形傍海解釋其生活面向，而後又從放生的角度看待這現象，最後以海人自謂作結。迴旋往復，頗具層次感。

對於各地總括性之評議則有：「東南饒魚鹽、秔稻之利，中州楚地饒漁，西南饒金銀礦、寶石、文貝、琥珀、硃砂、水銀，南饒犀、象、椒、蘇、外國諸幣帛，北饒牛、羊、馬、贏、羢氊，西南川、貴、黔、粵饒梗柟大木。江南饒薪，取火於木，江北饒煤，取火於土。西北山高，陸行而無舟楫，東南澤廣，舟行而鮮車馬。海南人食魚蝦，北人厭其腥；塞北人食乳酪，南人惡其膻；河北人食胡蔥、蒜、薤，江南畏其辛辣，而身自不覺。此皆水土積習，不能強同。」（頁191）這段敘述除了總括東南、中州、西南、南、北之物產，也從地理談交通與飲食特性。其中關於飲食的敘述，簡明而饒富趣味。以「厭、惡、畏」等單字明快地表述了味覺的不可替代性；又以「腥、膻、辛辣」說明氣味的獨占性格；因為氣味具有「擴散」與「延續」的特性，使得人的身體感受在瞬間有了差異與分別[6]，因此王士性以「身自不覺」說明地域的分別性，以「此皆水土積習，不能

6　關於味覺的獨占性格，可參考余舜德主編：《體物入微：物與身體感的研究》（新竹：國立清華大學出版社，2008年）。

強同。」來詮解人、地之間的連結關係。藉由物產的差異、味覺的獨占、交通工具的區分，客觀而具體的詮述地域的區別及差異。

獨特的地景自有特殊的交通工具，如前述「西北山高，陸行而無舟楫，東南澤廣，舟行而鮮車馬。」總括西北與東南「陸行」及「舟行」之現象。工具與風土的制約有著密不可分的關係[7]，王士性曾辨析「索橋」與「橦」之不同，足見地理現象與人文風貌之關聯：

> 松潘有鐵索橋，河水險惡，不可用舟，又不能成梁，乃以鐵索引之，鋪板於上，人行板上，遇風則擺蕩不住，膽怯者坐而待其定，方敢過。余在滇中見漾濞江、怒江亦有此橋，皆云諸葛孔明所造也。楊用修《丹鉛總錄》引西域傳有「度索尋橦之國」。後漢書「跂涉懸度」，注「溪谷不通，以繩索相引而度」。唐獨孤及招北客辭，笮：「復引一索，其名為笮，人懸半空，度彼絕壑。」今蜀松、茂地皆有此，施植兩柱於河兩岸，以繩絚其中，繩上一木筒，所謂橦也，欲度者則以繩縛人於橦上，人自以手緣索而進，行達彼岸，復有人解之，所謂「尋橦」也。用修川人，意見此制，余所見特索橋耳。（頁306）

這段的寫法聯繫了風土的歷史現象，使讀者理解地景之險，如「遇風則擺蕩不住，膽怯者坐而待其定，方敢過」之身體感受；又拆解「尋橦」的動態過程，如「欲度者則以繩縛人於橦上，人自以手緣索而進，行達彼岸，復有人解之」的「縛——緣索前進——解」之步驟，再現以繩橦、鐵索之橋渡川的情境。

此段敘述夾雜個人觀察、史籍、文集記載，傳遞有關鐵索橋與橦

7　和辻哲郎著，陳力衛譯：《風土》（北京：商務印書館，2006年），頁14。

橋之生活知識。對於鐵索橋之描述，著重在行人的角度；就其「遇風則擺盪不住」描寫渡橋之驚險；敘寫「橦」橋則寫其動態歷程，繩與木箭如何成「橋」，人又如何「緣索而進」，又如何解索而下等等。

細寫「繩橦」與鐵索之區分足見其對「交通」形式的關注。而從「天下道路之飭」與「頗為西土之累」（頁306）的說法可見王士性對「移動」方式之敏銳感知。

民居與建築是王士性在旅途中關注的焦點。除了理解地域民風現象之外，尚有地域之對照，如以下所述：

> 山西地高燥，人家蓋藏多以土窖，穀粟入窖，經年如新，蓋土厚水深，不若江南過夕即湆爛。惟隔歲開窖，避其窖頭氣，一時刻卒然遇之，多殺人。其窖地非但藏粟，亦以避虜，虜人遇窖不敢入，惟積草熏之，然多其岐竇，即熏烟有他竅出，不為害。第家家穿地道，又穿之每每長里餘，嘗與他家穿處相遇。江南洞在地上，皆天生，塞北洞在地下，皆人造。（頁246）

> 地有洞，故虜至可避。商有伴，故其居積能饒。惟五六月歊暑炎爍之時，日則捉扇而搖，夜乃燒炕而睡，此不可以理詰也。（頁246）

這段敘述中值得注意的是地洞中「與他家穿處相遇」之說，甚有畫面感；再者，是對比的寫法，同為洞穴，江南在地上，為天然之造；塞北則於地下，為人工之構設；而其構設，除可存穀粟之外，尚可為避難之所。

風土中的自我發現正是反映在衣著、建築等方面，綜觀各地民

風，除了樓居以避瘴氣，家屋以「樓居」為主，為避暑瘴而剪髮[8]，
「（景東界）「貴賤皆樓居，其下則六畜。」（頁323）、「洛陽住窯，非
必皆貧也」（頁226）之外，再如蜑戶之居：「三江蜑戶，其初多廣東
人，產業牲畜皆在舟中，即子孫長而分家，不過為造一舟耳。婚姻亦
以蜑嫁蜑，州縣埠頭乃其籍貫也，是所謂浮家泛宅者。吳船亦然，然
多有家在岸。」（頁309）以埠頭為籍貫，視舟船為住所，蜑民的居所
為「浮家泛宅」，水居型態的生活一樣擁有自己的家園。

　　「風土」所延展的觀點，從地形特徵、物產、食物與交通、建
築，在在顯示了「地方」實存的差異性。

二　節候與身體感

　　如何感知地域特性？如何明確感知從「此地」移動到「他地」的
變化？可從旅人對節候的敏銳體察探知身體的感受。[9]如人類學家李
維——史特勞斯（Claude Lévi_Strauss）前往赤道，在巴西里約熱內
盧登陸時如是寫著：「航行的速度緩慢，必須小心避過海灣裡面的大
小島嶼。從長滿樹木的山坡上面忽然吹送下來的氣息和涼快的感覺，
使人預感到好像和花卉及岩石都已產生了具體的接觸。雖然在事實上
還沒看到花卉或岩石，使旅行者先嘗到這片大陸的特性……」[10]對於

---

[8]　「土人愈熱甚，亦剪髮藏入水避之。」（頁318）「五邦以南，民咸剪髮以避暑瘴。」
　　（頁322）

[9]　周與沉指出：「肉體是純生理概念，身體則牽涉到無形的精神、心靈、情意，是身
　　體與心靈所交相容與，融構而成的共同體。」其意涵是豐富的，其邊界是模糊的。
　　見周與沉：《身體：思想與修行——以中國經典為中心的跨文化觀照》（北京：中
　　國社會科學出版社，2005年）。另可參考栗山茂久著，陳信宏譯：《身體的語言：
　　從中西文化看身體之謎》（臺北：究竟出版社，2000年）。

[10]　李維‧史特勞斯（Claude Lévi_Strauss）著，王志明譯：《憂鬱的熱帶》（臺北：聯
　　經出版公司，1989年），頁92。

季節、氣候感受之敏銳，是旅人每至一地必有的生活感。《廣志繹》
一書中得見他對地勢、晝夜、溫度、光線的描摹：

> 雲南風氣與中國異，至其地者乃知其然。夏不甚暑，冬不甚
> 寒；夏日不甚長，冬日不甚短；夜亦如之。此理殆不可曉。竊
> 意其地去崑崙伊邇，地勢極高，高則寒，以近南故寒煖半之，
> 以極高故日出日沒常受光先，而入夜遲也。鎮日皆西南風，由
> 昆明至永昌地漸高，由通海至臨安地漸下，由臨安至五邦、寧
> 遠地益下，下故熱。……地多海子，蓋天造地設，以潤極高之
> 地。亙古不淤不堙，猶人之首上脈絡也。水多伏流，或落坎，
> 輒數十百丈，飛瀑流沫數十里。（頁321～322）

這段的敘述樸質平實，以「此理殆不可曉」點出雲南與他地之
差異。再如：「（晉中）朔風高厲，故其色多黯黑，而少紅顏白皙之
徒。其水泉深厚，故其力多堅勁，而少濕鬱微腫之疾。」（頁246）再
如：

> 兩山夾丘壠行，俗謂之川。滇中長川有至百十餘里者，純是行
> 龍，不甚盤結。過平夷以西，天地開朗，不行暗黷中，至漾濞
> 以西，又覺險峻崚嶒，然雖險，猶不闇也。行東西大路上，不
> 熱不寒，四時有花，俱是春秋景象。及岐路走南北土府州縣，
> 風光日色寒熱又與內地差殊。（頁314）

以「不熱不寒，四時有花」點出行走滇中與長川之間的感受；又以
「風光日色寒熱與內地差殊」之說法，提示了從「風光日色」外在的
細微變化，到「寒熱」之感知均是辨別行旅移動中「一地」到「他
地」之身體感。再者亦有從植物觀察地方特性差異之書寫：

　　廣中地土低薄，炎熱上蒸，此乃陽氣盡泄，故瓜茄咸經霜不凋，留之閱歲，從原幹又開花結子，不必再種也。結之三兩歲，氣盡方枯，又得氣早，余以五月過端州，其地食茄已可兩月矣。（頁292～293）

以「炎熱上蒸」與「經霜不凋」之氣候角度為對照，寫出廣中地區植物生長的狀態，透過個人經驗標示時間與地點，又以「其地食茄已可兩月」點染時間與地理的關係。

　　此外如「南中之濕，非地卑也，乃境內水脈高，常浮地面，平地略窪一二尺，輒積水成池，故五六月霪潦，得暑氣搏之，浥熱中人。四方至者，非疥則瘴，即土著者不免，惟樓居稍却一二。」（頁211）等等，除了地勢的變化之外，連結的就是疾病的狀態[11]；濕鬱微腫之疾，疥、瘴、瘴[12]等症候，營造著南方氣候的氛圍。

　　從「客觀」的地形記述到「主觀」的身體空間之感知，在在連繫著人與地之間多重的感應關係。而地貌的差異，則有不同的生活型態。

---

[11] 張笠雲區分疾病（disease）和生病（illness）之不同，在於「疾病」指身體上的生理狀態，「生病」指疾病所衍生的社會心理狀態。參照張笠雲：《醫療與社會：醫療社會學的探索》（臺北：巨流出版社，2002年）第二章〈健康與醫療的社會文化面〉之〈醫療化的意義〉，頁30。

[12] 《廣志繹・西南諸省》對物候之書寫，以白描的手法，寫所見之實景，如：「廣右石山分氣，地脈疏理，土薄水淺，陽氣盡洩，頃時晴雨疊更，裘扇兩用。兼之嵐煙岫霧，中之者謂之瘴癘，春有「青草瘴」，夏有「黃梅瘴」，秋有「黃茅瘴」，秋後稍可爾」。（頁310）在看似美景的「嵐煙岫霧」之中，暗藏了「青草瘴」、「黃梅瘴」、「黃茅瘴」等不可見卻可觸可感的，與人身相接的瘴氣。

三 物類敘寫

　　《廣志繹》一書，王士性多以評論式的語句論述一地一物，《五嶽遊草》則描述個人所觀之山水物景。值得注意的部分是《廣志繹》對於日常生活及物質文化的紀錄，對於習俗、食品、器物等與日常生活相關的物質性描述多所著墨。譬如窯產及補舊窯之技藝，則有以下之敘述：

> 官、哥二窯，宋時燒之鳳凰山下，紫口鐵腳，今其泥盡，故此物不再得。間有能補舊窯者，如一爐耳碎，覓他已毀官窯之器，搗篩成粉，塑而附之，以爛泥別塗爐身，止留此耳入火，遂相傅合，亦巧手也。近惟處之龍泉盛行，然亦惟舊者質光潤而色蔥翠，非獨摩弄之久，亦其製造之工也。新者色黯質鶢，火氣外凝，殊遠清賞。（頁265～266）

　　王士性極其細膩地描述宋時官、哥二窯之色澤與質感；然則，時移事往，泥盡物不再，「補舊窯」遂成一技。此種民間技藝，須先尋同窯他器，進一步修補。王士性除了紀錄其製作工夫之外，尚寫「新」補之後的所呈現的「舊」質感，而文字清雅，如見古物。又如談景德鎮之成、宣窯，言其「近則多造濫惡之物，惟以制度更變，新詭動人，大抵輕巧最長，古樸盡失，然此花白兩磁，他窯無是。遍國中以至海外夷方，凡舟車所到，無非饒器也。近則饒土入地漸惡，多取於祁、婺之間，婺人造土成磚，磨磚作漿，澄漿作塊，計塊受錢。饒人買之，以為磁料。」（頁278）

　　從原料之變易，感嘆時代之改變，器物以輕巧與新詭為最，喪失昔日古樸的特質。又區分饒、祁、婺造土之別，書寫器物之餘，也連

結了地方與器物。地方與物的思考脈絡串聯了王士性關於「物」之書
寫，例舉如下：

> 端溪在肇慶江南，與羚羊峽對峙，山峻壁立，下際潮水，向以
> 上中下巖分優劣。故硯譜曰：「石以下巖為上，中巖、上巖、
> 龍巖、半巖次之，蚌阮下。」志云：「巖石為上，西坑次之，
> 後磨為下。」今有新舊阮之分，舊阮石色青黑，溫潤如玉，上
> 生石眼，有青綠五六暈，而中心微黃，黃中有黑晴一，形似鸜
> 鵒之眼，故以名。眼多者數十，如星斗排連，或有白點如粟，
> 貯水方見，隱隱扣之與墨磨俱無聲，為下巖之石，今則絕無
> 有。上巖、中巖之石，紫者亦如豬肝，總有一眼，暈小形大，
> 扣之、磨之俱有聲，即今之端石是也。眼分三種，活眼者暈
> 多光瑩，淚眼者光昏滯而暈朦朧，死眼者雖具眼形，內外俱
> 焦黃無暈。歐譜唐公曰：「眼乃石之精，如木之節，不知者以
> 為病。然古有貢硯無眼者，似又不貴眼也。」又硯錄云：「眼
> 生於墨池外曰高眼，生於池曰低眼。高為貴，不知此特匠手之
> 巧耳。又有上焉者，名子石，生大石中。」唐錄云：「山有自
> 然員石，剖其璞焉謂之子石，此最發墨，難得，歐、蘇極重
> 之。」蚌坑石亦深紫，眼黃白微青，不正，無瞳而瞖，堅潤不
> 發墨，與半巖石相類。（頁294～295）

　　這段敘述略長，綜而言之，即是對端溪（地點）與端硯（器物）
之描述。描寫極細，從色澤、聲音論之。再者，又加以評論，顯示工
藝藝術的地方性。再如㯷木與楠木之陳述：

> 天生楠木，似嵩供殿庭楹棟之用。凡木多圍輪盤屈，枝葉扶
> 疏，韭杉、楠不能樹樹皆直。雖美杉亦皆下豐上銳，頂踵殊

科，惟楠木十數丈餘既高且直。又其木下不生枝，止到木顛方散幹布葉，如撐傘然。根大二丈則頂亦二丈之亞，上下相齊，不甚大小。故生時軀貌雖惡，最中大廈尺度之用，非殿庭真不足以盡其材也。大者既備官家之採，其小者土商用以開板造船，載負至吳中則拆船賣板，吳人拆取以為他物料，力堅理膩，質輕性爽，不澀斧斤，最宜磨琢，故近日吳中器具皆用之，此名「香楠」。又一種名「鬭柏楠」，亦名「豆瓣楠」，剖削而水磨之，片片花紋，美者如畫，其香特甚，爇之，亦沉速之次。又一種名「癭木」，遍地皆花，如織錦然，多圓紋，濃淡可挹，香又過之。此皆聚於辰州。或云，此一楠也，樹高根深入地丈餘，其老根旋花則為「癭木」，其入地一節則為「豆瓣楠」，其在地上者則為「香楠」。（頁 289）

談吳中器具所使用之柟木，論述其狀，描摹其形；細判其味，辨析與他木之異同。

關於物的敘事方式，除了前述的窯、硯與木之外，「廣南所產多珍奇之物」之敘述則如「類書」[13]之陳列：

廣南所產多珍奇之物。如珍則明珠、玳瑁。珠落蚌胎，以圓淨為貴，以重一錢為實；玳瑁龜形，截殼為片，貴白勝黑，斑多

---

13 類書之始為〔三國〕孫馮翼編：《皇覽》，對於類書的界定，學者說法不一，一般認為大致須具備分類編纂、資料彙編及內容廣泛三大要件。可參考戴克瑜、常建華主編：《類書的沿革》（重慶：四川圖書館學會，1981 年）。及胡道靜：《中國古代的類書》（北京：中華書局，1986 年）。明清以來，生活知識的載體頗多，日用類書乃刊載各式生活知識供日用，似今日的家庭生活百科全書或家庭生活手冊的書籍。類書研究可參考王正華：〈生活、知識與文化商品：晚明福建版「日用類書」與其書畫門〉，《近代史研究集刊》第 41 期（2003 年 9 月），頁 1～85。吳蕙芳：《明清以來民間生活知識的建構與傳遞》（臺北：臺灣學生書局，2007 年）。

者非奇，出近海郡。石則端石、英石。端溪硯貴色紫潤而眼光明，下巖為上，子石為奇；英德石色黑綠，其峰巒窩竇摺紋，扣之有金玉聲，以為窗几之玩。香則沉速，出黎母山，以密久近為差。花則茉莉、素馨，此海外香種，不耐寒，具陸賈南中花木記。果則蕉、荔、椰、蜜。蕉，綠葉丹實，其木攢絲，食其實而抽其絲為布；荔枝圓，五月纍纍然，色如赤彈，肉如團玉，或云閩荔甘，廣荔酸；椰子樹似檳榔，葉如鳳尾，實如切肪，琢其皮可為瓢、杓、桮、棬；波羅蜜大如斗，剖之若蜜，其香滿室，此產瓊海者佳。木則有鐵力、花梨、紫檀、烏木。鐵力，力堅質重，千百年不壞；花梨亞之，赤而有紋；紫檀力脆而色光潤，紋理若犀，樹身僅拱把，紫檀無香而白檀香。此三物皆出蒼梧、鬱林山中，粵西人不知用而東人採之。烏木質脆而光理，堪小器具，出瓊海。鳥則有翡翠、孔雀、鸚鵡、鷓鴣、鶡雞、潮雞、鴆，翡翠以羽為婦人飾；孔雀食蛇，毛膽俱毒，最自愛其尾，臨河照影，目眩投水中；鸚鵡紅嘴綠衣，不減川、陝，有純白者勝之；鷓鴣滿山亂啼，聲聲「行不得哥哥」，行旅聞之，真堪淚下；鶡雞似山雞，以家雞鬥之則可擒，其羽光彩，漢以飾侍中冠；潮雞似雞而小，頸短，能候潮而鳴；鴆羽些須可殺人，止大腹皮樹入藥，刮去其糞。獸則有潛牛、犦牛、熊。潛牛魚形，生高、肇江中，能上岸與牛鬥，角軟則入水漬之，堅則復出；犦牛出海康，項有骨大如覆斗，日行三百里；熊有似牛似人，膽明如鏡。亦有蚺蛇膽，用與熊異，熊治熱毒，蚺治杖毒。魚之奇而大者，有鯨、鱷、鋸、鱭。鯨魚吹浪成風雨，頭角可數百斛，頂上一孔大於甕；鱷魚如鯪鯉，四足，長數丈，登涯捕人畜食之；鱭魚大盈丈，腹有洞，貯水以養其子，左右兩洞容四子，子朝出暮入宿，出從

口，入從臍；鋸魚長二丈，則口長當十之三左右，齒如鐵鋸，
生於潮、惠為多。其他紅螺、白蜆、龜腳、馬甲、蠔鷲等名
品甚多，不可枚計。若夫犀、象、椒蘇、岐南、火浣、天鵝、
片腦之類，雖聚於廣，皆西洋諸國番舶度海外而來者也。（頁
291～292）

其分類方式有如「類書」，提供「類」與「物」之敘述方式；亦若方
志之物類敘寫。然則，其間幾段文字，又別有小品之清韻，如「孔
雀食蛇，毛膽俱毒，最自愛其尾，臨河照影，目眩投水中。」（頁
291），「鷓鴣滿山亂啼，聲聲「行不得哥哥」，行旅聞之，真堪淚
下。」（頁292）相對而言，《五嶽遊草》所述之焦點則為人事與地
景，這是二者不同的書寫向度。

　　鄭毓瑜曾提及「博物記憶」的概念，並指出中國傳統的知識思
想，乃至於情感信仰，透過反覆徵引、擬設與編寫，幾乎是一個不斷
進行匯聚的資料庫。[14]以這個概念來看《廣志繹》中的物類敘寫，不
僅僅是地方、風土與器物的結合，同時也以不斷擁擠的排列、散亂的
分布去突出物的珍奇與多彩。此外，並觸及了廣南地域與西洋諸國的
物質接觸。這種博物式的觀看[15]，既是日常生活也建構了社會文本。

---

[14] 鄭毓瑜：〈類與物──古典詩文的「物」背景〉，《清華學報》第41卷第1期（100
年3月），頁3～38。

[15] 吉見俊哉在《博覽會的政治學》有言：「十七世紀中葉，編織世界的方法產生了
根本的變化。博物學式視線的成立，是將物與物並至排比於透明格子狀的認識空
間。在這個空間中「存在物（creatures）從所有的注釋及附屬語言中解放出來，然
後一個接這一個並置排比，將他們可見的表面呈現出來，依照他們共通的特質集合
起來，而這些特質都經過潛在分析，因而能賦予存在物一個專屬於他們自己的名
字。」此處所言「博物學式視線」對本文之闡述甚有啟發。詳見吉見俊哉：《博覽
會的政治學》（臺北：群學出版社，2010年）。

第二節　地域特性與人文風貌共構的文化圖景

一　民俗現象

　　自然環境是以人的風土性為具體基礎，並由此蛻化出的客體，[16]
季候會產生地貌景觀的差異，反映每處地理空間的人文景觀。而民俗
映現了人類獨特的社會文化面貌，概括了生活的方式與技藝，形成一
種文化的模式。[17]與「民俗」相近的詞彙為「風俗」，《漢書・地理志》[18]
有云：「凡函五常之性，而其剛柔緩急，音聲不同，繫水土之風氣，
故為之風；好惡取捨，動亡常，隨君上之情欲，故謂之俗。」從這段
話語可看出班固就自然因素、地理環境和社會氛圍方面考察了風俗的
形成。而應劭《風俗通義》則提出：「風者，天氣有寒暖，地形有險
易，水泉有美惡，草木有剛柔也。俗者，含血之類，像之而生。故言
語歌謳易聲，鼓舞動作殊形，或直或邪，或善或淫也。聖人作而均齊
之，聖人廢，則還其俗。」「風俗」在班固與應劭的界定下，定型為
「辨風正俗，觀察隱微」。

　　從詞語結構上分析，「風俗」包含「風」和「俗」兩部分，「民
俗」則以「俗」為核心。兩個詞語雖相近，各有不同的著重點：「民
俗」可以解釋為民眾傳承的文化和民間傳承的文化，突出了「俗」的
主體地位，「俗」不僅僅是生活的存在，還是生活的過程。[19]以此觀

---

[16]　和辻哲郎著，陳力衛譯：《風土》（北京：商務印書館，2006年），頁3。

[17]　陳勤建：《中國民俗學》（上海：華東師範大學，2007年），頁22～28。

[18]　《漢書》卷28〈地理志下〉（臺北：鼎文書局，1975年），總頁1640。

[19]　「風俗」則包含「風」和「俗」兩部分，因自然環境不同而形成的習尚，謂之
　　「風」；因社會條件不同而形成的習尚，謂之「俗」。風俗卻側重揭示「俗」的本

之，特殊名詞「亥」、「市」與「虛」之考辨，回應了民眾的生活型態：

> 武寧有所謂常州亥者，初不知何謂，問之，乃市名。古人日中
> 為市，今吳、越中皆稱市，猶古語也。河南謂市曰集，以眾所
> 聚也。嶺南又謂市曰虛，以不常會多虛日也。西蜀又謂市曰
> 痎，如痎疾間而復作也。江南惡以疾名，止稱亥，又可捧腹。
> （頁 279）

王士性善於聆聽與觀察，先從「亥」為市名說起，既而推演古說，對比各地市名及其意涵。從「眾所聚」到「不常會」，乃至「如痎疾間而復作也」，故以痎為名，對應到武寧因諱疾病之名改痎為亥之故，以「字」作為鄉土野史的演化，同時也可看出市集聚會的空間與時間特性。河南稱「集」，取其眾人所「聚」之場所；嶺南稱「虛」，突顯其「不常會」之時間特質；西蜀名之為「痎」，則以疾病為喻，稱其「間而復作」，以疾病之「間」與「復」巧喻市集，具有常民思索之趣味。末了，以江南人忌諱疾病而取其音「亥」，回應前述「初不知何謂」之探問。

此外，又有地方特性之民俗，如江南的「蠶月」：「農為歲計，天下所共也，惟湖以蠶。蠶月，夫婦不共楊，貧富徹夜搬箔攤桑，江南用舟船，無馬，偶有馬者，寄鄰郡親識，古人謂，原蠶，馬之精也，彼盛則此衰。官府為停徵罷訟。竣事，則官賦私負咸取足焉，是年蠶事耗，即有秋亦告匱，故絲綿之多之精甲天下。」蠶月的作息是集體性的，不分貧富「徹夜搬箔攤桑」，同時存有許多禁忌，如「夫

質狀態，它是流動的，是不斷增減損益的過程。見林繼富、王丹：《解釋民俗學》（武漢：華中師範大學，2006 年），頁 14～15。

婦不共榻」、寄馬於鄰郡、「官府罷訟」等等。以及有關民間宗教之
敘述：

> 奉新有彰柳神者，假託九天玄女之術，俗名耳報。乃其地有此
> 樹，人取樹刻兒形而傳事之。其初乃章、柳二家子死，共埋於
> 樹下，久之，其樹顯靈。兒形以一手掩耳，貫以針，煉以符
> 咒，數以四十九日，耳邊傳言則去其針。其神乃小兒，故不忌
> 淫穢，不諱尊親，不明禮法，隨事隨報，然亦不能及遠，亦不
> 甚知來。其術煉之，有用萬家土、萬人路者，土謂燕窩，路謂
> 橋板，取伴其神裹之，驗最速，若用金銀諸物者，則皆冀以詛
> 賺而去，非實也。其神之依人，則任其為盜而亦聽之，故是兒
> 神不明禮法。近見一二縉紳，亦有事此神以談幽弔詭者，最可
> 笑。（頁280）

> 江湖社伯到處有祀蕭公、晏公者，其神皆生於江右。蕭公諱伯
> 軒，龐眉、美髯、白晳，生而剛正，善善惡惡，里閭咸質之。
> 沒於宋咸淳間，遂為神，附童子言禍福，鄉人立廟於新淦縣之
> 大洋洲，洪武出曾遣官諭祭。晏公名戌仔，亦臨江府之靖江鎮
> 人也。濃眉虯髯，面如黑漆，生而疾惡太甚。元初以人材應
> 選，入為文錦局堂長，因疾歸，登舟遂奄然而逝。鄉人先見其
> 騶從歸，一月訃至，開棺無所有，立廟祀之。（頁280）

　　從這兩段敘述中，可發現民間傳說具渲染與誌異之特質。記寫民
間祭祀之現象，紀錄怪奇之事件；然而，以「兒神不明禮法」之語卻
也突顯了著重禮法的思維。第二則敘述係說明「蕭公」、「晏公」之
所由，雖亦為誌異之事件（「開棺無所有」），著重的仍是「剛直」、
「善善惡惡」、「疾惡」等人物特質。

　　從民俗事件的紀錄，可以發現王士性在「報導」與「詮釋」之間採取的角度。「報導」之際，著重其細節；「詮釋」之時，則加上個人評述之觀點。從民俗現象的人文考察，更可知其王士性對於「古風」的讚許之意。《廣志繹》小序言：「是聖賢明德之鄉也，故皆有**古**昔之**遺風**焉。」（頁223。黑體為筆者所加）或稱許「中州俗淳厚質直，有**古風**……其俗又有告助，有吃會。告助者，親朋或徵逋追負，而貧不能辨，則為草具，召諸友善者，各助以數十百而脫之。吃會者，每會約同志十數人，朔望飲於社廟，各以餘錢百十交於會長蓄之，以為會中人父母棺衾緩急之備，免借貸也。父死子繼，愈久愈蓄，此二者皆善**俗**也。」（頁225。黑體為筆者所加）以合乎人情倫理作為「善」的判準。「古風」相對於「異俗」，其間，隱涵價值觀的趨向。如同紀爾茲所述：「人類學著述本身即是詮釋，並且是第二和第三等級的詮釋（按照定義，只有『本地人』才做出第一等級的詮釋：因為這是他的文化。）」[20]這些詮釋，也顯示了「在地」與「他者」的異同。

二　常民生活

　　地域的區隔，產生各種不同的生活型態；涉江則為舟渡，峻嶺則需索橋，近海則以漁獲，臨山則需伐木。王士性如是紀錄：

> 以七百里一線之路，當貴、滇、番、漢之流，故江水發時，一夜遂高二十丈，至灩澦如馬，此海內水口之奇也。江行在兩崖間，天造地設，如鑿成石峴，其狹處，謂非亭午不見日，月影

20　Geertz，C.著，納日碧力戈譯：《文化的解釋》（The Interpretation of Culture）（南京：譯林出版社，1999年）。

亦然。霜降水涸，僅如溪流，自四月至九月，石險水深，行人不敢渡，為其湍急，舟一觸石則如虀粉。蜀舟甚輕薄，不輕又難於旋轉，諺云：「紙船鐵舵工。」蜀江篙師，其點篙之妙，真百步穿楊不足以喻。舟船順流，其速如飛，將近崖石處，若篙點去稍失尺寸，則遲速之頃轉手為難，舟遂立碎，故百人之命懸於一人。上者猶可牽船，篾纜名曰火仗，長者至百丈，人立船頭，望山上牽纜人不見，止以鑼聲相呼應而已。猶幸寡崖無樹木勾胃，上者但畏行遲，不懼觸石，所謂「三朝三暮，黃牛如故」也。若火仗一斷，則倒流碎石，與下無異。（頁301～302）

此為舟渡的危懼時刻，值得關注的是王士性對於交通工具的觀察，或棧道，或橋樑，或石路。舟遊之書寫，有江南河流之舒緩；以江水「如馬」言水勢之奇，再以「不見月影」言江行之狹；並以「觸石則如虀粉」言渡河之險，彷若電影鏡頭般推移，談蜀江篙師點篙之妙。以空間方位之移動渲染其舟行之危懼感；再加上牽纜人僅以鑼聲相應，篾纜若斷裂，則雖無巨石，舟行仍在危急之夕。這些記寫，為篙師與牽纜人留下時代的身影。深林之中有「採木之役」，其生活「風餐露宿、日夕山中」，王士性描寫如後：

楚中與川中均有採木之役，實非楚、蜀產也，皆產於貴竹深山大壠中耳。貴竹乏有司開採，故其役尚委楚、蜀兩省。木非難而採難，伐非難而出難。木值百金，採之亦費百金，值千金，採之亦費千金……而採取之官，風餐露宿，日夕山中。或止一歲半。及其水行，大木有神，浮沉遲速，多有影響，非尋常所可測。」（頁288～289）

　　「木材之流動」[21]誠屬一大課題。我們關切的不只是經濟型態，而是人物生活之樣貌。採木之官必須對時間有新的感受力才能接受在山林之間的漫長時光。等待之外，即是採伐的工程，工程雖難而出山更難：「上下山坂，大澗深坑，根株既長，轉動不易，遇坑坎處，必假他木抓搭鷹架，使與山平，然後可出。一木下山，常損數命，直至水濱，方了山中之事。」，而「大木有神」，非如個人預期。其敘寫方式極有意趣，先是總括「木非難而採難，伐非難而出難」，既而為細節「上下」、「轉動」；而後是淡然中的驚險：「一木下山，常損數命，直至水濱，方了山中之事。」以上是從「木」的角度敘述，既而談人：「採取之官，風餐露宿，日夕山中，或至一歲半年。」寥寥數筆，帶出木──官──時間的催逼；末了以「大木有神，浮沉遲速，多有影響，非尋常所可測。」帶出採木工作之不確定性。

　　順著採木之役，則有因「萬人嵌」，下則敘述從商業活動的角度書寫碎溺之舟：「過萬人嵌，深潭百丈，杉板所陷，舟無不碎溺者」（頁315）「商人攜板過此，則刻姓號木上，放於下流取之，若陷入嵌則不得出矣。嵌中材既滿，或十數年為大水所衝激，則盡起，下流者競取之以為橫財。不入嵌者亦多為夾岸夷賊所勾留，仍放姓號於下流，邀財帛。入取之，深山大林，千百年斫伐不盡。商販入者每住十數星霜，雖僻遠萬里，然蘇、杭新織種種文綺，吳中貴介未披，而彼處先得……大商緣以忘年，小販因之度日。」（頁302）此處的描述，讓我們看見一個聚落形成的過程。其間「磯沐礁滙，奔駛如飛」形容水勢，或是商販成之生活，商販如何因木材而積富，此地如何從窮荒

21　圍繞木材流動形成了區域社會歷史圖景。漂流之木材帶出的喧囂與繁華、利益驅動與權力爭奪，再現了不同身份的人群及社會力量，彷彿共同參與了歷史劇。參考張應強著：《木材之流動：清代清水江下游地區的市場、權力與社會》（香港：三聯書店，2006年）。

之地而成為是市集，以「僻遠萬里」對照「蘇杭新織」，都能具象地描述邊境的地景與居民生活。同時，也因萬人嵌之地勢，而有「開江」之構思：

> 金沙江源吐蕃，過麗江、北勝、武定、烏撒、東川入馬湖江，出三峽。滇池水過安寧入武定合之。雲南舊有議開此江以通舟楫，使滇貨出川以下楚、吳者。余初喜聞其議，會黃直指復齋銳意開之，已遣人入閩取舟工柁師而黃卒。余同年郭少參朝石欲必終其事。余多方偵之，繪為圖，乃知此江下武定境皆巨石塞江，奔流飛駛，石大者縱橫數丈，小者丈餘，間有平流可施舟楫處，僅一二里絕流橫渡者也。若順流而下，兩岸皆削壁，水若懸注，巨礁巉巖承其下，自非六丁神將安能鑿此？過萬人嵌，深潭百丈，杉板所陷，舟無不碎溺者。又皆夷人所居，旁無村落，即使江可開，舟亦難泊，適為夷人劫盜之資也。天下有譚之若美而實不然者，類如此。滇有兩金沙江，東江出東海，即此；西江下緬甸，過八百媳婦入南海。東江狹而險，西江平而闊，隔岸視牛馬如羊，然皆源自吐蕃，中隔瀾滄與怒江二江，地尚千里，而當時條陳開江有作一江論者，謂恐通緬人。最可笑。（頁315）

此處已涉及邊境交通及文化接觸的課題。在明代的旅遊書寫中，這是較少觸及的面向，除牽涉西南地域開發的過程，也是宦遊者的觀察與紀錄。延續此採木現象，或從官府之角度，言「四川官民之役，惟用兵、採木最為累人。西北、西南州縣多用兵，東南多採木。惟川北保、順二郡兩役不及，頗號樂土，即協濟不無，然身不俱往，縱罹殘憊，亦免死亡。」（頁303）乃至於結合傳說「然余嘗分守右江，聞融、懷以北夷人，有掘地得板，厚止寸餘，堅重如鐵，勝建昌十倍

者，一片易數金，數十家共得之，云是孔明征羌，歸途過此，伐山通
道，入土年深者。余欲覓一蛻乘，恐差役緣此為奸，以挾夷人，乃
寢。」（頁302～303）這些說法都讓我們看見，藉由木材所形構的城
市、歷史與交通現象，而非僅停留於「物」之摹寫。

　　如果說水域之漁民有其規矩緊密的社會結構，山林之民則為山中
採木之官與商人、夷賊因地理方位而形成「共犯結構」。商人刻姓本
為標記，後反為夷賊用來邀取錢財之憑藉，加上取嵌中材而得橫財之
幸運者；依著「萬人嵌」，此地形成商販的聚落，不啻為經濟的風土
學。

　　山林因礦產而有礦徒[22]，河南一地的礦徒為：「長槍大矢，裹足纏
頭，專以鑿山為業，殺人為生，號『毛葫蘆』。其技最悍，其人千百
為群，以角腦束之，角腦即頭目之謂也。其開採在深山大谷之中，人
跡不到，即今之官採，亦不敢及。」（頁228）此處的礦徒名為角腦與
毛葫蘆；邊境的礦民，則有其工作階層。採礦的人物分為硐頭與義
民——這只是就採礦的工作內容劃分——嚴格說來，整個採礦的社會
結構是藩司、監官、硐頭與義夫、爐戶。王士性敘說如下：

　　　採礦事惟滇為善。滇中礦硐，自國初開採至今，以代賦稅之
　　　缺，未嘗輟也。滇中凡土皆生礦苗。其未成硐者，細民自挖掘
　　　之，一日僅足衣食一日之用，於法無禁。其成硐者，某處出礦

22　關於礦業採發的技術，《明史‧食貨志》：「礦冶之課，金、銀、銅、鐵、鉛、汞、
　　硃砂、青綠，而金、銀礦最為民害。……雲南大理銀冶。其不產金銀者，亦屢有革
　　罷。……至十三年（1500），雲南巡撫李士實言雲南九銀場，四場礦脈久絕，乞免
　　其課……」又「浙江、江西盜礦者且劫徽寧，天下漸多事。」見《明史》卷81，志
　　第57。謝國楨言：「大抵採礦一事，有明之初，雖經太祖制止，然發掘開採，歷朝
　　仍不能廢……」見謝國楨：《明清筆記叢談》（北京：中華書局，1964年），頁247
　　～249。

苗，其硐頭領之，陳之官而准焉，則視硐大小，召義夫若干人。義夫者，即採礦之人，惟硐頭約束者也。擇某日入採，其先未成硐，則一切工作公私用度之費，皆硐頭任之，硐大或用至千百金者。及硐已成，礦可煎驗矣，有司驗之。每日義夫若干人入硐，至暮盡出礦中礦為堆，畫其中為四聚瓜分之：一聚為官課，則監官領煎之以解藩司者也；一聚為公費，則一切公私經費，硐頭領之以入簿支銷者也；一聚為硐頭自得之；一聚為義夫平分之。其煎也，皆任其積聚而自為焉。硐口列爐若干具，爐戶則每爐輸五六金於官，以給箚而領煅之。商賈則酤者、屠者、漁者、採者任其環居礦外，不知礦之可盜，不知硐之當防，亦不知何者名為礦徒。是他省之礦，所謂「走兔在野，人競逐之」，滇中之礦，所謂「積兔在市，過者不顧」也。採礦若此，以補民間無名之需，荒政之備，未嘗不善。（頁314～315）

整篇文章寫來有如一篇社會報導。先言滇地礦苗之興，居民挖掘而無法可禁。繼而講述硐頭、義夫之工作內容與關聯，硐頭總領其事，上報官府，義夫總任其責，以採礦為要務；錢財劃分與每日工作具有定份，共分四部份有司、硐頭、義夫各擁一份，其於一份為公費，雖為公產，卻彷若私人產業之管理與實踐。

此外，王士性還勾勒了廉州四民的生活圖像，敘述如後：「廉州中國窮處，其俗有四民：一曰客戶，居城郭，解漢音，業商賈；二曰東人，雜處鄉村，解閩語，業耕種；三曰俚人，深居遠村，不解漢語，惟耕墾為活；四曰蛋戶，舟居穴處，僅同水族，亦解漢音，以採海為生。郡少耕稼，所資珠璣。以亥日聚市；黎、蛋壯稚以荷葉包飯而往，謂之趁墟。」（頁295～296）四民各有其稱號，分以商賈、

耕種、耕墾與採海維生；有趣的是關於他們的語言使用分為「解漢音」、「解閩語」、「不解漢語」、「解漢語」；在平實的描述中，似乎說明了語言使用與工作內容的關連；在邊境的「夷、漢」區別之外，亦有「閩、漢」之分，提供我們關於庶民生活的地理想像。「以亥日聚市」及「趁墟」之敘述可以與前述「亥」市集連結。對於人之分類，也是值得思考之處。分以耕種、居處、言語區類。有關「居」處之空間區隔，又如「三江蜑戶，其初多廣東人，產業牲畜皆在舟中，即子孫長而分家，不過為造一舟耳。婚姻亦以蜑嫁蜑，州縣埠頭乃其籍貫也，是所謂浮家泛宅者。吳船亦然，然多有家在岸。」（頁309）此種河岸生活以及舟居生活型態，都是王士性觀察的向度。[23]

三　社會實錄

王士性對於社會各階層之生活有其觀察視角，對於特殊事件之現象，不僅知其然，且知其所以然，能體察社會現象，又具人文情懷之觀照，以下文為例：

> 閭閻不蓄積，樂歲則盡數糶賣，以飾裘馬，凶年則持筐篚，攜妻子逃徙趁食。俗又好賭，貧人得十文錢，不賭不休。賭盡勢

---

[23] 王士性關注海運，以及香山嶴與域外的聯繫，其云：「香山嶴乃諸番旅泊之處，海岸去邑二百里，陸行而至，爪哇、渤泥、纖羅、真臘、三佛齊諸國俱有之。其初止舟居，以貨久不脫，稍有一二登陸而拓架者，諸番逐漸效之，今則高居大廈，不減城市，聚落萬頭，雖其貿易無他心，然設有草澤之雄，睥睨其間，非我族類，未必非海上百年之隱憂也。番舶渡海，其製極大，大者橫五丈，高稱之，長二十餘丈，內為三層，極下鎮以石，次居貨，次居人，上以備敵、占風。每一舶至，報海道，檄府俸驗之，先截其桅與柁，而後入嶴，若入番江，則舟尾可擱城垛上，而舟中人俯視城中。」（頁293）他對城市形成有其敏銳度，從一個港口的商業活動即可窺見一二。從舟居到城居，從貿易到文化接觸與交流所可能衍生的課題，都是王士性關懷的面向。

必盜，故盜益多，且又不善盜，入其家則必殺人，乃所得皆重
累易認之物，今日所劫衣履，明日即被服之，而為人所獲。故
每盜或十餘人，骿首就戮，而計贓乃不值一金。余每心憐之，
而無法以脫也。（頁230～231）

從這段敘述可以看出敘述者王士性具有「如得其情」之哀憫心
懷。常民嗜賭成習，進而成匪盜，又因本性非奸惡之徒，「又不善
盜」；卻因「不值一金」之財物而俯首就戮。竊盜之事本不足取，若
從人性善惡之說觀之，又可見人性的脆弱。王士性的「心憐之」之語
則拉開另一個視角，思索閭閻之人受生活所控，因：

紹興、金華二郡，人多壯遊在外，如山陰、會稽、餘姚，生齒
繁多，本處室廬田土，半不足供，其儇巧敏捷者入都為胥辦，
自九卿至閒曹細局，無非越人。次者興販為商賈，故都門西南
一隅，三邑人蓋櫛而比矣。東陽、義烏、永康、武義，萬山之
中，其人鷙悍飛揚，不樂畎畝。島夷亂後，此數邑人多以白衣
而至橫玉掛印，次亦立致千金。故九塞、五嶺，滿地浙兵，島
寇亦輒畏之。得南人之用。其後遂驕恣黠猾，越檢制人，召之
難服，散之難銷，往往得失相半。（頁266～267）

他想說明的是越人的生活類型，這樣的生活類型是受到「環境」
影響之故。「室廬田土」之「（儇）巧敏捷」者為胥辦，其次為商
賈。居於萬山之中，則「鷙悍飛揚」，後為浙兵。可見人物職業之流
動及其成因。

「汝寧稱殷，然煙火既稠，薪桂是急，雨雪連朝，即富室皆裂門
壁以炊。朗陵近有煤山，然土嫩未成，余曾鑿燒之，無燄，想百餘年
後用物耳。」（頁230）以「富室皆裂門壁以炊」點出薪桂之匱乏。筆

記體之書寫特色即在於以片段之語，具象之情境，寫出庶民生活的真實感：「汝寧本樂土，癸巳、甲午大荒，殺人以食，死尸橫道，有骨無肉，汝、穎城中明貨人肉以當屠肆。最可恨者，寶豐楊松家有祖父，其祖餓甚，今松謀父烹之，松遂殺父，與祖共食，此亦天地之一大變也。」

從食人之事，即可知災荒之甚。從樂土到荒野；甚至販賣人肉、至親相殘。標示地名、人名，突顯事件的真實感。

> 地震時，蒲州左右郡邑，一時半夜有聲，室廬盡塌，壓死者半屬夢寐不知。恍似將大地掀翻一遍，磚牆橫斷，井水倒出地上，人死不可以數計。自後三朝兩旦，尋常搖動，居民至夜露宿於外，即有一二室廬未塌處，亦不敢入臥其下。人如坐舟船行波浪中，真大變也。比郡邑未震處，數年後大首瘟疫盛行，但不至喉不死，及喉無一生者，纏染而死又何止數萬，此亦山右人民之一大劫也。（頁247）

此為風景之外的社會生活實錄，令人驚心的災難敘述。一為地震，先是半夜主震，恍若天地崩塌；現實人間則是「磚牆橫斷，井水倒出」既而為餘震搖動，活在恐懼之中，即使房屋未倒塌，雖是「尋常搖動」，居民仍是「夜露宿於外」未震之地則是瘟疫，其纏染而死之數上萬。寥寥數筆，庶民所遇之劫難卻是驚心動魄。無名氏之死亡，也有其重量。兩種災難，一樣浩劫；雖然看不見災民的表情，紀錄的本身卻具有相當的重量。

從「地」的詮解，我們看到了細如地質之對比，廣如地域與民風之分野；既是身體空間之感知，也是地方分野之差異。而常民生活的考察，而有對於季候感受所聯結的民俗與民居之現象描述；並讓我們理解各種地理空間下所創造的生活型態。而書寫之手法除了針對報導

式、個殊化的常民生活講述（漁人、蛋民、礦工）之外，尚著重產業與土地之關係之治理觀點。王士性以地理空間結合人文觀察的地誌書寫，再現了民間的生活史。

第三節　華夏邊緣[24]：異文化敘述與地理想像

　　本節所關注的焦點，集中在《廣志繹》的西南諸省之部。[25]王士性在萬曆十八至二十年曾以按察司副史兵備雲南瀾滄衛。雲南是他志在遊歷的最後一站：「計了滇雲，遂息足焉。」《廣志繹》自序的題款也稱：「記者滇西隱吏天台王士性恆叔」，可見西南諸省對他別有一份情感。[26]小序為：「蜀、粵入中國在秦、漢間，而滇、貴之郡縣則自明始也。相去雖數千年，然皆西南一天，為夷漢錯居之地，未盡耀於光明，故以次於江南。」（頁301）以「夷漢錯居之地」的說法，點出西南諸省與其他地域的差異。西南諸省雖是國土，但在人口的組成與生活的型態可說是「華夏邊緣」，與明代文人的江南書寫自有差異之處。再者，邊境的旅行書寫，似乎是「中國遊記文學的畸零地帶」[27]，

24　此節名稱借用王明珂：《華夏邊緣：歷史記憶與族群認同》（臺北：允晨文化出版，1997年）一書的主標題，是書第十章〈漢人形成：漢代中國人的邊疆異族意象〉設有一節〈西南邊緣：西南夷〉以《史記・南蠻西南夷列傳》為本，論述土著與漢人的族群邊界，對本文寫作甚有啟發。

25　關於西南諸省部，明代田汝成（1530～1557，字叔禾，錢塘人，嘉靖間進士。）《行邊紀聞》（或稱《炎徼紀聞》）對於西南多有描寫。其書之跋云：「汝成馳騁兵間，周旋贊畫，凡兩閱歲月，迺以耳目之所親，經畫之所具，以次錄之……其記思田、斷藤峽諸苗族風土民俗，社會情況，較《明史》尤為詳盡。」見謝國楨：《明清筆記叢談》（北京：中華書局，1964年），頁196。

26　參照章影：〈王士性對滇雲史地的考究〉，《雲南師範大學》第36卷第6期（2004年11月），頁98～104。

27　胡曉真：〈旅行、獵奇與考古——《滇黔土司禮記》中的禮學世界〉，《中國文哲研

或是逐臣邊吏，或為過客移民，他們如何書寫絕域？[28] 西南究竟是蠻荒地域還是人間樂土？旅行者如何觀看異質的人群與風俗？如何詮釋地理形貌與人文特性？這些，都是筆者意欲探討的議題。

一　如何「觀看」？怎樣「獵奇」？

(一) 南方誌異

當旅行者到達一個陌生之地，最直接感受到的是氣候、地形以及植物之差異。王士性一入川地，即注意到地形的特色：「川中郡邑…皆立在山椒水濱，地無夷曠，城皆傾跌，民居市店半在水上」（頁303）、「今新都諸處…人家橋樑扉戶，俱在水上」（頁304），以形象化描述地形特色，讀者得以透過文字想像一處陌生之域，從而對於因地形而有的家居建築、生活慣習、民俗儀典能有相應的理解。王士性書寫西南諸省之地形，往往與個人所居之鄉──江南──相較：「江南雖多山，然遇作省會處，咸開大洋，駐立人煙，凝聚氣脈，各有澤藪停蓄諸水，不徑射流。即如川中，山纔離祖，水尚源頭，然猶開成都千里之沃野，水雖無瀦，然全省群流，總歸三峽一線，故為西南大省。」（頁310）一樣是水上人家，廣東人為「浮家泛宅」，吳船則是「有家在岸」：「三江蜑戶，其初多廣東人，產業牲畜皆在舟中，即子孫長而分家，不過為造一舟耳。婚姻亦以蜑嫁蜑，州縣埠頭乃其籍貫也，是所謂浮家泛宅者。吳船亦然，然多有家在岸。」（頁309）說明了旅行者多從個人的生活經驗去看待他鄉的異地景觀。

究集刊》第29期（2006年9月），頁47。

28　關於東北流放文士的探討，請參見王學玲：〈是地即成土：清初流放東北文士之「絕域」紀游〉，《漢學研究》24卷2期（2006年12月），頁255～288。

「江南瘴癘地，逐客無消息」，南方氣候之溼熱往往成為文人歌詠或遣懷之焦點。《廣志繹・西南諸省》對物候之書寫，以白描的手法，寫所見之實景，如：「廣右石山分氣，地脈疏理，土薄水淺，陽氣盡洩，頃時晴雨疊更，裘扇兩用。兼之嵐煙岫霧，中之者謂之瘴癘，春有「青草瘴」，夏有「黃梅瘴」，秋有「黃茅瘴」，秋後稍可爾」。（頁310）在看似美景的「嵐煙岫霧」之中，暗藏了「青草瘴」、「黃梅瘴」、「黃茅瘴」等不可見卻可觸可感的，與人身相接的瘴氣，營造了一種熱帶南方的氛圍。

季候的變化除了「晴雨疊更」之外，尚有以衣飾、物品之特徵來顯現氣候的多變性：「多蛇、霧、雨，十二時天地闇習，間三五日中一晴霽耳。然方晴倏雨，又不可期，故土人每出必披氊衫，背篛笠，手執竹枝。竹以驅蛇，笠以備雨也。」（頁325）以出門必備竹杖、箬笠來說明此地的「多蛇、霧、雨」；這種書寫手法，也顯示了王士性結合了地域特性與人文觀察的書寫角度。

旅行中的觀看與凝視（gaze）始終是值得關注的論題。約翰・伯格（John Berger）在《觀看的方式》（Ways of Seeing）提到：「藉由觀看，我們確定自己置身世界當中；我們用言語解釋這個世界，但言語永遠無法還原這個事實：世界包圍著我們。我們看到的世界與我們知道的世界，兩者間的關係從未確定。」又說「我們注視的從來不只是事物本身；我們注視的永遠是事物與我們之間的關係」。[29]這些觀念都顯示了旅行中的觀看絕不只是「客觀」視覺接觸下的風景地理，旅行者的個人背景、主體意識都會讓他存有「只能看見他已經看見的東西」[30]的先在視野；即使是個人親身的經歷與見聞，不免以個人的

---

29 約翰・伯格（John Berger）著，吳莉君譯：《觀看的方式》（Ways of Seeing）（臺北：麥田出版社，2005年），頁12。

30 費爾南多・佩索亞（Fernando Pessoa）著，韓少功譯：《惶然錄・視而不見》（臺北

經驗來「強化」旅地之「異」，尤其旅行在國境邊陲，紀實的表述底下，更顯現了「中心／邊緣」、「華／夷」、「同／異」的獵奇心態。《廣志繹》寫「少數民族」多著重其習俗之奇：「楚雄迤南夷名真羅武，人死則裹以羊、鹿、犀、兕、虎、豹之皮，抬之深山棄之，久之隨所裹之皮化為其獸而去。」[31]或膚色之異：「蒲人、縹人、哈喇其色俱正黑如墨，有被殺者，其骨亦黑，蓋烏骨雞類。」此外，關於西南地區的蠱術亦有詳盡的描述：

> 慶陽緣邊人善蠱術。有為稻田蠱者，能使其人腹中有土一塊，中出稻芒，穿腸而死。樹蠱者，則出樹枝撐腸，是亦挑生之類。然則是術不獨粵中有之。（頁236）

> 蠱毒，廣右草有斷腸，物有蛇、蜘蛛、蜥蜴、蜈蜋，食而中之，絞痛吐逆，面目青黃，十指俱黑。又有挑生蠱，食魚則腹生活魚，食雞則腹生活雞。驗蠱法，吐於水沉不浮，與嚼豆不腥，含礬不苦，皆是。（頁313）

> 廣南守為儂智高之後，其地多毒善瘴，流官不敢入，亦不得入。其部下土民有幻術，能變貓犬毒騙人，往往爰書中見之，然止以小事惑人，若用之大敵偷營劫寨，未能也。有自變，亦有能變他人者。此幻術迤西夷方最多。（頁320）

> 南甸宣撫司有婦人能化為異物，富室婦人則化牛馬，貧者則化貓狗。至夜，伺夫熟睡，則以一短木置夫懷中，夫即覺仍與同

：時報文化出版公司，2001年）。

31　王士性著，周振鶴校：《王士性地理書三種》（上海：上海古籍出版社，1993年），頁395。

寢，不覺則婦隨化去，攝人魂魄至死，食其屍肉。人死則群聚
守之，至葬乃已，不爾，則為所食。（頁322～323）

　　對於「蠱毒」與「幻術」產生的地域及其種類與蠱毒發作的情狀
有細膩的刻畫，以昆蟲、動物等在人體的進出（穿腸、撐腸），並以
顏色（青黃、黑）的變化、人身的感覺（絞痛吐逆）創造「恐怖」的
閱讀效應。尤其最末一則，在家庭關係的架構（夫婦）下的死亡（攝
魂），可說是蠻荒世界的「聊齋誌異」。一如葛兆光所言：「古代中國
人相信自己的『文明』，而想當然地認定四夷的『野蠻』，當他們仍
處在這一歷史傳統中，挾著本土的想像去看異域的生活時，總是把一
些恐怖怪異、不可理喻的事情附益在自己並不熟悉的空間裏。」[32]以獵
奇的眼光描繪「異文化」，特別突出「夷」與自身的差異性。

　　「夷」可說是古代中國「內部的他者」（the others within）。一如
沈松僑所述：他們「既非純然處於國族外部的異己，又無法納入由漢
人族群所構成的核心『我群』。」[33]如何刻畫這些「有點異國情調」的
人群，旅行者不免以其「帝國之眼」[34]，俯瞰並放大其「異」。除了蠱
毒這種「異質文明」之外，人文景觀也是旅行者「觀看」的焦點。對
於「他者」的描述，雖以紀實的手法紀錄，仍充滿「傳奇」色彩。例
舉如下：

　　番舶有一等人名「崑崙奴」者，俗稱黑鬼，滿身如漆，止餘兩
　　眼白耳。其人止認其所衣食之主人，及主人之親友皆不認也。

32　葛兆光：〈山海經、職貢圖和旅行記中的異域記憶〉，收入《明清文學與思想之
　　主體意識與社會——學術思想篇》（臺北：中研院文哲所，2004年），頁355。
33　沈松僑：〈江山如此多嬌——1930年代的西北旅行書寫與國族想像〉，《臺大歷史
　　學報第37期》（2006年6月），頁189。
34　Mary Louise Pratt, *Imperial Eyes: Travel Writing and Transculturation*（London and
　　New York：Routledge，1992）。

其生死惟主人所命，主人或令自刎其首，彼即刎，不思當刎與
不當刎也。其性帶刀好殺，主人出，令其守門，即水火至死不
去，他人稍動其扃鑰則殺之，毋論盜也。又能善沒，以繩繫
腰，入水取物，買之一頭，值五六十金。（頁293）

孟密所屬有地羊，當官道往來之地，其人黃睛鼇面，狀類鬼，
剪舊銅器聯絡之，自膝纏至足面以為飾。（頁323）

諸省惟雲南諸夷雜處之地，布列各府，其為中華人惟各衛所戍
夫耳。百夷種曰僰人、爨人，各有二種，即黑羅羅、白羅羅、
麼些、禿老、㪍門、蒲人、和泥蠻、土獠、羅武、羅落、撒
摩、都摩察、儂人、沙人、山後人、哀牢人、哦昌蠻、㦬蠻、
魁羅蠻、傳尋蠻、色目、灟河、尋丁蠻、栗㪍，大率所轄惟
僰、羅二種為多。僰人與漢人雜居，充役公府。羅羅性疑，深
居山寨，人得給而害之。（頁321）

上述前二則就其體貌特徵與性格敘寫，「黑鬼」、「狀類鬼」的形
容顯示了作者與這些民族接觸時「視覺」上的衝擊，同時也涵藏貶抑
之意涵。王士性一方面觀察「異俗」，以獵奇的心態書寫邊境異族的
生活情境，「買之一頭」的用語，視「崑崙奴」為物件；既摹寫人物
形象，又以主僕間的互動涵蘊「奇觀」的人文想像。

下一則以並列的夷名顯示此地「少數民族」之多與雜，有如「博

物館」式的陳列[35]，形塑了我們對「華夏邊緣」的認知系統。

　　與他者（異民族）的接觸，固然可以顯示觀看者「獵奇」的眼光；透過衣飾飲食、民俗慣習等日常生活反而更能洞察旅行者的「好奇」。

> 永近粵，鄉村間稍雜以夷獠之俗。男子衣裙曳地，婦女裙褲反至膝止，露骭跣足，不避穢污，著草履者其上也。首則飾以高髻，耳垂大環，鑄錫成花，滿頭插戴。一路鋪遞皂快、與夫馬卒之徒，皆以婦代男為之，致男女混雜戲劇，官不能禁。（頁286〜287）

> （保靖）其俗男不裹頭，女衣花布，……短裙椎髻，常帶刀弩為威。其人雜夷獠，不可施以漢法，故歷代止羈縻之。（頁288）

> （麓川）男子皆髡首黔足。（頁322）

> 永以西盡於粵江，婦女裙褲咸至膝，膝以下跣而不履，頭笄而耳瑱則全。（頁309）

此處的衣飾描寫，著重在性別印象的反轉。「男子衣裙曳地」，「婦女裙褲反至膝止」、「婦女裙褲咸至膝」等等形容，都是以自身的衣飾為座標，而顯現「他者」之「奇」。衣飾與髮型作為身體的延伸，都

---

[35] Emma Jinhua Teng, *Taiwan's Imagined Geography: Chinese Colonial Travel Writing and Pictures*（Cambridge，MA.and London：Harvard University Asia Center，2004）（1683〜1895）。Chapter2" Taiwan as Living Museum：Savagery and Tropes ofAnachronism"。本處「博物館」的概念源出於此。

是辨別民族的要素。[36]所以「短裙椎髻」、「頭箄而耳瑱則全」、「女衣花布」、「首則飾以高髻，耳垂大環，鑄錫成花，滿頭插戴。」、「椎髻短衣，不冠不履」（頁399）等民族誌[37]的觀察是以衣服的色彩、長短等特徵並佐以「少數民族」獨特的審美觀以傳達旅行者的觀看之道。而「夷獠之俗」、「其人雜夷獠，不可施以漢法」、「男女混雜戲劇，官不能禁。」等話語又顯示了王士性的治理心態，畢竟王士性是以地方官員的身分來到此地，對此地的風土人情自會投注統治者巡視的目光[38]。

（二）巡視的目光

　　約翰・伯格（John Berger）在《觀看的方式》（Ways of Seeing）提到「我們注視的從來不只是事物本身；我們注視的永遠是事物與我們之間的關係」。[39]對於宦遊、巡守各地的王士性而言，自會以官府為主的觀視角度。因而，有關法令之事如後所述：「雲、貴土官各隨流官行禮，稟受法令，獨左、右江土府州縣不謁上司，惟以官文往來，故鴛鷲難治。其土目有罪，徑自行殺戮，時有以官祖母、官母護印

---

[36] 胡曉真：〈旅行、獵奇與考古——《滇黔土司禮記》中的禮學世界〉，《中國文哲研究集刊》第29期（2006年9月），頁67。

[37] 「民族誌是一種描述群體或文化的藝術或科學。……民族誌根本上是本質的描述。民族誌學和民族學是用來完成一個可理解的人類學研究，需要一般的文學檢閱，資料蒐集技巧的呈現、描寫、轉譯和彼此關聯的討論。」參見David Feterrman著，賴文福譯：《民族誌學》（Ethnography：Step by step）（臺北：弘智文化公司，2000年），頁1～36。

[38] 胡曉真在論述明清時期西南疆風土與婚俗的記載時所根據的文本資料如田雯（1635～1704）《黔書》即是以地方官員的身份，傳承治黔之經驗；《續黔書》的作者張澍也是以地方官員的立場發言。參見胡曉真：〈旅行、獵奇與考古——《滇黔土司禮記》中的禮學世界〉，《中國文哲研究集刊》第29期（2006年9月），頁49～51。

[39] 約翰・伯格（John Berger）著，吳莉君譯：《觀看的方式》（Ways of Seeing）（臺北：麥田出版社，2005年），頁1～2。

者，其族類文移亦稱官弟、官男。」（頁308）此為雲貴地區獨有的「法律文化」。

　　值得注意的是關於盜匪的敘述，其一為「府江兩岸六百里湍流悍激，林木翳暗，傜僮執戈戟竄伏，鉤引商船，劫奪鹽米，甚至殺官傷吏，屢剿不止，只為深林密箐，彼得伏而下，我不得尋而上也。」（頁310）這段描述論述傜僮劫商傷吏之現象，另一則敘述則值得玩味：「各鹽井惟五井多盜。其盜最黠而橫，其穴前臨井，後倚深林大箐，巨坂遙岑，過此則為吐蕃之地，故緩之則劫人，急之則走番，追兵見箐不敢深入，最為害也。路內即箐賊，嘗坐箐中覘過客而顛越其貨，又其射皆毒弩，技最精。夷賊習射者，於黑夜每三十步插香一枝，九十步插三香，黑地指火影射之，一矢而三香俱倒方為上技。」（頁318）這一段描述確有說部稗官之意。[40] 從「技最精」、「一矢而三香俱倒方為上技」，顯示了盜匪之黠詭與身手。

　　除此之外，對地方的開發也是官府之眼：「金沙江源吐蕃，過麗江、北勝、武定、烏撒、東川入馬湖江，出三峽。滇池水過安寧入武定合之。雲南舊有議開此江以通舟楫，使滇貨出川以下楚、吳者。余初喜聞其議，會黃直指復齋銳意開之，已遣人入閩取舟工柁師而黃卒。余同年郭少參朝石欲必終其事。余多方偵之，繪為圖，乃知此江下武定境皆巨石塞江，奔流飛駛，石大者縱橫數丈，小者丈餘，間有平流可施舟楫處，僅一二里絕流橫渡者也。若順流而下，兩岸皆削壁，水若懸注，巨礁巉岩承其下，自非六丁神將安能鑿此？過萬人嵌，深潭百丈，杉板所陷，舟無不碎溺者。又皆夷人所居，旁無村落，即使江可開，舟亦難泊，適為夷人劫盜之資也。天下有譚之

40　四庫全書總目評之為「蓋隨手紀錄，以資談助。故其體全類說部，未可盡據為考證也。」

若美而實不然者，類如此。」（頁315）此處有王士性個人之參與及感受。然並非諸事有官府參與即可成：「（秭歸）此地名為楚轄也，蜀不修。蜀請楚修，楚謂雖楚地，楚人不行，蜀行之，楚亦不修。萬曆戊子，徐中丞元泰撫蜀，邵中丞陛撫楚。徐餉工費八百金於楚以請，邵修之而還其金。至今道路寬夷，不病傾跌。惟是歸、巴郡邑僻小殘憊，不足供過客之屐履，攜家行者，苦於日不完一站則露宿，少停車之所，又荒寂無人煙聚落，故行者仍難之。」（頁304）能感同身受於行者之難及聚落之荒寂，自是官府治理觀點下的人文關懷。

異文化的觀察視角之外，尚有相應於異文化的治理之道，這是因宦遊而有的文化體驗。王士性自述：「余兩宦其地，山川謠俗，聞見頗多，茲特其尤較著者。」（頁203），自序又云：「余已遍海內五岳，與其所轄之名山大名山大川而遊。」可見其「宦」與「轄」的書寫位置，因而有「以官府治理為觀察之基點」。治理的問題意識起因於民夷雜處之文化現象，由於地方之分野，如其所云：「貴竹、粵西兩省，雜以傜、僮、彝、苗，主以衛所，間以土酋，咸不成省。院司以官至者，人我咸鄙夷之。謂當以辰州、沅州、靖州分屬貴州，永州、寶慶、郴州分屬粵西，則十三省大小適均，民夷事體俱便。」（頁281）方有漢族與「傜僮夷苗」混雜之生活情態。因此，王士性提出他的觀察：

> 廣右異於中州，而柳、慶、思三府又獨異。蓋通省如桂、平、梧、潯、南寧等處，皆民夷雜居，如錯棋然。民村則民居民種，僮村則僮居僮耕，州邑鄉村所治猶半民也。右江三府則純乎夷，僅城市所居者民耳。環城以外悉皆傜僮所居，皆依山傍谷，山衝有田可種處則田之，坦途大陸縱沃，咸荒棄而不顧。然僮人雖以征撫附籍，而不能自至官，輸糧則寄託於在邑之

民。僮借民為業主，民借僮為佃丁，若中州詭寄者然，每年止收其租以代輸之官，以半餘入於己。故民無一畝自耕之田，皆僮種也。民既不敢居僮之村，則自不敢耕僮之田，即或一二貴富豪右有買僮田者，止買其券而令入租耳，亦不知其田在何處也。想其初改土為流之時，止造一城，插數漢民於夷中則已。是民如客戶，夷如土著，田非不經丈量，亦皆以空牒塞責，故幅員雖廣，而徵輸寡逋負多。（頁311～312）

「荔波無一民，皆六種夷雜居，自思恩縣西去，陸行數百里，深則重溝，高則危嶺，夜則露宿，晝無炊烟，人多畏而不敢入。」（頁312）因地形之險峻，荒野的畏懼之感。此種地理想像，聯結的是民夷之間對地理之探索以及疆界之界義。如其所述：

> 徭僮之性，幸其好戀險阻，傍山而居，倚沖而種，長江大路，棄而與人，故民夷得分土而居，若共稍樂平曠，則廣右無民久矣。（頁313）

「重溝」、「危嶺」之地形為恐懼地景，從另一視角卻又是徭僮所戀；「戀險阻」與「樂平曠」的地理想像，顯示了地域、民族與文化的差異。值得注意的是「民如客戶，夷如土著」，以及「僮借民為業主，民借僮為佃丁」此種「互生」關係的描摩。民與夷之間何者為主？何者為客？就文字之敘述「土著」與「客戶」之間似乎有其「相處」之規範，而「業主」與「佃丁」則隱含權力關係。可知民居城，而夷居「環城之外」。王士性之敘述旨在說明民夷混居與土地運用的現象：「坦途大陸縱沃，咸荒棄而不顧」以及「幅員雖廣而徵輸寡、逋負多」之語，皆是以巡視之目光看待西南諸省的人文現象。

再者，論徭僮之俗四種，分為「打冤」、「著事」、「墮禁」與

「賠頭」。分析清晰且條理分明，敘寫如下：

> 傜僮之俗，祖宗有仇，子孫至九世猶興殺伐，但以強弱為起滅，謂之「打冤」。欲怒甲而不正害甲也，乃移禍於乙，而令乙來害甲，謂之「著事」。白晝掠人於道，執而囚之，必索重賂而贖乃歸，謂之「墮禁」。兩村相殺，命斃不償，斃者以頭計，每頭賠百兩或幾十兩，以積數之多寡為貴，實無兩也，而以件代之，如豕一為一兩，而一雞一布亦為一兩也。撫安僮老為其和畢，則截刀為誓，始不報冤，謂之「賠頭」。諺云：「傜殺傜不動朝，僮殺僮不告狀。」（頁312～313）

這些民俗的描繪，一方面是名詞的「翻譯」，一則為文化的觀看。如「（景東）俗多婦人，下戶三四妻不妒忌，頭目而上或百十人供作，夫死則謂之「鬼妻」，皆棄不娶。省城有至其地經商者贅之，謂之「上樓」，上樓則剪髮不得歸矣，其家亦痛哭為死別也。」（頁323）關於西南諸省的異文化敘述[41]，自是論及邊境書寫時所關注的焦點。此地的民俗書寫則牽涉及倫理人情，隱藏在婚姻背後的是人我關係與性別權力。將招贅的「上樓」婚禮與「死別」相連結，就產生了價值觀的碰撞與對立，形塑了「中心」與「邊緣」的文化角力。

再者，文化的碰撞之下，不免有所爭執與衝突，與官府訴訟之紀錄為宦旅者所獨見。敘寫如後：

> 滇雲地曠人稀，非江右商賈僑居之，則不成其地，然為土人之累亦非鮮也。余讞囚閱一牘，甲老而流落，乙同鄉壯年，憐而收之，與同行貨，甲喜得所。一日乙偵土人丙富，欲賺之，與

---

41 范宜如：〈華夏邊緣的觀察視域：王士性《廣志繹》的異文化敘述與地理想像〉，《師大國文學報》第四十二期（2007年12月）。

甲以雜貨入其家，婦女爭售之，乙故爭端，與丙競相推毆，歸
則致甲死而送其家，嚇以二百金則焚之以滅跡，不則訟之官。
土爨人性畏官，傾家得百五十金遺之，是夜報將焚矣，一親知
稍慧，為擊鼓而訟之，得大辟，視其籍，撫人也。及偵之，其
事同，其騙同，其籍貫同，但發與未發，結與未結，或無幸而
死，或幸而脫，亡慮數十家。蓋客人訟土人如百足蟲，不勝不
休。故借貸求息者，常子大於母，不則亦本息等，無錙銖敢
逋也。獨余官瀾滄兩年，稔知其弊，於撫州客狀，一詞不理。
（頁315～316）

此間有情境、有衝突、有冤獄，有如一場社會戲劇。以連續的「其事
同，其騙同，其籍貫同」點出騙匪的「專業」除了之外，也是王士
性「官瀾滄兩年」對撫州人的觀察與判讀。這段敘述極似人類學記
事，有主客之對應，異文化與漢文化之衝擊，以及王士性「參與式觀
察」[42]的文化接觸與介入。王士性的滇地宦旅，多有其親身經歷之敘
寫，如生還麗江之事件，又可見官府與「異」族相遇的行動與心態：

永寧、蒙化等守咸君事之，元旦生辰，即地隔流府者不敢不走
謁。其謁也，抹纈叩頭，為其扶輿而入，命之冠帶則冠帶而拜
跪，命之歸則辭，不命咸不敢自言。其自尊不啻皇家，坐堂則
樂作，而樂人與伺班官吏隸卒咸跪而執役，不命之起則終日不
起，以為常。其父子不相見，見則茶酒咸先嘗之，祖父以來，

---

42 日常生活的世界便是人類存在之平凡、普通、典型、例行或自然的環境。在參與觀
　察法中，研究者需要直接以參與者的身分，為我們提供了由成員或圈內人的角度，
　進入日常生活的世界途徑。經由參與，研究者得以利用圈內人的角色，觀察並體驗
　人類的意義及互動行為。（Danny L. Jorgen著，王昭正、朱瑞淵譯：《參與觀察法》
　（臺北：弘智文化公司，1999年），頁17～32。

皆十年以外則相弒。而其毒藥又甚惡，勘其事者，如大理、鶴
慶二太守，咸毒殺之，鶴慶縉紳亦往往中其毒。鶴慶人亡論貴
賤大小，咸麗江腹心，金多故也。余備兵瀾滄，正渠助千金餉
於朝廷，欲請勒加大參銜，奏下部行，院道相視莫敢發，余
乃奮筆駁罷之，遂毀敕書樓。後陪巡鶴慶，最為戒心，乃得
生還，倖也。他如沅江、廣南亦不逞，然無甚於麗江者。（頁
317）

　　關於麗江的描寫，《五嶽遊草》著眼於玉龍雪山的神奇壯麗，
《廣志繹》則敘寫其民風異俗以及華/夷之對照：「迤西土官惟麗江最
黠，其他山川險阻，五穀不產，惟產金銀。其金生於土，每雨過則令
所在犁之，輸之官，天然成粒，民間匿銖兩者死，然千金之家亦有餓
死者。郡在玉龍山下，去鶴慶止五十里而遙，然其通中國只一路，彼
夷人自任往來，華人則叩關而不許入，一人入，即有一關吏隨之，隨
則必拉以見其守，見則生死所不可知矣，故中國無人敢入者。」（頁
316～317）

　　　廣右一路可通貴州，一路通雲南，一路通交趾。其通貴州者，
　　乃由田州橫山驛八十里至客庄驛，平。五十里歸洛驛，平。
　　一百二十里往泗城州厓驛，有小嶺。一百二十里路城驛，有
　　嶺。一百二十里安隆長官司，崎嶇。四十里打饒寨，可行。
　　六十里北樓村，五十里過橫水江至板柏村，俱崎嶇。七十里板
　　屯土驛，路窄草木密。六十里洞洒村，有石。二十里安龍所，
　　崎嶇。六十里魯溝，可行。至貴州。孫直指欲通此，使有事之
　　日不單靠貴竹一路，甚善。第貴竹大路乃當兵威大創之後，其
　　西八站又奢香自開。今太平無事時忽有此舉，土官疑其改土為
　　流，陽順而陰撓之，故終無成。且安隆三日路，亦自崎嶇不可

開也。（頁310～311）

從此段可發現，王士性對邊境交通[43]有所著墨，同時他也注意到
夷俗的特色，而邊境紀事中的中心與邊緣、女性與異族，可以是深入
考索的課題。

其中，奢香故事即為宦滇文士書寫女性的共同主題。有詩如謝肇
淛（1507～1624）〈奢香〉：

> 西溪溪畔路，戰壘欝連雲。地是奢香寨，人皆娘子軍。山深無
> 毒障，夷熟盡耕耘。更喜村居密，雞豚滿夕曛。

亦有田汝成之筆記，文中出現奢香與洪武帝之對話：「上令招奢香
至，問曰：『汝誠苦馬都督，我為汝除之，何以報我？』奢香曰：
『世戢羅夷不敢亂。』上曰：『此汝常職，何云報也？』奢香曰：『貴
州東北有間道可通四川，願刊山通道，給驛使往來。』上許之。」[44]馮
甦（1628～1692）《滇考》亦有載：「奢香者，貴州宣慰使靄翠之妻
也。……靄翠仕元四川行省左丞……靄翠死，奢香代之。」

綜合以上所述，謝肇淛之詩，突出了奢香之名，關注到西南地區

43　關於明代交通狀況，白壽彝《中國交通史》有言：「明代驛郵之事掌於兵部車駕清
　　吏司，驛郵制度略如元時，有會同館，有水馬驛，有急遞鋪，有遞運所。水馬驛即
　　元代之站赤，而關於運輸者，則以運遞所掌之，會同館是站赤之在京師者。會同館
　　有南北二館，北館六所載北京，南館三所在南京，有大使一員，副使二員，總轄館
　　務，以副使中的一員，分管南館，凡王府差遣人員，和西北各國使臣及雲貴等處
　　土官番人，都在北館安置。見白壽彝：《中國交通史》（上海：商務印書館，1937
　　年），頁184～185。

44　有關奢香故事的傳播與內涵，可參考胡曉真：〈「前有奢香後良玉」——明代西南
　　女土司的女民族英雄形象建構〉，原為中研院「行旅、離亂、貶謫與明清文學」
　　（2009年12月）會議論文，後由木下雅弘翻譯成日文，發表於《中國文學報》78
　　冊，頁54～90。

的女性土司，馮甦《滇考》則載錄奢香與其夫靄翠之事蹟，釐清了奢
香之官職；至王士性則著重於奢香開道之史實，呈現了明帝國與雲貴
地區的關係。詩歌、筆記乃至方志對於奢香的敘寫，顯示了文人宦遊
之際，對於邊境地域的文化思考。

（三）日常生活的飲食與儀式

　　飲食是日常生活[45]的一部份，同時也是觀察一個社會群體的起
點，學者所述：「飲食是文化的一部分，其內在有著社會文化的指標
和元素。」[46]揭示飲食與日常生活之間的聯結。食物亦可區分族群內
外，野蠻與文明，社會階級等第的高下，或是社會空間乾淨與否[47]，
從《廣志繹》中有關食物的書寫與紀錄即以人在「異地」的視角觀看
社會階級及空間。例舉如下：

> 滇中兵每出則於蠻哈，其地在蠻哈山下，江之北岸，最毒熱多
> 蠅，人右手以匕食，則左手亂揮蠅，稍緩則隨飯入喉中。（頁
> 318）

> 凡食牲，不殺，咒而死，然後烹。（頁323）

> 廣南、順寧諸府俗好食蟲，諸處好食土蜂。（頁321）

45　「社會」並非是外在於個人且客觀存在的「社會事實」，而是由個人在日常生活中
　　看似平凡、瑣碎、無聊的點點滴滴，以動態的、進行中的、權宜的態度所互動出來
　　的。見Ben Highmore著，周群英譯：《日常生活與文化理論》（臺北：韋伯文化國
　　際出版公司，2005年），頁2。

46　顧恩特‧希旭菲爾德著，張志成譯：《歐洲飲食文化》（臺北：左岸文化出版社，
　　2004年），頁22。

47　廖炳惠：《吃的後現代》（臺北：麥田出版社，2004年），頁22。

　　這些特殊的慣習，顯示了作者的雲南經驗。蠅與飯同時入喉，蟲與土蜂是食物中的最愛，包含前文所述的食人肉的紀錄（人死則群聚守之，至葬乃已，不爾，則為所食），在在顯示了野蠻與文明的對比。

　　除了一般的飲食之外，檳榔的食用習慣也是王士性所著墨之處。

　　（廣右）俗忌夜食，食必用檳榔消之，忌早起，起即用杯酒實之。（頁310）

　　俗好以蔞葉嚼檳榔，蓋無地無時，亦無尊長，亦無賓客，亦無官府，在前皆任意食之。有問，則口含而對，不吐不咽，竟不知其解也。或以炎瘴之鄉，無此則飲食不化，然余攜病軀入粵、入滇，前後四載，口未能食錙銖，亦生還亡恙也。大都瘴鄉惟戒食肉、絕房幃，即不食檳榔無害，渠土人食者，慣耳。滇人所食檳榔又與廣異。廣似雞心，如果肉；滇如羌核，似果殼。滇止染灰，亦不夾蔞葉。蔞一名蒟苗，即蜀人所造蒟醬者也。蔞生，葉大而厚，實似桑椹，其苗為扶留藤，人食之脣如抹朱。楊萬里云：「人人藤葉嚼檳榔，戶戶茅檐覆土床。」（頁292）

以「無地無時，亦無尊長，亦無賓客，亦無官府」言其「任意食之」之狀。此物之特殊為「炎瘴之鄉」之必食之物。又細言其貌，而以滇、廣對比，以「雞心」、「羌核」對照，再談兩地食用檳榔之異，其中滇地檳榔不夾蔞葉，順之，又連結至蜀人所造蒟醬及食後「脣如抹朱」之形貌。王士性自言其入粵、滇四年，未食檳榔，並稱食檳榔為土人之習，從這些紀錄都可以看出他的觀察角度：介入，但不投入。

　　王士性並不是如人類學家一樣，全然投入於他所觀察的人文生活中；他終究是「官」，與民有區隔。我們也不必期待他像人類學家一般去除「奇觀式」的觀看，而是去發現他如何看？他觀看的細節何在？這些觀看的方式形構了怎樣的文化圖景。譬如王士性在描述當地人食用檳榔的敘事中，加入了個人的親身經歷。而這個親身體驗並非嘗食檳榔的經驗重述，而是另一種「理性」的辯證。他以病軀在粵、滇等地生活四年，未曾依當地之俗食用檳榔，卻能在「炎瘴之鄉」「生還無恙」。以身體的日常經驗抗拒了異地的風俗，呈顯了作為中土人士的優越性；同時也讓我們看到隱藏在食物背後的社會階層之區分及文化心理之映現。

　　民俗節日與特殊儀式（尤其是婚禮與葬儀）[48]往往是旅行中觀察的重點。如《廣志繹》書中所述：「（保靖）其俗男不裹頭，女衣花布，親喪打葬，就日而埋，疾病則擊銅鼓、沙鑼以祀鬼神。居常則漁獵腥羶、刀耕火種為食，不識文字，刻木為契。」（頁288）以葬儀（「就日而埋」）、疾病治療的儀式（「擊銅鼓、紗鑼以祀鬼神。」）為描述重點，又如麓川之俗：「人死則飲酒作樂，歌舞達旦，謂之『娛死』。」（頁322）與古代中國固有的風俗迥異，卻也呈現了少數民族的文化差異性；再者，王士性以官員身分所觀察的：「夷人法嚴，遇為盜者，綳其手足於高桄之上，亂箭射而殺之。夷俗射極巧，未射其心脅不能頃刻死也，夷性不畏亟死，惟畏緩死，故不敢犯盜。貴州南路行，於綠林之輩防禦最難。惟西路行者，奢香八驛，夫馬廚傳皆其自備，巡邏千揪皆其自轄，雖夜行不慮盜也。夷俗固亦有美處。」（頁325）一方面延展夷人本質之「異」，一方面又以治理的眼光解消

48　胡曉真：〈旅行、獵奇與考古──《滇黔土司禮記》中的禮學世界〉，《中國文哲研究集刊》第29期（2006年9月），頁51。

夷人嚴法的「非文明」；以「夷俗故亦有美處」的斷語，評論夷人嚴
刑的殘酷敘事。

　　此外，另有特殊節日的敘述，如「雲南火把節」[49]：

> 雲南一省以六月二十四日為正火把節，云是日南詔誘殺五詔於
> 松明樓，故以是日為節。或云孟獲為武侯擒縱而歸，是日至
> 滇，因舉火袚除。或又云是梁王擒殺段功之日，命其屬舉火以
> 禳之也。二十後各家俱燃巨燎於庭，人持一小炬，老幼皆然，
> 互相焚燎為戲，燼鬚髮不顧。貧富咸群飲於市，舉火相撲達
> 旦，遇水則持火躍之。黑鹽井則合各村分為二隊，火下鬪武，
> 多所殺傷。自普安以達於雲南，一境皆然，至二十五乃止。
> （頁322）

　　先以「或云」的寫法並列各種對於節日緣由的說法，再補述節日
的相關細節，以具象的「互相焚燎為戲，燼鬚髮不顧」，再舉出雲南
一省不分老幼貧富，均沉浸在火把節的狂歡情境之中（甚至從狂歡變
成武鬪），突顯了節日與民眾之間的重要聯結。

二　樂土：另一種地理想像

　　研究者指出，對異文化他者的呈現，除了突出二者的差異之外，
還有另一個極端，就是美化、理想化或者說浪漫化的處理。葛兆光在
談到古代中國對於異域的想像時指出：「本來應當是實錄的東西，由
於作者自身的知識和經驗，常常把原來習得的記憶和資源帶進自己的

49　馮甦《滇考》稱火把節為「星回節」，其記載：「皮羅閣建松明樓，誘五詔同至祭
　　祖，因舉火焚死事。且曰金滇中六月二十四日，居民熱炬相照，稱星回節，此其由
　　來也。」〔清〕馮甦：《滇考》（臺北：臺灣華文書局，1968年），頁98。

紀錄中，所謂『耳聽為虛』常常會遮蔽『眼見為實』，特別是他們對異域之「異」的格外興趣，總是使他們的旅行記不由自主地把『實錄』變成『傳奇』。」沈松僑在研究近代西北旅行書寫時則發現，西北的非漢人群，往往被美學化、浪漫化為體現國初本質的表徵，也成為旅行者國族主義鄉愁情懷（nostalgia）投射的對象。將「惰劣」習性詮釋為「特富詩意」的理想生活方式，對於青海番民嚴守居喪不歌不樂之古制，以「禮失而求之野」的說法大加稱揚，對未受「文明」污染之「自然」充滿嚮往之情。我們在《廣志繹》一書也看到這種視邊境為「樂土」的雙重視野。從以上二位學者的研究，或許顯示了古代中國文人依違於蠻荒與樂土之間的觀看之道。以永昌之地為例：

> 永昌即金齒衛。金齒者，土夷漆其齒也。諸葛孔明征孟獲，破藤甲軍，今其夷人漆藤纏身，尚有藤甲之遺。余聞之同年保山令楊君文舉也。其初只南征十軍處於此地，謂之諸葛遺民，今則生齒極繁。然其地乃天地窮盡處，而其人反紅顏白皙，得山川清麗之氣，而言語服食悉與陪京同。其匠作工巧，中土所無有，良樂土也。（頁317）

此處夷人的外在特徵是金齒，然外貌「紅顏白皙」，與所處之地在天地之邊陲，「得山川清麗之氣」相關，而語言、服飾、食物又與中土相同；既有蠻荒的圖像，又有地域清靈之氣，自有樂土之稱。但王士性又有此一說：「樂土以居，佳山川以遊，二者嘗不能兼，惟大理得之。」諸葛遺民的生活畢竟是烏托邦，大理成了王士性旅行中「生活在他方」的家城。再如大理點蒼山之摹寫：

> 大理點蒼山西峙，高千丈，抱百二十里如弛弓，危岫入雲，段氏表以為中嶽。山有一十九峰，峰峰積雪，至五月不消，而山

麓茶花與桃李爛熳而開。東滙洱河於山下，亦名葉榆，絕流千里，沿山麓而長，中有三島、四洲、九曲之勝。春風掛帆，西視點蒼如蓬萊、閬苑，雪與花爭妍，山與水競奇，天下山川之佳莫逾是者。且點蒼十九峰中，一峰一溪飛流下洱河。而河崖之上，山麓之下，一郡居民咸聚焉。四水入城中，十五水流村落，大理民無一壠半畝無過水者，古未荒旱，人不識桔橰。又四五月間，一畝之隔，即倏雨倏晴，雨以插禾，晴以刈麥，名「甸溪晴雨」。其入城者，人家門扃院落捍之即為塘，甃之即為井。謂之樂土，誰曰不然？余遊行海內遍矣，惟醉心於是，欲作菟裘，棄人間而居之，乃世網所攖，思之令人氣塞。（頁316）

這段風景描述營造了人與自然之間的和諧處境，以全景式的角度標示大理重要的地標：點蒼山與洱河，並以季節的變化（峰峰積雪，至五月不消）、流動的視點（一峰一溪飛流下洱河）、物像的映照（雪與花爭妍，山與水競奇，雨以插禾，晴以刈麥），引發觀者的愉悅感受。而大理居民置身此地，也成了自然景觀的一部分。「甸西晴雨」一詞又彷彿是作者家鄉的文化語碼，具有江南水鄉的氤氳美感，呈顯了王士性對於人與自然的主從關係的審美判準，也表述了個人所嚮往的生活場域──處於邊境，卻出以日常的鄉居形貌。[50]

王士性對於各地之民居、生活皆有深入的觀察。對於他鄉異域，除了奇人異事的紀錄之外，更有對家鄉、家居、家園的深刻思索。其

---

50 這種審美感受除了在大理城之外，四川的新都亦有相似的描述：「今新都諸處，飛渠走澮，無尺土無水至者，民不知有荒旱，故稱沃野千里。又江流清冽可愛，人家橋梁扉戶，俱在水上，而松陰竹影又抱繞於漣漪之間，晴雨景色，無不可人。」（卷5〈四川〉，頁372）

中對於「樂土」之說，具體的地點在永昌與大理，均屬西南邊境。那麼，何謂樂土？永昌一地之民「紅顏白皙，得山川清麗之氣，而言語服食悉與陪京同。其匠作工巧，中土所無有，良樂土也。」（頁317）從這段敘述可知樂土之「言語服食與陪京同」，再怎樣絕奧之境，食物、衣飾、語言都必須與陪京相同，這是既有生活場域的節奏；另一方面，「匠作工巧」卻是「中土所無有」。手工民藝本是常民文化的展現，工匠的手藝自可顯示一地的文化。歸納上述要點，樂土是一處有獨特文化卻又俱備陪京性質之地；「山川清麗」為其自然環境，「匠作工巧」為其人文表現。另一處則是大理，此間居民聚集，水流縱橫於城居之間，自然環境有洱河、點蒼山；人文環境則是民居的「雨以插禾，晴以刈麥」的季節農作。王士性拈出「樂土」一詞，既是個人理想的家居生活之追尋，也是他對自然與人文相融的思索。

三　邊境之外的奇觀凝視

　　前文已然提及「內部的他者」之觀點。對許多人來說，在自身之外者都可視為「他者」；尤其在旅行之中，因為與平日生活的節奏有所差異，對於「異」人的出現，具有極高的敏銳度。而《廣志繹》作為旅行的觀察紀錄，對於與日常相異的情境，多有描繪。如〈兩都〉對於女性的觀察：

> 都人好遊，婦人尤甚。每歲元旦則拜節，十六過橋走百病，燈光徹夜。元宵燈市，高樓珠翠，轂擊肩摩。清明踏青高梁橋，盤食一望如圖畫。三月東嶽誕，則耍松林。每每三五為群，解裙圍松樹團坐，藉草呼盧，雖車馬雜沓過，不顧。歸則高冠大袖，醉舞驢背，間有墜驢臥地不知非家者。至中秋後，遊蹤方息。（頁206～207）

　　先寫元旦拜節、元宵燈市、清明踏青、中秋賞月等民俗活動，又細寫婦人情態，從「解裙圍松樹團坐，藉草呼盧，雖車馬雜沓過，不顧」。可見婦人藉游賞活動而失態的情境、「醉舞驢背間有墜驢臥地不知非家者。」更可知其狂放的情態。「至中秋後，遊蹤方息」之語則可見王士性對婦女遊賞活動之時間性的評議。從元旦至中秋，以民俗活動之出遊而創造了高粱橋、松林游耍之女性空間，似以「奇觀」之眼寫樹民之日常生活。他曾說自己家鄉風俗「樸茂近古」，「其最美者有二：余生五十年，鄉村向未聞一強盜，穿窬則漸有之；城市從未見一婦人，及奴隸之婦他往，亦必僱募肩輿自蔽耳。」對於這些婦人「解裙圍松樹團坐」，以及「水上兩岸人家，懸椿拓梁為河房、水閣，雕欄畫檻，南北掩映。夏水初闊，蘇、常遊山船百十隻，至中流，簫鼓士女，闐駢闐上舟中者，彼此更相覷為景。蓋酒家煙月之趣，商女花樹之詞，良不減昔時所咏。」（頁212）對王士性而言，當是獨特的風景。

　　此外，並言「古者婦人用安車，其後以輿轎代之，男子雖將相不過乘車騎馬而已，無轎制也。」（頁265）也許是因為台州的生活經驗，使他著意於女子出外及各種舉止。又如「養瘦馬」之說：「廣陵蓄姬妾家，俗稱『養瘦馬』，多謂取他人子女而鞠育之，然不啻己生也。天下不少美婦人，而必於廣陵者，其保姆教訓，嚴閨門，習禮法，上者善琴棋歌咏，最上者書畫，次者亦刺繡文工。至於趨侍嫡長，退讓儕輩，極其進退淺深，不失常度，不致憨戇起爭，費男子心神，故納侍者類於廣陵覓之。」（頁216）「瘦馬」之稱，從現代的眼光看來，固然有「物化」女性之疑，但王士性的詳實紀錄，有如今日的田野調查。這樣的觀察視角，出現在僧人與商賈身上，帶有對所處位置的想像與詮釋：

中州僧從不納度牒，今日削髮則為僧，明日長髮則為民，任自
為之。故白蓮教一興，往往千百為群，隨入其中，官府無所查
覈。為盜者亦每削髮變形，入比丘中，事息則回。無論僧行，
即不飲酒食肉者，百無一人。（卷三〈河南〉，頁231）

龍遊善賈，其所賈多明珠、翠羽、寶石、貓睛類輕軟物。千
金之貨只一人自齎京師，敗絮、僧鞋、蒙茸、襤褸、假癭、
巨疽、膏藥，皆寶珠所藏，人無知者。異哉賈也。（卷四〈浙
江〉，頁270）

這裡所說的「異哉賈也」與前段所論述的邊境之異不盡相同。一樣是
「獵奇」的目光，前文著重在民族（內部的他者）之間異文化接觸的
觀看；此處則是生活中的實錄。不同的行業與角色，創造了每種身分
的邊界；當你逸出這個界線，就會引起他人的注視。如上述的僧人，
游走在「僧、民」的角色之間，不符合社會規範的框架，就成了「異
人」。而商賈以其生活智慧，以扮裝易容的手法，造就孑然一身闖蕩
京師的本事，也成了王士性筆下的「奇人」。這些「奇」與「異」或
可說是眾生百態，然而，當《四庫全書總目》將此書置於史部地理
類存目，這些「奇觀」與「異事」就納入了「地理事實」；「其體全
類說部，未可盡據為考證也。」的說法又視此書為稗官野史的想像之
筆，因此它可以是古代中國的「古典知識」來源，又可視為編織異文
化圖像的個人經歷。在紀實文字的表述之下，涵融想像的邊界。

　　保羅‧康納頓（P.Connerton）說：「我們對現在的體驗在很大程
度上取決於我們有關過去的知識。我們在一個與過去的時間和事物有
因果聯繫的脈絡中體驗現在的世界，從而，當我們體驗現在的時候，

會參照我們未曾體驗的事件和事物。」[51] 旅行，究竟是放寬了自我的視
界？還是強化了自我與異己的差異？游移在真實與虛構之間的旅行敘
事，《廣志繹》創造了閱讀的可能性。

---

[51] 康納頓（Paul Connerton）著，納日碧力戈譯：《社會如何記憶・導論》（How
Societies Remember?University Press，1989）（上海：上海人民出版社，2000年），
頁2。

第五章　追蹤躡跡[1]：地域經驗的聯繫與對話

第一節　地景的複寫，隔代的對話

　　對同一地景的「複寫」，顯示了地景與個人、集體間的彼此界義，同時也關乎地誌書寫與地方想像的內涵與衍義。一如Mike Crang在《文化地理學》所述：「我們必須考量歷史脈絡下，文學生產的特殊關係。這讓我們能夠詮釋特定時期裏，具有獨特歷史牽連的有關某地的感覺結構。」[2]關於南方的紀遊書寫，受限於交通與地理之阻隔，大多為宦旅其地之文人。邊徼之地以其特殊的地理現象與民俗、人文，再加上書寫者與家鄉之遙遠距離，在紀遊書寫中往往呈現了異質的文化感受。

　　晚明的旅遊活動蔚為一時風尚[3]，旅行者是以怎樣的心緒進入各個

1　本章章節名稱引自高桂惠：《追蹤躡跡：中國小說的文化闡釋》（臺北：大安出版社，2005年）是書旨在論述小說之續衍辯證，並非討論文學地景。然標題之隱喻給予筆者關於地景「續寫」之啟發，特此說明。

2　Mike Crang著，王志弘、余佳玲、方淑惠譯：《文化地理學》（臺北：巨流出版社，2003年），頁62。

3　巫仁恕有關明清旅遊文化之篇章如〈晚明的旅遊風氣與士大夫心態〉、〈清代士大夫的旅遊活動與論述〉、〈從遊觀到旅遊：十六至二十世紀初蘇州旅遊活動與空間的變遷〉對於旅遊活動的社會史與文化史皆有深入之研究。巫仁恕、狄雅斯：《遊

「具歷史感」的地理場景？尤其是南方邊境，昔日的文人跡痕與今日的行旅遊蹤有著怎樣的相應關係？而對於南方的地理概念，是否也因為「宦旅」的觀視角度，而有著相同的文化視域？[4]《四庫全書‧史部地理類》中有關南方桂林的評述，除了指出《桂勝》[5]一書在明代輿記之中「自為別調」，特別指稱《桂海虞衡志》一書與《石湖詩集》的書寫筆法與內容。值得注意的是，明代遊人王士性，在其《五嶽遊草》一書，特別點出其〈桂海志續〉係有意識地接續前行者的行蹤。因此，筆者選取范成大《桂海虞衡志》與王士性〈桂海志續〉為考察對象，以解析在同一地點「複寫」之地誌表述及其蘊含之南方意識。

《五嶽遊草‧滇粵游上》〈桂海志續〉有云：

> 昔宋范成大帥粵，愛其土之山川，及移蜀猶不忘，憶而作《桂海虞衡志》，稱其勝甲於天下。余以萬曆戊子典蜀試攬勝紀遊，樂焉忘死。已自蜀改粵，時猶恍惚行巫山、錦水中也，亦為刻入蜀三記於郡齋，是何與范先生異地而同思耶。其後范鎮蜀，未知志蜀山川否？余乃為粵遊志，首獨秀山、次疊綵、次寶積、次七星巖、次省春、次灘山、次隱山六洞、次龍隱、次伏波、次白龍、次虞山、又次堯山，而終以訾家洲。（頁111）

道：明清旅遊文化》（臺北：三民書局，2010年）則從大眾的遊觀到士大夫的旅遊活動及書寫文本之品味與知識論述進行全面而具脈絡的詮述。

4　關於研究明代士大夫宦遊之作可參考莫礪鋒：〈陸游詩中的巴蜀情結〉，《社會科學研究》2003年第五期、白振奎：〈陸游‧地理‧空間〉，《中國韻文學刊》，第22卷第3期（2008年9月）、余霞：〈陸游、范成大巴渝詩異同之原因探析〉，《重慶工商大學學報》，第24卷第5期（2007年10月）、花紅志：〈陸游范成大蜀中交誼〉，《語言文學研究》（2009年8月）、蔣方：〈陸游《入蜀記》版本考述〉，《長江學術》（2006年4月）……等期刊論文。

5　《四庫全書‧史部11‧地理類6‧張鳴鳳《桂勝》提要》，《四庫全書珍本四集》（臺北：臺灣商務印書館，1973年）。

　　這段描述說明了寫作緣起，在個人仕宦經歷與山水的召喚之外，尚有藉由書寫與范成大創造自相聯繫的對話空間。從篇名〈桂海志續〉與小序即顯示了與范成大連結的自我意識。不同的是，范成大是回「憶」之作，自粵移蜀而撰《桂海虞衡志》；王士性則是「自蜀改粵」而撰「粵游志」，並以「首——次——又次——終」之順序書寫地景。

　　藉由王士性的說法，我們看見了地景作為隔代作家之間的連結。地景是張刮除重寫的牛皮紙。刮除原有的銘刻，再寫上其他文字，如此不斷反覆。先前銘寫的文字永遠無法徹底消除，隨著時間過去，所呈現的結果是混合的，刮除重寫呈現了所有消除覆寫的總和。地景是隨著時間而抹除、增添、變異與殘餘的集合體。一如Sauer之言：地景是連續的發展過程，或是分解與取代的過程。[6]段義孚（Tuan Yi-fu）、瑞夫（Relph）及其他相關學者強調：經由人的住居及某地經常性活動的涉入；經由親密性及記憶的累積過程；經由意象、觀念及符號等意義的給予；經由充滿意義的「真實」經驗或動人事件，以及個體或社區的認同感、安全感及關懷的建立；空間及其實質特徵於是被動員並轉型為「地方」。[7]桂林如何透過書寫而從地理「空間」成為「地方」？桂林地景又是如何被複寫、銘刻進而成為旅行者獨有的感覺結構？山川的行旅一如時光的流淌，聯繫了作家從粵地到蜀地的情感記憶，也連結了後代作家透過文字與前代作家對話的歷程。

6　Mike Crang著，王志弘、余佳玲、方淑惠譯：《文化地理學》（臺北：巨流出版社，2003年），頁27。

7　艾蘭・普瑞德著，許坤榮譯：〈結構歷程與地方——地方感和感覺結構的形成過程〉，夏鑄九、王志弘編譯：《空間的文化形式與社會理論讀本》（臺北：明文書局，1999年），頁86～87。

第二節　續寫：范成大《桂海虞衡志》與王士性〈桂海志續〉

一　范成大與《桂海虞衡志》

　　范成大（1126～1193），生於北宋靖康元年（1126），卒於南宋紹熙四年（1193）字致能，號石湖居士吳郡（今江蘇蘇州）仁紹興二十四年進士。他在宋孝宗乾道八年至淳熙二年任靜江知府兼廣西經略安撫使，《桂海虞衡志》寫於調職離桂赴川上任的途中。

　　關於《桂海虞衡志》的寫作過程與內容，根據《四庫全書總目‧史部地理類》記載：「乾道二年，成大由中書舍人出使靜江府。淳熙二年，除敷文閣待制、四川制置使。自序謂凡所登臨之處，與風物土宜方志所未載者，萃為一書，蠻陬絕徼見聞可紀者易附著之。共十三篇：曰〈志巖洞〉、〈志金石〉、〈志香〉、〈志酒〉、〈志器〉、〈志禽〉、〈志獸〉、〈志蟲魚〉、〈志花〉、〈志草木〉、〈雜志〉、〈志蠻〉。每篇各有小序，各志其土之所有。」同時舉其版本問題，「然檢《文獻通考‧四裔考》中引《桂海虞衡志》，幾盈一卷，皆志蠻之文，而此本悉不載。其餘諸門，檢《永樂大典》所引，亦多在此本之外。蓋原書本三卷，而此本並為一卷，已刊削其大半。則諸物之或有或無，亦非盡原書之故矣。」[8]

　　此書以范成大實地調查、親身調查與耳聞目睹的材料為基礎。孔凡禮稱此書為「廣右地區的博物志」：「《桂海虞衡志》考察了以桂

8　見《四庫全書總目》卷70史部26（北京：中華書局，1965年）。

林為中心的廣大廣右地區的植物（花果草木）、動物（禽、獸、蟲、魚）、礦產（金、石）、土產（香酒）、工技（軍器、樂器、其他工藝品）、巖洞（地貌、地質構造），風俗、氣候、文字等。」[9]此書有鮮明的地域特色，就書名而言，「桂海」，古稱南海。《文選》載南朝梁江淹〈袁太尉〉「文翰薄桂海，聲教燭冰天」之李善注云：「南海有桂，故曰桂海。」[10]但是以桂海代稱桂林，應本於范成大之詩。[11]范成大《石湖集》有「須知桂海接蓬瀛，滿目三山白銀闕」[12]之句，詩題中亦有「桂海」之稱——〈畫工李友直為余作冰天桂海二圖，冰天畫使北虜渡黃河時，桂海畫游佛子巖道中也。〉[13]「虞衡」，本為官名。《周禮・天官・大宰》：「以九職任萬民……三曰虞衡，掌山澤之官，主山澤之民者。」[14]虞衡在此代指桂海的百姓、山澤等民事與物事。《桂

9　孔凡禮點校范成大《桂海虞衡志》，指出「就現有記載判斷，本書足本之亡，當在明嘉靖之前，以明嘉靖古今說海所收即為今本。」而通行之六個版本中，以涵芬樓鉛印說（郭）本最善。他以此為底本，校以宛委山堂刊說（郭）本、四庫全書本（影引文淵閣本）、清鮑廷博刻本。並引用清周星詒校抄本及黃氏日鈔乾隆本，並以永樂大典所引文字做為校補之用，同時參考本草綱目徵引本書之文字。本文所引述的即是孔凡禮所點校的《桂海虞衡志》，收入《范成大筆記六種》（北京：中華書局，2002年（2008重印））此後直接於文末加上頁碼，不另加註。

10　蕭統編，李善注：《文選》三（臺北：文津出版社，1987年），頁1477～1478。

11　唐莫休符：《桂林風土記》首篇論桂林之沿革，禹貢時稱「桂州」，秦時設桂林南海象郡，漢時改為鬱林郡，以桂林為縣。莫休符又張衡之詩有「我所思兮在桂林，欲往從之湘水深。」稱桂林為郡久矣。在這段敘述中，桂林之稱為「桂州」、「桂林」，尚無「桂海」之稱。此書據學海類編排印收入《叢書集成簡編》（臺北：臺灣商務印書館，1966年）

12　〔宋〕范成大：《范石湖集》（臺北：河洛圖書出版社，1975年），卷14〈乾道癸巳臘後二日，桂林大雪尺餘，郡人云前此未省見也。郭季勇機宜賦古風為賀，次其韻〉，頁176。

13　同前註，頁184。

14　《十三經注疏》第469卷（臺北：藝文印書館，1995年），頁26。

海虞衡志》就是指桂海的民事、山物之紀錄。[15]

一如范成大在〈桂海虞衡志‧序〉提到他前去此地之心境：姻親故人「皆以炎荒風土為戚」，這也是一般人的地理想像，荒野所諭示的不就是「荒」地與「蠻」俗？對照於他在文中書寫此書之緣由：「航瀟湘，絕洞庭，泝灩澦，半年達於成都。道中無事，時念昔游，因追記其登臨之處與風物土宜，凡方志所未載者，萃為一書，蠻陬絕徼建文可紀者，亦附著之，以備土訓之圖。」可見最初對於「炎荒」的地理想像，透過日常生活以及「遊」旅的體驗，尤其是「登臨」經驗與地方「風物」的內容，均成為念想追記的材料。范成大既而提及他與居民相處之型態：「乾道八年三月，既至郡，則風氣清淑，果如所聞，而巖岫之奇絕，習俗之醇古，府治之雄勝，又有過所聞者。」所謂的「風氣清淑，果如所聞」是從前人的文字中所整合的概念，「而巖岫之奇絕，習俗之醇古，府治之雄勝，又有過所聞者。」則是范成大個人之經驗。在這段序文之中，可見范成大書寫的內容涵括「地景」（「巖岫之奇絕」、「登臨之處」）、民俗與慣息（「習俗之醇古」、「風物土宜」）以及相關之物質文化（「府治之雄勝」）等等。

綜觀是書各篇小序，或從親身經歷而言，或因物事之「異」而錄載。無論是「人士未嘗落南者，未必盡知，故著其說」的傳播效用；或是「備博聞」、「錄偶見聞」的民風採錄；或就官府治理角度「邊鎮之所宜知」的敘事；大抵敘說了范成大的「南方」經驗，同時，也形塑了桂林的地理空間與人文風貌。茲將各篇小序表列如下：

---

15 張全明：〈《桂海虞衡志》的生態文化史特色與價值〉，《華中師範大學學報》第42卷第1期（2003年1月），頁88～92。。

標目	小序
志巖洞	余嘗評桂山之奇，宜為天下第一。士大夫落南者少，往往不知，而聞者亦不能信。余生東吳，而北撫幽、薊，南宅交、廣，西使岷峨之下，三方皆走萬里，所至無不登覽。太行、常山、衡嶽、廬阜，皆崇高雄厚，雖有諸峯之名，正爾魁然大山；峯云者，蓋強名之。其最號奇秀，莫如池之九華，歙之黃山，括之仙都，溫之雁蕩，夔之巫峽，此天下同稱之者，然皆數峯而止爾，又在荒遠僻絕之瀕，非几杖間可得。且所以能拔乎其萃者，必因重岡複嶺之勢，盤亘而起，其發也有自來。桂之千峯，皆旁無延緣，悉自平地崛然特立，玉筍瑤簪，森列無際，其怪且多如此，誠當天下第一。（頁83）
志金石	《本草》有玉石部，專主藥物，非療病，雖重不錄。此篇亦主為方藥所需者。（頁89）
志香	南方火行，其氣炎上，藥物所賦，皆味辛而嗅香。而沉、箋之屬世專謂之香者，又美之所種也。世皆云二廣出香，然廣東香乃自舶上來，廣右香廣海北者亦凡品，惟海南最勝。人士未嘗落南者，未必盡知，故著其說。（頁93）
志酒	余性不能酒，士友之飲少者莫予若也，然知酒者亦莫予若也。頃數仕於朝，遊王公貴人家，未始得見名酒。使虜至燕山，得其宮中酒號金蘭者，乃大佳。燕西有金蘭山，汲其泉以釀。及來桂林，而飲瑞露，乃盡酒之妙，聲震湖廣，則雖金蘭之勝，未必能頡頏也。（頁98）
志器	南州風俗，獉雜蠻猺，故凡什器多詭異；而外蠻兵甲之製，亦邊鎮之所宜知者。（頁99）
志禽	南方多珍禽，非君子所問。又予以法禁采捕甚急，故不能多識。偶於人家見之，及有異聞者，錄以備博物。（頁103）
志獸	獸莫巨於象，莫有用於馬，皆南土所宜。予治馬政，頗補苴漏隙，其說累牘所不能載，姑著其略，及畜獸稍異者，并為一篇。（頁106）
治蟲魚	蟲魚微物，外薄於海者，其類庸可既哉！錄偶見聞者萬一（頁110）
志花	桂林具有諸草花木，牡丹、芍藥、桃、杏之屬，但培溉不力，存形似而已。今著其土產獨宜者，凡北州所有，皆不錄。（頁113）

標目	小序
志果	世傳南果以子名者百二十，半是山野間草木實，猿狙之所甘，人強名以為果，故予不能盡識。錄其識可食者五十七種。（頁116）
志草木	異草瑰木，多生窮山荒野，其不中醫和、匠石者，人亦不采，故予所識者少；惟竹品乃多桀異，併付於錄。（頁123）
雜志	嶺南風土之異，宜錄以備博聞，而不可以部居，謂之雜志。（頁128）
志蠻	廣西經略使，所領二十五郡，其外則西南諸蠻。蠻之區落，不可悉記。姑即其聲聞相接、帥司常有事於其地者數種，曰羈縻州洞，曰猺，曰獠，曰蠻，曰黎，曰蜑，通謂之蠻。（頁134）

二　范成大的「南方」經驗

　　所有的書寫活動隱藏了詮釋者與書寫客體之間隱微的關連，而文體的選擇涵蓋自我生活的形態與關注的面向。[16]從筆記之書寫，可以看出范成大對於地方、物事的擇選，也可以看到某些觀點如何成為桂林一地獨有的「地方感」。

　　《桂海虞衡志・序》指出本書為「綴緝瑣碎」的寫作筆法[17]，而此種筆法正是筆記體著作的特質：在罅縫之中，點染了文學的想像，在看似樸拙未經整合的未經整合的紀錄中，反而強化了作者「在場」的

16　鄭毓瑜在〈流亡的風景——〈遊後樂園賦〉與朱舜水的遺民書寫〉指出：「個別的生活遭遇透過文體的模塑，因此參與了一個累積的公共傳統……一旦選擇某種文體，就彷如進入歷史文化的迴廊，在一種熟悉的語句格式、典事氛圍中，完成發現當下自我同時也是在現傳統的書寫活動。」筆者援引其說法，重點在於不同的文體可以召喚不同的情境氛圍，而非該文所指涉的「結合文本所穿織的文本傳統與情境遭遇所體現的自我詮釋」，文章收入《文本風景》（臺北：麥田出版社，2005年），頁193。

17　范成大雖未明言其寫作手法，然於《桂海虞衡志・序》：「（予）然且惓惓於桂林，至為之綴緝瑣碎如此。」（頁81～82）之語，已點出此書的寫作筆法。

「真實」。序文中提及范成大與當地居民之相處：「予既不鄙夷其民，而民亦衿予之拙而信其誠，相戒毋欺侮。」揭示了接觸異文化的寬容與謙和的態度，范成大在《石湖集》亦有詩云：「捫腹蠻茶快，扶頭老酒中。荒隅經歲客，土俗漸相通。蠻茶出修仁，大治頭風。老酒，數年酒，男人珍之。」既寫出與居民相處的情境，在詩句間以夾注的形式對桂林的風物人情加以知識性的說明，同時補述了當地的飲食特色。詩中的「老酒」在《桂海虞衡志・志酒》有云：「老酒。以麥麴釀酒，密封藏之，可數年。士人家尤貴重。每歲臘中，家家造鮓，使可為卒歲計。有貴客，則設老酒、冬鮓以示勤，婚娶以老酒為厚禮。」（頁98）藉此，亦可知道這本「憶」寫的筆記與《石湖集》桂林詩歌文本之間的關連。

除了知識性的說明之外，更有地域性的錄寫，如〈次韻平江韓子師侍郎見寄三首〉[18]：「自古四愁湘水深，誰將城郭啟山林。有情碧嶂團欒繞，無數珠樓縹緲臨。蚺鼓揭天驚客坐，象鍪航海厭蠻琛。三千客路長安遠，故舊書來直萬金。南人以蚺蛇皮作腰鼓，響徹異常；交趾以象革為兜鍪，皆異事。」詩歌夾注中的蚺蛇，在《桂海虞衡志・志蟲魚》之敘述如下：「蚺蛇。大者如柱，長稱之，其膽入藥。南人腊其皮，刮去鱗，以鞔鼓。蛇常出逐鹿食，寨兵善捕之。數輩滿頭插花，趨赴蛇。蛇喜花，必駐視，漸近，競拊其首，大呼紅娘子，蛇頭益俛不動，壯士大刀斷其首。眾悉奔散，遠伺之。有頃，蛇省覺，奮迅騰擲，傍小木盡拔，力竭乃斃。數十人舁之，一村飽其肉。」（頁110）

這段文字先概述蛇之形貌以及蛇膽、蛇皮之用。再從捕者的角度，談蛇之習性以及捕蛇的動態歷程。其中捕蛇一段，先是以花誘

---

18 〔宋〕范成大：《范石湖集》，頁179。

蛇，既而近蛇而後斷首、騰擲；從「數輩」、「壯士」到「數十人」之映襯，恰與開頭之「大者如柱」之蛇形相呼應，這是筆記敘寫的型態，點染了常民風俗；詩中夾注則寫腰鼓之製，突顯其聲「響徹異常」並以「南人」、「異事」標識，又可知不同的文體屬性所點染的地理與人文。

詩的夾注可以與筆記互涉，譬如卷十五〈嚴關 或謂之炎關，桂人守險處。朔雪多不入關，關內外風氣迥殊，人以為南北之限也。〉（頁189）對嚴關的補述可與《桂海虞衡志‧雜志》「靈川、興安之間，兩山蹲踞，中容一馬，謂之嚴關。朔雪至關輒止，大盛則度關至桂林城下，不復南矣。」（頁128）相呼應。再如〈癸水亭落成，示坐客長老之記曰：癸水繞東城，永不見刀兵。余作亭於水上，其詳具記中〉（頁178）《桂海虞衡志‧雜志》則有：「癸水。桂林有古記，父老傳誦之，略曰：「癸水繞東城，永不見刀兵。」癸水，灘江也。」（頁128）在詩作與筆記相互疊映的敘事之間，「癸水繞東城，永不見刀兵。」重複的記述，反而突顯了當地居民的「不見刀兵」的深切期待。

從另一方面，觀察范成大撰作的詩題本身，又有如另一則微型筆記。如卷十四〈與鄭少融、趙養民二使者訪古訾家洲，歸憩松關。二君欲助力興廢，戲書此付長老善良，以當疏頭〉（頁183）、〈與同僚游棲霞，洞極深遠，中有數路，相傳有通九疑者，燭將盡乃還，飲碧虛上，陳仲思用二華君韻賦詩，即席和之〉（頁186）都寫出人物、地點、活動，具體而微地再現當時的生活情景。

筆記體著作的可貴之處應該在於擴展知識領域（以社會文本為其核心活動的知識領域），以及書寫者「信而有徵地表述一件具體特定的社會事實」展現「生活的真實塑像」，讓我們理解「只知其存在（或早已存在）於某處（或它處）的東西，變成某種真正屬於我們

的、在我們的共通意識中的一種作用力。」[19]而范成大之筆記中有「文學性」的表述，詩作之題目與夾注亦有筆記體著作的書寫型態，彼此間相互滲透，共同指向文人對於「南方」地理的認知與感受。當我們對讀筆記體著作與詩作，或許更能了解行旅者如何標誌地理空間（譬如靈關與雪），如何在「異」地生活，並進而體會其地理人文的情態。

（一）觀雪

　　和辻哲郎在《風土》一書指出，「風土」並非僅是自然現象，而是人相應於氣候、地形、風俗等景觀，在歷史脈絡底下所積累的與環境相融的智慧。自然環境是以人的風土性為具體基礎，並由此蛻化出的客體。[20]因此，當范成大來到桂林，對他而言，季候的變化，必然成為他感知此地的一種方式。在《桂海虞衡志·雜志》中記載：「雪。南州多無雪霜，草木皆不改柯易葉，獨桂林歲歲得雪，或臘中三白，然終不及北州之多。靈川、興安之間，兩山蹲踞，中容一馬，謂之嚴關。朔雪至關輒止，大盛則度關至桂林城下，不復南矣。北城舊有樓曰「雪觀」，所以誇南州也。」（頁128）這段敘述除了強調桂林「歲歲得雪」，同時也點出「嚴關」此地的獨特性。《范石湖集》卷十四與雪相關的詩作，即有三首，[21]詩作中提及「雪觀」者有二

19　一如人類學家Clifford Geertz指出：「在我們週遭，是一個由旨趣紛歧、形構各異的作品所綴成的廣袤的、幾乎是連綿無間的場域。」Clifford Geertz著、楊德睿譯《地方知識》（臺北：麥田出版社，2002年），頁73。

20　和辻哲郎著，陳力衛譯：《風土》第一章〈有關風土的基礎理論〉（北京：商務印書館，2006年），頁4～18。

21　分為〈乾道癸巳臘後二日，桂林大雪尺餘，郡人云前此未省見也。郭季勇機宜賦古風為賀，次其韻〉、〈次韻陳仲思經屬西峰觀雪〉、〈喜雪示桂人〉。

首。[22]筆記中言雪有「南州」、「北州」之分判，詩中也涵藏「對照」、「比較」的觀看視域。如〈乾道癸巳臘後二日，桂林大雪尺餘，郡人云前此未省見也。郭季勇機宜賦古風為賀，次其韻〉云：「憶昔北征秋遇雪，穹廬苦寒不堪說。飛花如昔暗燕然，把酒悲歌度佳節。……當時已分餐氈荳，寧復夢遊炎嶺熱。」先提及自己北征遇雪的苦寒與悲歌，對於南方的炎嶺，毋寧充滿期待。接著寫桂林遇雪的情境：「天公恐我愁瘴霧，十日號風吹石裂。同雲乃肯度嚴關，一夜玉峰高巘嶸。……東岡雪後一犁春，誰在陂頭憶調燮？」除了點出「嚴關」觀雪的特殊性，亦以「豐年作守會飽煖」之句帶出瑞雪見豐年的思維。〈次韻陳仲思經屬西峰觀雪〉：「越人來省識，把酒醑層空。從來嶠南北，人謂將無同。」與〈喜雪示桂人〉：「臘雪同雲嶺外稀，南人北客盡冬衣。」都點出了南北之異。對照於《桂海虞衡志‧雜志》小序所言：「嶺南風土之異」，適可見出行旅者觀看外在的「異」想世界。

（二）瘴、蠻印象

《桂海虞衡志‧雜志》對於「瘴」有細緻的觀察：「瘴。二廣惟桂林無之，自是而南，皆瘴鄉矣。瘴者，山嵐水毒，與草莽沴氣，鬱勃蒸薰之所為也。其中人如瘧狀，治法雖多，常以附子為急須，不換金、正氣散為通用。邕州兩江，水土尤惡，一歲無時無瘴，春曰青草瘴，夏曰黃梅瘴，六七月曰新禾瘴，八九月曰黃茅瘴。土人以黃茅瘴為尤毒。」（頁128）這段敘述提示了一個事實，那就是「二廣惟桂林無之」，雖說無瘴（「舊說桂林無瘴氣」[23]），卻處處標示其瘴，這是潛

---

22 二詩為〈次韻郭季勇機宜觀雪席上留別〉、〈次韻許季韶通判雪觀席上〉。

23 〔宋〕范成大：《范石湖集》（臺北：河洛圖書出版社，1975年），卷14〈癸水亭落成，示坐客長老之記曰：癸水繞東城，永不見刀兵。余作亭於水上，其詳具記

藏在底層的南方意識。茲將《范石湖集》中有關「瘴」之詩句列舉如後：

「天公恐我愁**瘴霧**」[24]

「忽憶行人**瘴霧**間」[25]

「墨濃**雲瘴**我猶住，席大雪花君未歸。」[26]

「作者七人茅**瘴**地，肅霜九月菊殘天。」[27]（黑體為筆者所加）

　　詩句中出現的「瘴」字，容或是套語或修辭手法，未必眼前所見之「現實」。然而，一再出現的「瘴」字，卻反映了書寫者內心的「真實」。饒富興味的是，當范成大離開桂林之後的詩句卻展現了「無瘴」與「瘴地」的矛盾心態。詩云：「桂林獨宜人，無瘴古所傳。北客守炎官，恃此以泰然。堂高愜宴坐，訟簡容佳眠。不計身落南，璿柄三回天。今朝遂出嶺，歡呼繫行纏。」，詩題為：〈初發桂林，有出嶺之喜，但病餘便覺登頓，至靈川疲甚，自嘆羸軀乃無一可，偶陸融州有使來，書此寄之〉（卷十五，頁188）此詩主要描述出桂嶺之喜，但同卷的其他詩句提及桂林則無「瘴」不詩，列舉如下：

　　中〉，頁178。

[24]〔宋〕范成大：《范石湖集》（臺北：河洛圖書出版社，1957年），卷14〈乾道癸巳臘後二日，桂林大雪尺餘，郡人云前此未省見也。郭季勇機宜賦古風為賀，次其韻〉，頁176。

[25]〔宋〕范成大：《范石湖集》（臺北：河洛圖書出版社，1957年），卷14〈碧虛席上得趙養民運使寄詩，約今晚可歸，次韻迓之〉，頁185。

[26]〔宋〕范成大：《范石湖集》（臺北：河洛圖書出版社，1957年），卷14〈甲午除夜，猶在桂林，念致一弟使虜，今夕當宿燕山會同館，兄弟南北萬里，感悵成詩〉，頁185。

[27]〔宋〕范成大：《范石湖集》（臺北：河洛圖書出版社，1957年），卷14〈逍遙樓席上贈張邦達教授，張癸未省闈門生也，同年進士俱會樓上者七人〉，頁183。

「回看**瘴嶺**已無憂」[28]

「喚渡牂牁**瘴水濱**」[29]

「三年**瘴霧**亦奇絕，浮世登臨如此幾？」[30]

「書來無別語，但說**瘴鄉**鬼。」[31]

瘴鄉、瘴嶺之語，固然是代稱，南方桂林的意象，也就在這些詩句中隱然成形。除了以「瘴」標舉桂林之外，「蠻」字也是經常出現的語彙。在《桂海虞衡志‧志器》提及「蠻弩」、「蠻甲」、「蠻鞍」、「蠻鞭」、「蠻氈」、「蠻椀」（頁99～101）亦有〈志蠻〉一章，小序云：「廣西經略使，所領二十五郡，其外則西南諸蠻。蠻之區落，不可悉記。姑即其聲聞相接、帥司常有事於其地者數種，曰羈縻州洞，曰猺，曰獠，曰蠻，曰黎，曰蜑，通謂之蠻。」（頁134）據此可知，蠻是諸多民族的通稱，也是桂林一地的民俗現象。在詩句中所出現的「蠻」字，列舉如下：

「一望五千里，共洗**蠻煙**悲。」[32]

「酒邊**蠻舞**花低帽」[33]

---

28 〔宋〕范成大：《范石湖集》（臺北：河洛圖書出版社，1957年），卷15〈嚴關〉，頁188。

29 〔宋〕范成大：《范石湖集》（臺北：河洛圖書出版社，1957年），卷15〈施進之追路出嚴關，且寫予真，戲題其上〉，頁189。

30 〔宋〕范成大：《范石湖集》（臺北：河洛圖書出版社，1957年），卷15〈湘口夜泊，南去零陵十里矣。營水來自營道，過零陵下，湘水自桂林之海陽至此，與營會合為一江〉，頁194。

31 〔宋〕范成大：《范石湖集》（臺北：河洛圖書出版社，1957年），卷15〈初入湖湘懷南州諸官〉，頁191。

32 〔宋〕范成大：《范石湖集》（臺北：河洛圖書出版社，1957年），卷15〈送郭季勇同年歸衡山〉，頁177。

33 〔宋〕范成大：《范石湖集》（臺北：河洛圖書出版社，1957年），卷14〈畫工李友直為余作冰天桂海二圖，冰天畫使北虜渡黃河時，桂海畫游佛子嚴道中也。〉，頁184。

「誰憐**蠻府**清池句，不著南山捷徑鞭。」[34]

「已把三章翻樂府，為君擊節變**蠻謳**。」[35]

　　如同前面所述，當范成大離開桂林之後，桂林的地理印象仍以蠻、瘴為詩句中的主體意象，如「疇昔辭桂林，自謂已出嶺。蛻蟬**蠻煙**中，恍若醉夢醒。」[36]，或是「捨舟得馬如馭氣，步入青松三十里。我從**蠻嶺瘴煙**來，不怕雨雲埋嶽趾。」[37]當然，這些詩語，可能是一種成為共識的習慣用語。如鄭毓瑜所指出：「原本已經成為共識的習慣用語（在舊詩中就是所謂的成辭、典故），這時候就會不自覺成為觀者熟悉上手的一種地理尺度。這種地理尺度尤其是指如何形成地理認識（包含土地山川、風土民情）的一種社會共識或文化背景，當然也就無形中透露了那個鑴刻在時代脈絡中的『眼界』。」[38]因而，雖然范成大可能不帶任何「偏見」地使用「蠻」「瘴」詩語，但透過他的書寫，親身經歷與創作情境的結合，桂林印象與南方的瘴霧蠻煙緊緊密合，成為閱讀者共同的「視界」。

（三）巖洞地誌

　　《桂海虞衡志・志巖洞》有云：

[34] 〔宋〕范成大：《范石湖集》（臺北：河洛圖書出版社，1957年），卷14〈逍遙樓席上贈張邦達教授，張癸未省闈門生也，同年進士俱會樓上者七人〉，頁183。

[35] 〔宋〕范成大：《范石湖集》（臺北：河洛圖書出版社，1957年），卷14〈次韻平江韓子師侍郎見寄三首〉，頁179。

[36] 〔宋〕范成大：《范石湖集》（臺北：河洛圖書出版社，1957年），卷15〈一百八盤〉，頁206。

[37] 〔宋〕范成大：《范石湖集》（臺北：河洛圖書出版社，1957年），卷15〈重遊南嶽〉，頁199。

[38] 鄭毓瑜：〈舊詩語的地理尺度——以黃遵憲《日本雜事詩》中的典故運用為例〉，收錄於《空間與文化場域：空間移動之文化詮釋》（臺北：國家圖書館，2009年），頁251～292。

余嘗評桂山之奇，宜為天下第一。士大夫落南者少，往往不知，而聞者亦不能信。余生東吳，而北撫幽、薊，南宅交、廣，西使岷峨之下，三方皆走萬里，所至無不登覽。太行、常山、衡嶽、廬阜，皆崇高雄厚，雖有諸峯之名，正爾魁然大山；峯云者，蓋強名之。其最號奇秀，莫如池之九華，歙之黃山，括之仙都，溫之雁蕩，夔之巫峽，此天下同稱之者，然皆數峯而止爾，又在荒遠僻絕之瀕，非几杖間可得。且所以能拔乎其萃者，必因重岡複嶺之勢，盤亘而起，其發也有自來。桂之千峯，皆旁無延緣，悉自平地崛然特立，玉筍瑤簪，森列無際，其怪且多如此，誠當為天下第一。（頁83）

此段關於岩洞的描述，先從個人經驗帶起，既而以對照的方式烘托桂林之「奇」、「秀」、「怪」、「特」，並強化其地形特徵：「旁無延緣，悉自平地崛然特立」（頁83），其後之描寫，如「讀書巖」，即寫其「桂主山，傍無坡阜，突起千丈。」（頁83）又如「伏波巖」，亦云「突然而起，且千丈。」（頁84），佛子巖則是「一山崒起莽蒼中」（頁86）詩亦有「湖南山色夾江來，無復瑤簪插天起。」[39]的描摹。除了「突然而起」、「特立」的視覺經驗之外，即是中空之洞穴。如伏波巖之「下有洞，可容二十榻。穿鑿通透，戶牖傍出。」（頁84）疊綵巖：「太半有大洞，曲轉，穿出山背。」（頁84）水月洞：「天然剜刻作大洞門，透徹山背。頂高數十丈，其形正圓，望之端整如大月輪。」（頁84）「龍隱洞、龍隱巖。皆在七星山腳，沒江水中。泛舟至石壁下，有大洞門，高可百丈。鼓棹而入，仰視洞頂，有龍跡夭

---

39 〔宋〕范成大：《范石湖集》（臺北：河洛圖書出版社，1957年），卷15〈湘口夜泊，南去零陵十里矣。營水來自營道，過零陵下，湘水自桂林之海陽至此，與營會合為一江〉，頁194。

矯，若印泥然，其長竟洞。」（頁84）范成大固然是以客觀的角度描摹這些巖洞，這也是筆記體著作自身的文體特質，然而從巖洞所延伸的身體經驗與敘事則豐富了筆記體著作的文學性。例如：

> 石洞在山半腹。入石門，下行百餘級，得平地，可坐數十人。旁有兩路。其一西行，兩壁石液凝洄，玉雪晶瑩。頂高數十丈，路闊亦三四丈，如行通衢中，頓足曳杖，彭鏗有鼓鐘聲，蓋洞之下又有洞焉。半里遇大壑，不可進。
> 一路北行，俯僂而入，數步則寬廣。兩旁十許丈，鍾乳垂下纍纍。凡乳牀必因石脈而出，不自頑石出也。進里餘，所見益奇。又行食頃，則多歧，遊者恐迷途，不敢進，云通九疑山也。（頁85）

上列敘述觀察到地形的變化，從「入石門」、「下行」、「旁有兩路」，可見入洞之後有著多重景觀；而「入」、「下」均為方向、動態之指涉。而「兩壁石液凝洄，玉雪晶瑩」與「鍾乳垂下纍纍」，則可知行旅者進入巖洞之後所觀看的自然奇景。《桂海虞衡志・志金石》有云：「鍾乳。桂林接宜、融山中，洞穴至多，勝連州遠甚。余遊洞親訪之，仰視石脈湧起處，即有乳床如玉雪，石液融結所為也。乳床下垂，如倒數峰小山，峰端漸銳，且長如冰柱。柱端輕薄中空，如鵝管。乳水滴瀝未已，且滴且凝。此乳之最精者，以竹管仰承拆取之。煉冶家又以鵝管之端尤輕明如雲母爪甲者為勝。」（頁90）

兩相對照，「玉雪」、「石液」詞彙的重複可想像其流動、細緻而有光的物質性。因著巖洞的鍾乳石，入洞者多以「仰視」的角度前進，在〈屏風巖〉即有「仰視鍾乳森然，倒垂者甚多。躡石磴五十級，有石穴，通明。透穴而出，則山川城郭，恍然無際。」的說法，也是呼應了「仰」望的動作，「通」、「透」的視覺感。這些重複出現

的辭彙，如「倒垂」、「下垂」、「森然」、「纍纍」，正展現了「鐘乳」以「群」出現對於行旅者的視覺震撼。

值得注意的是，范成大所敘述的入洞之後的抉擇與（不）行動。譬如「半里遇大壑，不可進。」或是「多歧，遊者恐迷途，不敢進，云通九疑山也。」[40]這些「不可進」或「不敢進」的敘述讓巖洞有了故事性，也為後來的入洞者提供新的地理想像。

在系列的巖洞紀事中，最富抒情特質的該是以下的敘述：

> 泛湖泊舟，自西北登山，先至南華。出洞而西，至夕陽。洞旁有石門可出，至北牖。出洞十許步，至朝陽。又西，至白蓮。穴口隘狹，側身入，有穴通嘉蓮。西湖之外，既有四山繞之，碧玉千峰，倒影水面，固已奇絕，而湖心又浸隱山，諸洞之外，別有奇峰，繪畫所不及。荷花時，有泛舟故事，勝賞甲於西南。（頁86）

洞穴之所以迷人，在於其「入」與「出」之間隱含的神祕或危險。而洞與穴之間的相連，又有如參與一場遊戲。先是泛舟，既而登山，再入洞，側身入穴，過程之中雖僅是單純的紀實，並無景物的描述，卻導引出結尾的「別有奇峰」與「泛舟故事」，輕輕一筆，帶出范成大的桂林故事。毋怪范成大在小序中有云「頃嘗圖其真形，寄吳中故人，蓋無深信者，此未易以口舌爭也。」（頁83）無論以圖像或是文字傳達個人的發現與感思，奇景之所以令人驚嘆，不就在「繪畫所不及」以及「蓋無深信者」所創造的懸念？這正是行旅書寫所創造的地理想像與文學魅力。

---

40 詩題亦有：〈與同僚游棲霞，洞極深遠，中有數路，相傳有通九疑者，燭將盡乃還，飲碧虛上，陳仲思用二華君韻賦詩，即席和之〉，《范石湖集》卷十四，頁186。

　　《桂海虞衡志》一書雖為筆記體著作，其間展示的人文觀察與民俗紀錄，不僅具有史料價值，與詩歌對讀的互文性以及具故事性的簡練筆法，都是可以延伸思索的文本。以下則續論王士性〈桂海志續〉之內容，主要關注的角度為是書與范成大此書之聯繫關係。

三　王士性〈桂海志續〉的書寫內容

（一）地景踏查

　　王士性在《五嶽游草・滇粵游上》以〈桂海志續〉標目其文，文中指出其作係承繼范成大《桂海虞衡志》，但標目簡稱為〈桂海志續〉。此系列之書寫各自獨立又彼此聯繫，如七星巖下一則為省春巖，省春巖之起頭為「省春巖在七星巖之右」；七星巖之開頭為「七星巖過棲霞洞，留飲於此。」再如第二則疊綵山又名為風洞，第三則寶積山則云「洞面東與風洞對峙」，再如「龍隱巖踞江之東，近七星山之麓，然能不依附七星而自為洞天」等等，可見王士性透過「地圖」的概念書寫地景，無論是地景之間的方位次序，或是山水之間的穿落與景觀的形成，均可見出其地誌修辭與敘事。

　　本文所書寫之桂林地景，可分為三個面向。其一，遊旅的身體經驗。身體是一切認識、感知的根源，身體空間是一種「處境的空間性」，它是由眾感官融貫共構的身體主體，向外投射出的一個有系統並包含其自身的空間結構。[41]王士性在文中標舉其觀看經驗如「獨秀山……余以己丑九日赴王宴而入，登高俯視，如坐危桅之巔，四野碧篸，一目俱盡。」（頁111）這是登臨的經歷；然而，人與外在環境

---

[41]　參考蔡瑜：〈試從身體空間論陶詩的田園世界〉，《清華學報》新34卷1期（2004年6月），頁155～157。

（巖洞）的「共構」，開啟感官的知覺，也體現了身體感。譬如水月洞：「其形正圓，望之端整如大月輪。江別派流貫洞中，踞石弄水，如坐捲蓬大橋下。大月輪之中又一小規，穿山而南出，暑月坐規中，風颼颼起洞口，真不減北窗羲皇也。」（頁 113）因為人與環境之間不是擦身而過，因為「坐」下，因著暫停與駐留，而能體驗「風」的流動。段義孚（Yi-fu Tuan）曾指出人類組織空間並賦予意義的三個相互關聯的面相，並從感官經驗的角度強調，一個人要擁有充滿動感的三維度空間，最先必須運用視覺、觸覺，再加上嚐、嗅、聽覺以及皮膚的細緻感覺，就可以強化對世界的空間意識。[42] 以此觀之，龍隱岩之描寫適可見出王士性為桂林巖洞所創造的空間意識：

> 距江之東，近七星山之麓，然能不依附七星而自為洞天，以枕江流。洞門高侔闕，石上裂一龍形，夭矯如生，鱗鬣皆具，其長竟洞。夏水溢，刺舟竟入洞中，陰風淒清，如坐冰壺。宋諸公多遊此，刊石殆遍，為闤闠物也。余時以九日獨行，水落石出，緣麓過磧，趺坐大岩之上，滴玉泉琤然，墮石穴作聲。（頁 114）

這段敘述除了視覺之外（龍形），如觸覺「陰風淒清，如坐冰壺」、聽覺「滴玉泉琤然，墮石穴作聲」，更創造一種「獨行」入洞的氛圍，凝然而清寂，卻有行旅者豐沛的感受力。

其二為個人的探險行旅。七星巖一則，為「歷險」的實境描寫；透過細節的紀錄再現其行旅經驗。

42　參考潘朝陽：〈空間、地方觀與「大地具現」暨「經典訴說」的宗教性詮釋〉，《中國文哲通訊》第 10 卷第 3 期，頁 173～176。以及鄭毓瑜：〈抒情、身體與空間——中國古典文學研究的一個反思〉，《淡江中文學報》15 期（2006 年 12 月），頁 264～265。

　　七星巖峙江東里許，列岫如北斗，山半有洞名栖霞。時惟中
　秋，與梟副李君約入洞，而後至省春巖。李君畏不敢入，余乃
　徑入。入洞，石倒掛崚嶒，手捫壁走闇中百餘武，已復大明，
　猶然上洞也。下洞更在其下，下數十級，更益宏朗，如堂皇。
　仰首見鯉魚躍洞頂，正視之。忘其非真也。已過三天門，每過
　則石楹垂立，僅度單人，第乏扃鑰耳。過已，則又黝然深黑，
　目力不能窮，高或十尋，闊或百尺。束炬照之，傍列萬形，命
　黃冠一一指之：為象則捲鼻臥，為獅則抱毬而弄，為駱駝則
　長頸而鞍背，為湘山佛則合掌立，為布袋和尚則側坐開口而胡
　盧，半為石乳，萬古滴瀝自成，巧於雕刻，如水精狀。半乃真
　石，想其初亦乳結也，誰為為此，真造物之奇哉。其他如床如
　几，如曬網，如弈棋，如魚如鳥，如佛手足，顧此失彼，不得
　盡矚，亦不得而盡名之。（卷七〈滇粤游上〉，頁112）

　　中秋之夜，王士性欲入七星巖，以李君的「畏不敢入」，與「余
乃徑入」相對照，顯示了王士性對於「遊」的執著與情性。與其說他
是冒險犯難，不若說他對於險境有一種天真的勇氣與高度的求知欲。
王士性寫出了旅行中最深刻的不是預定的行程內容，而是其間的拔涉
與曲折。譬如「李君畏入」，自己獨自進入的「歷險」而有的意外發
現。如文中所述，在黑暗中獨行，才發現別有洞天，內分為上洞與下
洞。先是「手捫壁走闇中百餘武」，既而在「黝然深黑」、「目力不能
窮」得洞內以炬光照明，發現鐘乳石的奇景。王士性為物賦形，先
以動物之行如「捲鼻臥」、「長頸而鞍背」描述；或以人之動作形貌
「合掌立」、「側坐開口」再現；再細寫其質地：「半為石乳」「半乃真
石」。其他以物擬象，連續的譬喻「如床如几，如曬網，如弈碁」等
等顯示了王士性的銳敏觀察力，將萬古滴瀝而成的鐘乳石以貼近生活

「魚、鳥、佛手足」作為象喻，又以不得盡矚，亦不得而盡名之」表述自己面對造物之奇的驚詫與感嘆，呈現遊人面對自然奇景的人文想像。承接先前所述「李君畏不敢入」，王士性也間接說明了自己亦有所「畏」，其實每個旅人都不可能無懼無畏，豐富的自然知識以及深刻的觀察力、對自然的憬慕之情，才能讓旅者具備行動力，探查宇宙之奇。

其三為桂林的民俗書寫。在疊綵山處提及：「一洞屈曲穿山之背，南北兩向如提連環，土人又名為風洞。」（頁111）「訾家洲在灕江中，土人稱為浮洲。」（頁115）在習稱的地名之外，加入了「土人」的習稱，添加了地域特色。再如七星巖：「粵中多蛇虺，獨洞中不栖，故得酣遊焉。亦若鬼神呵護之。」（頁113）則為巖洞奇景增添了民俗情境。此外，關於舜祠韶音的傳說想像則如下述：

> 山下有韶音洞，洞前平原，舜祠在焉。古松數十，虬枝若蓋。余以六月朔至，問所謂韶音者而不得，已乃薰風南來，吹落松間蓬蓬然，捲濤撼空向東北而去。余曰：「是矣。」及俯灘波激石砰湃硠訇，則又疑此為近之，南巡之遊其附會與？（頁114～115）

此處的地景敘事先是佈置韶音洞與舜祠之位置，既而以數十古松為座標，承接下段文句的「薰風」。以「我」的自問自答，以及連續的疑問創造「韶音」擬真的想像。這些民俗傳說的書寫，讓〈桂海志續〉在勾勒巖洞奇景之外，也點染了地域民俗的質素。

（二）空間體驗

《五嶽遊草》一書以遊記與詩歌形式展現。〈滇粵游上〉為〈桂海志續〉，〈滇粵游下〉則為詩歌，足見王士性的雙重創作視角。而

詩歌之部以古詩之體式，以古樸與蒼勁的詩句，帶出行旅者的身在異地的蒼茫感，如〈謁柳柳州祠墓〉之語：「手披蔓草荒祠下，余亦東西落魄人。」（頁168）再讀〈桂嶺守歲效李長吉體〉：「街鼓逢逢催曉急，家家椒柏春風集。傾盤剪勝百事新，昨夜神荼爐中泣。朝行紫海暮歸疾，母道經年兒半日。兒女催人攜老至，百年轉眄須臾事。蒼梧夢斷紫筠斑，石墮湘流去不還。無計聖賢能守此，年年草色自江關。坐來兼憶麻姑別，東海飛塵白如雪。」（頁167）亦點染了離人戍守異鄉的情懷。對照於筆記體的客觀敘述、零碎紀錄，古詩歌行則聯繫了歷史感，地方成了行旅者身後宏偉與巨大的背景。詩歌與筆記的對讀，呈顯了書寫者雙重的心態；另一方面，詩歌也接續筆記中未呈現的遊蹤。〈桂海志續〉提及：「省春巖在七星山之右，如檐覆，前有石乳承溜，又如枯槎倒掛，長七尺餘。桂林四際溪山，不留寸土，惟此平田廣稷，一望豁如，故令長行春省耕於此。山勢面東，夕陽不入洞，前甃以瑤臺，圍以石檻。右有小洞二三，穿山而過，架以層樓，更衣燕息，此延賓之善地也。余以過栖霞洞，留飲於此。」（頁113）文中主要記述省春巖之地勢以及考辨此地之「田耕」與「延賓」之用，文末提及「栖霞洞」，「七星巖」則有細部描寫，詩作如下：

> 伏波山前桂樹林，伏波山下灘江深。八桂掃天不見影，七星墮地成瑤岑。倒植雲根覆地肺，瞥然有洞窺江心。上列星樞懸法象，下刳石脉倚釜嶔。束炬照天行白日，噎氣淅瀝吹衣襟。龍門千尺玄鯉躍，天關三疊頹霞沉。寒岩六月不知暑，處處鐘乳如懸針。湘靈合掌布袋笑，獅象駱駝爭獻琛。金山瓊海勢蕩潏，萬古石髓堆至今。更有怪石亂相蹲，禪牀不動禪房陰。岩縫突出巨靈手，杖底似聞鐘梵音。幽壑風生虎豹踞，寒潭水冽蛟龍吟。飛走萬靈無不有，首垂鼯鼠緣蝌蚪。蒼蘿高掛日月

昏，顛崖中斷風雷吼。乍見明星出海樹，驚起栖鶻號鬼母。何
年六甲操神符，手弄雙蛇開戶牖。豈是媧皇煉石處，石裂天傾
逗江口。區區三十六洞天，索遍道書藏二酉。誰為遺此落人
間，夜夜流霞光射斗。（〈栖霞洞〉，頁 169）

詩作先以洞外的角度摹寫，透過「上」、「下」之方位，與「桂
林」、「灘江」的對應，組合出空間樣態；「噫氣淅瀝」、「幽壑風生」
寫出入洞之身體感。若與〈桂海志續〉對照，相同之處在於對洞中
鐘乳之描寫，筆記的賦形為：「為象則捲鼻臥，為獅則抱虥而弄，為
駱駝則長頸而鞍背，為湘山佛則合掌立，為布袋和尚則側坐開口而
胡盧」，詩中則為「湘靈合掌布袋笑，獅象駱駝爭獻琛。」文中所謂
「風凜凜出嶺岈間，雖傍煙炬尚寒慄，行稍遠則鳴鉦鼓噪，恐有怪物
逼也。」（頁 112）則與詩中「幽壑風生虎豹踞，寒潭水冽蛟龍吟。」
相呼應。詩歌與筆記因其文體之差異，渲染的抒情質素與客觀的紀實
所召喚的空間感受自是不同。歌詩或能顯示行旅者內在的幽微情緒。
譬如在〈還自粵途中即事〉一詩即顯示了身在南方的「異」識：

絡緯秋風枕簟新，天涯莽蕩一羈臣。青萍自拂誰知己，白首相
逢盡路人。嶺徼瘴隨風雨惡，蠻家路逐犬羊鄰。生還此日逢明
主，咫尺桃源去問津。
三湘石出洞庭波，聚散浮雲奈爾何。落日舟中無蕙苡，秋風瀨
下近牂牁。蠻烟共怕逢青草，旅夢翻驚在綠羅。為問溪頭舊相
識，白鷗孰與向時多。（頁 170）

全詩晃漾著旅思的愁緒，詩中的「瘴」、「蠻」之語在〈桂海志
續〉中均未出現，據此可見不同文體展現相異的空間體驗；「羈臣」
與瘴嶺、「蠻煙」的詩語確也創造了南方的地理氛圍，這或許是前面

所提及的「地理尺度」，卻也表述了王士性行旅的多重體驗。

第三節　複寫／對話：范成大《吳船錄》、陸游《入蜀記》與王士性「蜀遊」四記

一　范成大《吳船錄》與陸游《入蜀記》

　　范成大《吳船錄》書名取「門泊東吳萬里船」之語[43]，據《四庫全書總目提要》所云：「成大於淳熙丁酉自四川制置使召還，取水程赴臨安，因隨日記所閱歷，作為此書。自五月戊辰，迄十月己巳，於古蹟形勝言之最悉，亦自有所考證……為他說部所未載，頗足以廣異聞。」[44]陸游（1125～1210）字務觀，號放翁，越州山陰（今浙江紹興）人，紹興二十三年（1153）進士第一，隔年禮部複試。乾道六年（1170），陸游任四川夔州通判，乾道八年加入四川宣撫使王炎的幕府，後來又在川蜀歷任多職，直到淳熙五年（1178）出川東歸。據《四庫全書總目提要》云：「游以乾道五年授夔州，以次年閏六月十八日自山陰啟行，十月二十七日抵夔州，因述其道路所經以為記。游本工文，故於山川風土敘述頗為雅潔而於考訂古蹟尤所留意。……其他搜尋金石，引據詩文以參證地理者，尤不可殫數。非他家行記，徒流連風景記載瑣屑者比也。」

43　參見〔宋〕陳振孫：《直齋書錄解題》，卷11（臺北：里仁書局，1997年）一則。

44　〔清〕周中孚：《鄭堂讀書記》云：「石湖於淳熙丁酉由四川制置使召還，自五月戊辰離成都，迄十月己巳至平江止。數千里水程，案日紀載，於古蹟形勝，記之最詳，又在所見古畫，多黃休復益州名畫所未載，亦可以補其闕云。明末陳幾亭題詞有云：『蜀中名勝，不遇石湖，鬼斧神工，亦虛施其技巧耳，豈徒石湖之緣，抑亦山水支遭逢焉。』此數語盡之矣。」

　　《吳船錄》上下兩卷記載范成大於淳熙四年出川回到蘇州的旅程。范成大於淳熙二年（1175）出任成都府路安撫使兼四川制置使，聘請陸游擔任參議官。陸游在擔任范成大幕府時自號放翁。淳熙四年（1177）范成大以病離任出川，次年陸游奉詔回朝。這是兩人的交會與互動。[45]

　　明人賀復徵《文章辨體匯選》卷六三九評議《入蜀記》：「日記者，逐日所書，隨意命筆，正以瑣屑畢備為妙。始於歐公《于役志》、陸放翁《入蜀記》。」[46]清代錢曾《讀書敏求記》評介《入蜀記》云：「凡途中山川易險，風俗淳漓，及古今名勝戰爭之地，無不排日記錄，一行役而留心世道如此，後時「家祭毋忘」蓋有素焉。」[47]二者指出其寫作特色為「逐日所書」、「排日記錄」，而《吳船錄》亦有「案日紀載」之相同筆法，如清代周中孚《鄭堂讀書記》有云：「數千里水程，案日紀載，於古跡形勝，記之最詳。」因此，二書同為王士性蜀遊經驗的前理解，並置對讀，更顯其「追蹤躡跡」的內在意識。

45　小川環樹指出，陸游《入蜀記》從會稽（今紹興）出發，沿運河經蘇州至南京，入長江逆流而上的之紀行之文，峨嵋山在其足跡未至的上游，因而文中未言峨嵋山。此外，陸游穿越三峽係溯流而上，所體驗的三峽之險，自與「下」三峽有異。同時，他指出《入蜀記》寫於乾道六年（1170），較范成大《吳船錄》早七年。他判斷，范成大極有可能讀過《入蜀記》，《吳船錄》特意詳盡地描寫了峨嵋山等長江上游沿岸的山景，或許有填補《入蜀記》空白的用意也未可知。參見小川環樹〈范成大的生平與文學創作〉，收入小川環樹著，周先民譯：《風與雲：中國詩文論集》（北京：中華書局，2005年），頁251～262。

46　《文淵閣四庫全書》第1409冊（臺北：臺灣商務印書館，1985年），頁645。

47　〔清〕錢曾：《讀書敏求記校證》（1926年常州章氏家刻本），卷2下，頁12。

二　蜀地旅蹤

　　《五嶽遊草‧蜀遊（上）》有記四篇，分為〈入蜀記〉上、中、下以及〈遊峨眉山記〉。〈入蜀記〉的前言寫出蜀地的文學承繼，從左思、王右軍到陸游、范成大，其中尤其以陸游《入蜀記》（王士性稱之為《蜀遊記》）與范成大《吳船錄》最能「召喚」王士性的蜀地之思。王士性開啟蜀地行旅之前，「擁傳以往」，順著前代文人的腳步「搜奇履險」，結合個人見聞「大益昔賢所未聞見」。這三篇〈入蜀記〉是王士性向陸游、范成大的致意，也是他日後「臥遊」的閱讀文本。序文如下：

> 左太沖賦蜀都，王右軍嘆彼土山川多奇，恨左賦未盡，乃致意岷山、汶嶺，思得一至。及讀陸務觀蜀遊記、范致能吳船錄，益脈脈焉。乃今得與元承劉君擁傳以往，搜奇履險，大益昔賢所未聞見，效陸、范二公記入蜀三篇，俟它日老而倦遊，取枕上輒讀一過。（頁88）

　　由於是篇為向前輩文人致意之作，其書寫之體式與形貌自有所承。范成大《吳船錄》之書寫體式以筆記條列形式行文，每段筆記之首或為時間，為行走里數，或為地名。看似瑣碎，然文筆清美有致，間有典故或與當地人之對話。如前言：

> 蜀人入吳者，皆自此登舟。其西則萬里橋。諸葛孔明送費褘使吳，曰：「萬里之行，始於此。」後因以名橋。杜子美詩曰：「門泊東吳萬里船。」此橋正為吳人設。」（《吳船錄》，頁187）

　　引用諸葛孔明之事例談橋名之由來，並連結杜甫詩。而王士性

的描述則是：「乙卯，詹牧甫約為浣花之遊。乃與元承自中和門出，過萬里橋南。昔費禕使吳，諸葛孔明送之，曰：「萬里之行，始於此矣。」杜子美亦云「門泊東吳萬里船」也。江流繞雉堞如靛，即村舍扃扉田塍溝瀆無非流水，蓋秦守李冰之績云。」（頁91）二者均引用杜詩及諸葛孔明送費禕之典故；范成大之文字較雅潔，而王士性則加上李冰治水之田園景象。運用相同的人物典故，顯現蜀地既有的歷史記憶，也可看出記寫旅蹤的人文觀察。筆記體的書寫雖無嚴格的規範形式，卻有紀事補遺的敘述情境。其敘述亦有其基本架構，以《吳船錄》第一段的敘述文字為例：

> 六月己巳朔。發孳累，舟下眉州彭山縣，泊。單騎轉城，過東、北兩門，又轉而西。自仕郎堤西行秦岷山道中，流渠湯湯，聲震四野，新秧勃然鬱茂。前兩旬大旱，種幾不入土，臨行，連日得雨。道見田翁，欣然曰：「今歲又熟矣。」（《吳船錄》，頁187）

此段敘述，有時間（六月己巳朔），地點（眉州彭山、仕郎堤、秦岷山），地景（新秧勃然鬱茂），當時情境（連日得雨）以及人物對話（道見田翁，欣然曰：「今歲又熟矣。」）不僅與人物對話，或有解說、評述如：「未至縣二十里，有犀浦鎮，故犀浦縣。今廢，屬郫，猶為壯鎮。杜子美詩：「南京犀浦道，四月熟黃梅。湛湛長江去，冥冥細雨來。」蜀無梅雨，子美梅熟時經行，偶值雨耳。恐後人便指為梅雨，故辯之。唐玄宗幸蜀，嘗以成都為南京云。」（《吳船錄》，頁188）又有現場感之記述如：「將至青城，再度繩橋。每橋長百二十丈，分為五架，橋之廣十二繩排連之，上布竹笆，攢立大木數十於江沙中，輦石固其根，每數十木作一架，掛橋於半空，大風過之，掀舉幡然，大略如漁人曬網染家晾綵帛之狀。又須捨輿疾步，從

容則震掉不可立。同行皆失色。郡人云：「稍迂數里，有白石渡，可
以船濟，然極湍險也。」」（《吳船錄》，頁189），這些筆法都一一化
於王士性之篇章敘述，分述如下。

　　地景是歷史累積的過程，文人每至一地，在時空的點染之下，感
物吟懷，與此地有了內在的聯繫，形塑了地方感。而後代文人來到同
一場景，在某種歷史感的薰染下，以詩文連結了人與地。范成大於
《吳船錄》多以前人之詩句綰合其現場所見，如「己卯。大雨，不可
登脩覺。脩覺者，新津縣對江一小山。上有絕勝亭，一望平野，可盡
西川。杜子美所謂『西川供客眼，惟有此江郊。』是日，霧雨昏昏，
非遠望所宜，故不復登。」（《吳船錄》，頁193）以杜甫詩與「絕勝
亭」所見之景繫連。又有「兩岸多荔子林。郡醞舊名『重碧』，取杜
子美戎州詩『重碧拈春酒，輕紅擘荔枝』之句。余謂『重』字不宜
名酒，為更名『春碧』。」（《吳船錄》，頁212）則是以杜詩為本而命
名。再如「辛未。登城西門樓。其下岷江。江自山中出，至此始盛
壯。對江即岷山。岷山之最近者，曰青城山。其尤大者，曰大面山。
大面山之後，皆西戎山矣。西門名玉壘關。自門少轉，登浮雲亭，李
蘩清叔守郡時所作。取杜子美詩『玉壘浮雲變古今』之句，登臨雄
勝。」（《吳船錄》，頁188）則詮說地名取杜詩典故。地名、酒名之
緣由，以及取杜詩已解說眼前之景，都是與前代文人連結的方式。[48]
陸游則以辯證之筆法，創造文人化之景觀。例舉如下：

　　二十三日……此山多峭崖如削然，皆土也。國史以為石壁峭
　　絕，誤矣。（陸游《入蜀記》卷一，頁26）

---

[48] 其他如「佛閣正面三峨，餘三面皆佳山，眾江錯流於諸山間，登臨之勝，自西州
　　來，始見此耳。東坡詩：「但願身為漢嘉守，載酒常作凌雲遊。」後人取其語，作
　　載酒亭於山上。」（《吳船錄》，頁196）

二十三日過陽山磯始見九華山，九華本名九子，李太白為易
名。太白與劉夢得皆有詩，而劉至以為可兼太華女几之奇秀，
南唐宋子嵩辭鄭柄歸隱此山，號九華先生，封青陽公，由是
九華之名益勝。惟王文公詩云：「盤根最巨壯，其末乃修纖。」
最極形容之妙。（陸游《入蜀記》卷三，頁72）

除了考辨地景並帶出文人創作之外，並加入個人的判斷，不只是
資料的堆疊，更涵藏了個人的識見。此外，與鄉景連結的思維方式，
也影響了王士性，原文如下：

十七日早飯罷遊青山。山南小市有謝元暉故宅，今為湯氏所
居。南望平野極目而環宅皆流泉奇石，青林文篠，真佳處也。
遂由宅後登山，路極險巇，凡二三里有兩道人持湯飲迎勞於松
石間。又里許至一庵，老道人出迎，年七十餘，姓周，濰州
人，居此山三十年。顀頰如丹，鬚鬢無白者。又有李媼八十
矣，耳聰目明，談笑不衰，自言嘗得異人秘訣。前有小池曰謝
公池，水味甘冷，雖盛夏不竭。絕頂又有小亭，亦名謝公亭，
下視四山如蛟龍奔放，爭赴川谷，絕類吾鄉舜山。但舜山之
巔，豐沃夷曠，無異平陸，此所不及也。……夜歸舟次已一鼓
盡矣，坐間信伯言，桓溫墓亦在近郊，有石獸石馬製作精妙，
又有碑悉刻當時車馬衣冠之類，極可觀，恨不一到也。（陸游
《入蜀記》卷三，頁62。）

將青山比之為舜山之聯想，或是關注一地的文物古墓，都可看出
陸游《入蜀記》在紀勝之外的人文考索。

關於地景的變異，王士性有其感受。如〈入蜀記〉所云：

入成都，以六日丁亥鎖闈，九月辛亥朔歌鹿鳴饗士，從藩司大

門右，見高阜為武擔山，昔五丁為蜀王擔土成冢，舊有石擔，今不存。（頁91）

出宮西度小橋，扁緣江路。入謁武侯祠，問老柏。化去久矣。祠前即浣花溪也，以夜不得至草堂。溪有月洲，聯舟而下焉，泊於水月樓下，登樓命琴僧彈落梅一曲而去。（頁91～92）

　　追尋古蹟，似乎為王士性每臨一地的「儀式」。以其寥寥數筆言「止田間培塿樹數株耳」，卻有了光陰流轉的時間感。不必然是巨大的變動，才能撞擊人之心神，只要是存在於觀看者的記憶景觀，老柏的化去，不存的石擔，都涵藏了地景變異的時間感受。以下以文本對照之方式，說解面對同一地景，范成大、陸游與王士性敘寫之同與異。

（一）再現與對照

1 「無」的感懷

范成大《吳船錄》	陸游《入蜀記》	王士性〈入蜀記〉
廟有馴鴉，客舟將來，則迓於數里之外，或直至縣。下船過，亦送數里，人以餅餌擲空，鴉仰喙承取不失一。土人謂之神鴉，亦謂之迎船鴉。（頁220）	祠舊有鴉數百送迎客舟，自唐夔州刺史李貽詩已云：群鳥幸胙餘矣。近乾道元年忽不至，今絕無一鳥，不知其故。（陸游《入蜀記》卷六，頁166～167）	出峽謁神女廟，石壇土偶，剝蝕殆盡，何啻無神鴉送客也。（頁95）

　　據范成大《吳船錄》所述，神女廟之馴鴉與遊人之間呈現動態的對應，擲空之餅，與承取餅餌之鴉喙創造了一種鮮明的圖像。從「馴鴉」到土人命名「神鴉」及俗名「迎船鴉」，也展示人、地、物

互動的情態。據陸游《入蜀記》所云指出「乾道元年忽不至」的時間界限，「今絕無一烏，不知其故」隱藏了一種「舊『有』」與「絕『無』」的悵然。而王士性則以「剝蝕殆盡」的石壇土偶，點出不僅是「無」神鴉送客，而是整個神女廟地景已非昔日文本場景。關於石壇，可從陸游《入蜀記》的敘寫連結其「女神意象」：

> 祝史云：每八月十五夜月明時，有絲竹之音往來峰頂，山猿皆鳴，達旦方漸止。廟後山半有石壇平曠。傳云：「夏禹見神女授符書於此壇上。觀十二峰宛如屏障，是日天宇晴霽，四顧無纖翳，惟女神峰上有白雲數片，如鸞鶴翔舞徘徊，久之不散，亦可異也。」（陸游《入蜀記》卷六，頁166～167）

石壇並非一處普通的地點，而是承載「神女廟」豐富意象之所在。無論是夏禹見神女授符之傳說，或是當日山峰如鸞鶴翔舞之雲彩；授符之說賦與石壇一種神聖的意象，徘徊之雲朵又以自然的氣象呼應神女之降臨。神鴉已無，神女不再，地景文本的前理解反而凝結出感傷的基調，這是「後來者」鑴刻風景所流動的生命韻律。

2 考辨地景

王士性〈入蜀記〉對於地名的詮解，或以形為名，如：「過青橋，岑嶔難步，又三十里而上七盤。盤盡為**雞頭關，一石如雞冠**，起逼漢，下俯江水，出白石盆，兩崖突兀，為出棧最奇處。」（頁89）

「又過石牌峽，黃金藏皆在峽中。再過南井關，則至州。**州稱夷**，險至此平也。」（頁96）或以其人地互動：「灑然下樓，傍溪入東北里許，青壁十仞，下瞰細流，為**喚魚池**，僧呼則魚出。」（頁93）又：

又西三里而至五塊石，礧砢疊綴，若纍丸然，三面皆方，不測
所自始，或云其下海眼也，昔人啟之，風雨暴至。余奇之，書
「落星」二字，請於中丞亭其上。又西數里，上升仙橋，過青
羊不入，乃遵浣花潭，潭水急，織流成花紋，浣花、濯錦之名
意起此，謂神僧洗足流花者附會矣。（頁92）

　　這段敘述先是為所見奇景命名，既而詮說「浣花」、「濯錦」之
名之所由為水之動態，而非「神僧洗足流花」。類似此種為地名與物
景之聯繫關係下評述又如「從小徑仄逼，趨青羊復入草堂，蓋三至
矣。滿地青菽紅莢，秀色錯出，云錦城不虛也。」（頁93）對於「故」
事歷史的追溯與敘述，既能賞見自然的風光，亦隨時有外來者對於地
理探求的興致，的確是「旅行者」的觀看的視角。

　　王士性之紀遊書寫向以「求真」、「尚實」為其寫作態度[49]，關於
神女峰的地景敘寫，范成大所觀看之視角王士性究竟有何差異？原文
表列如下：

49　請參見范宜如：〈王士性紀遊書寫初探：以《廣志繹》、《五嶽遊草》為討論對
　　象〉，《吳宏一教授六秩晉五壽慶暨榮休論文集》（臺北：里仁書局，2008年），頁
　　301～317。

范成大《吳船錄》	陸游《入蜀記》	王士性〈入蜀記〉
最東一峰尤奇絕，其頂分兩歧，如雙玉參差半霄，最西一峰似之而差小。餘峰皆鬱嵂非常，但不如兩峰之詭特。相傳一峰之上，有文曰「巫」，不暇訪尋。（頁219）	二十三日，過巫山凝真觀，謁妙用真人祠。真人，即世所謂巫山神女也。祠正對巫山峰巒上入霄漢，山腳直插江中，議者謂太華衡廬皆無此奇，然十二峰者不可悉見，所見八九峰惟神女峰最為鮮麗奇峭，宜為仙祝所託。」（《入蜀記》卷六，頁166-167）	廟正對巫山，中峰屏立，兩翼如刀戟，成「巫」字。（頁95）

　　范成大記述「峰上有文為『巫』」，自承「不暇訪尋」，陸游則先說明真人即巫山神女，既而寫真人祠與巫山峰巒之位置，以「鮮麗奇峭」突顯神女峰。王士性則從方位、形勢考辨，所謂的「巫」字非山壁之題字，而是廟宇之建築與巫山之中峰共構成「巫」字的形體。這個「發現」重構了「巫」山的地理想像。題字之說，渲染巫山的神話；以「巫」形容山與廟宇之外觀，則是重新觀看地景。范成大的「不見」連結著王士性的「所見」，二者並而觀之，則是地景的複述與新塑。

3　考釋地名

　　范成大《吳船錄》云：「州東五里，有清烈公祠，屈平廟也。秭歸之名，俗傳以屈平被放，其姊女嬃先歸，故以名，殆若戲論。好事者或書作此『姊歸』字。」（頁220）地圖的經緯方位，是為了讓人確知自己所在的「位置」。而地名的標識，或有就其地勢而命名，或有其傳說典故。一旦「定名」，也成了外來者認識此地的「窗口」。

歸州舊名「秭歸」，據范成大所述，此地名命名之由，乃屈原遭放，其姊先歸，此地擬為「秭歸」，「好事者」稱為「姊歸」，則有戲謔之意。對照王士性所云：「庚寅下巴東至歸州，即古秭歸也，以屈原姊女嬃而名。」（頁95）則指出此地名的關鍵詞為屈原、女嬃，至於「秭歸」「姊歸」之辨，則存留在《吳船錄》的筆記敘寫。[50]

　　地名預示著地景的趨向，隨著時間的流轉，地名亦有所更易。以吒灘、人鮓甕為例，說明如後：

范成大《吳船錄》	陸游《入蜀記》	王士性〈入蜀記〉
九十里，至歸州。未至州數里，曰吒灘，其嶮又過東奔。土人云黃魔神所為也。連接城下大灘，曰人鮓甕。很石橫臥，據江十七八。從人船傾側，水入蓬窗，危不濟。（頁220）	十六日，為州才三四百家，負臥牛山臨江州前即人鮓甕。城中無尺寸平土，灘聲常如暴風雨至。（陸游《入蜀記》卷六，頁162）二十日，五代時歸峽皆隸荊渚也。殿前有柏，數百年物，觀下即吒灘，亂石無數。（卷六，頁164）	州前石銛利矛立，水匯成盤渦，舟入不出，名吒灘，亦名人鮓甕。黃魯直謫涪云：「命輕人鮓甕頭船，行近鬼門關外天。」今諱之改瞿門關，在巫山路上。（頁95）

　　險峻之地勢往往與傳說聯結，范成大指出土人以吒灘之險為「黃

50　〔宋〕陸游《入蜀記》有關秭歸一地之敘寫則為：「十九日郡集於歸鄉堂，欲以是晚行不果，訪宋玉宅在秭歸縣之東，今為酒家。舊有石刻宋玉宅三字，近以郡人避太守家諱，去之。或遂由此失傳，可惜也。」（《入蜀記》卷6，頁163）或為「十日，泊船下歸州，秭歸縣界也。」（《入蜀記》卷六，頁155）未解釋其地名，僅論及秭歸之古蹟及縣界，這也可以看出三人對於每個地點的記憶框架。陸游著重古典人物之追憶，范成大重視一個地點形成的譜系，而王士性則注重地名的考辨。

魔神所為」，並分述吒灘與人鮓甕二地之貌。陸游以「灘聲常如暴風
雨至」、灘下「亂石無數」之簡筆摹寫，「暴」、「亂」之語。王士性
則指出「吒灘亦名人鮓甕」，並引黃庭堅之詩，舉出此地有「鬼門
關」之稱，今則改為瞿門關。姑不論是否因時間的衝刷，吒灘與人鮓
甕因而相連，因「諱」而更名，更顯示地勢之險惡。

4 　與旅人相遇

　　一處地景，有三人不同的軌跡。旅者之交會，范成大的話語成為
王士性行旅的參照。文句如下：

　　　　范成大《吳船錄》：「自娑羅平，過思佛亭、軟草平、洗腳溪，
　　遂極峰頂光相寺。亦板屋數十間，無人居。中間有普賢小殿。以卯初
　　登山，至此已申後。初衣暑綌，漸高漸寒，到八十四盤，則驟寒。比
　　及山頂，亟挾纊兩重，又加毳衲駝茸之裘，盡衣笥中所藏。繫重巾，
　　躡氈靴，猶凜慄不自持，則熾炭擁爐危坐。山頂有泉，煮米不成飯，
　　但碎如砂粒。萬古冰雪之汁，不能熟物，余前知之，自山下攜水一缶
　　來，財自足也。」（《吳船錄》，頁201）

　　　　范成大寫其遇「寒」經歷。從「漸」寒到「驟」寒到「凜慄」；
衣著從「暑綌」到「毳衲駝茸之裘」、「氈靴」，乃至於「熾炭擁
爐」；非常生動地點寒氣的「凍」感。並指出山泉無法煮米成飯，因
「萬古冰霜之汁，不能熟物」，故自備一缶水上山。

　　　　王士性則云：「余病渴，亟命寺僧掬飲之。蓋山頂無泉，僅一坎
受雪水，不堪為食具。范石湖所謂萬古冰霜之汁，不能熟物，宜其汲
水而登也，余識不及此矣。」（頁99）則引用其句，並言：「余識不
及此。」除縮合范成大之語，也呼應當時掬飲雪水而未能煮食之山山
林生活現場。

　　　　范成大與王士性在山林之泉前相遇，郡治「月榭」之空間則是陸
游與范成大的連結「壬寅。將解纜，嘉守王亢子蒼留看月榭。前權守

陸游務觀所作，正對大峨，取李太白「峨嵋山月半輪秋，影入平羌江水流」之句。郡治乃在山坡上。」（《吳船錄》，頁 208）范成大補述月樹命名之緣由，又與李白的峨嵋山月前後映照，為宦旅的記憶增添懷古的氛圍。

（二）山旅書寫

疊嶺重嶂的蜀地，山旅所見自有其奇美景觀。如何摹狀寫物？如何詮釋山旅心境？范成大與陸游書寫的角度為何？王士性「擁傳以往」，如何「搜奇履險」？以下分述之。

范成大《吳船錄》	王士性〈入蜀記〉
前渡雙溪橋，入牛心寺。雨後斷路，白雲峽水方漲，碧流白石，照人肺肝，如層冰積雪。（頁203）	下坡抵壑，雙溪合流，障以石山，如葫蘆出物，楹其背為牛心寺。寺僧出真人丹鼎，與繼業三藏錫杖焉。寺後綠陰簇抱，蔽虧天日，景幽絕不類人間。右去過十二峰頭，為九老仙人洞。寺左右為雙飛橋，橋流合處，怪石礫砢，飛瀑怒出，其間一石懸峙焉，為牛心石。兩石崖夾飛濤而去，余與元承置蒲團石上，結跏跏坐之，聽流水砯淜鳴咽，神骨俱寒，即不能忘死，堪忘世，此峨山山水最佳處也。（頁97）

二者同樣書寫山旅經驗，但路線不同，所見則有差異。以牛山寺這段路程為例，一稱「雙溪橋」，一稱「雙溪合流」。范成大將視點集中在水的流動與皎白的石色：「碧流白石，照人肺肝，如層冰積雪。」王士性則著重地勢的細節摹寫，因此而有「下」坡、其

「背」、寺「後」、「右」去、「左右」等方位名詞，以「繪圖」的概念
書寫地景。突顯個人經驗，因而寫個人坐於「牛心石」「神骨俱寒」
的「忘死」、「忘世」之讚歎。既入山且記山，書寫筆調則出以紀實
手法。再舉一例如下：

范成大《吳船錄》	王士性〈入蜀記〉
自是登危磴，過菩薩閣，當道有榜，曰天下大峨山，遂至白水普賢寺。自縣至此，步步皆峻陂，四十餘里，然始是登峰頂之山腳耳。甲午。宿白水寺。大雨，不可登山。謁普賢大士銅像。國初，敕成都所鑄。有太宗、真宗、仁宗三朝所賜御製書百餘卷。（頁198～199）	再歷危磴為白龍洞，洞兩翼樹楠千本，空翠欲滴。上四會亭為白水寺，寺有宋興國鑄普賢騎白象相，並賜袈裟寶環，傍有三千鐵佛，廊廡鱗集，此北麓之窮也。嗣是悉南行，乃始稱登峨。（頁97）

　　關於山景的書寫，各有側重。陸游以日記形式，寫景之外加入對
地景的說明。例舉如下：

　　　二十二日過大江，入丁家洲，夾復行大江。自離當塗，風日
　　清美，波平如席，白雲青嶂，遠相暎帶，至終日如行圖畫，殊
　　忘道塗之勞也。過銅陵縣，不入。晚泊水洪口江湖間，謂分流
　　處，為洪王文公詩云：「東江木落水分洪」是也。（頁71）

　　《入蜀記》通篇為日記形式，如是，可看出其書寫之「紀實」心
理。寫景是個人的抒情感受，而陸游並不深化描寫眼前所見之景，而
是轉向辨析此地之景觀以及其相應之詩句。一方面以景解詩，另一
方面以詩詮地。陸游對於地景與詩句之間的觀察甚為敏銳，再舉一
例：「十八日小雨。解舟出姑熟，溪行江中，江溪相接，水清濁各不

相亂。挽行夾中三十里，至大信口泊舟。蓋自此出大江，須風便乃可行，往往連日阻風。兩小山夾江即東梁、西梁，一名天門山。李太白詩云：『兩岸青山相對出，孤帆一片日邊來。』王文公詩云：『崔嵬天門山，江水遶其下。』梅聖俞云：『東梁如仰䱥，西梁如浮魚。』徐師川云：『南人北人朝暮船，東梁西梁今古山。』皆得句於此也。水滸小兒賣菱芡蓮藕者甚眾，夜行堤上，觀月大信口。歐陽文忠公《于役志》謂之帶星口，未詳孰是。《于役志》蓋謫夷陵時所著也。」（《入蜀記》卷三，頁64）連續舉數人之詩句，以說明東梁、西梁。筆者以為，以文本與實然地景互文，如是，陸游創造了地誌書寫的記憶術。

　　同樣是行經白水普賢寺，范成大以「登危礎」、「步步皆峻陂」寫其腳程。王士性則將視角放在空翠的樹楠；一樣寫普賢寺裡的佛像與物件，范成大身處當代，以細筆勾勒，再讀王士性關於「普賢寺」一帶之書寫，僅言「宋興國鑄普賢騎白象相，並賜袈裟寶環，傍有三千鐵佛」，兩相對照，自可見其所重。

　　如何看山？如何書寫自己看山？陸游行舟蜀地，著重視點之差異[51]，例舉如下：

> 自舟中望山，突兀而已。及拋江過其下，嵌巖竇穴，怪奇萬狀，色澤瑩潤一與他石迥異，又有一石不附山，傑然特起高百餘尺，丹藤翠蔓羅絡其上，如寶裝屏風是日風靜，舟行頗遲，又秋深潦縮，故得盡見，杜老所謂：「幸有舟楫遲」得盡所歷

51　小川環樹指出，陸游《入蜀記》陸游穿越三峽係溯流而上，所體驗的三峽之險，自與「下」三峽有異。參見小川環樹：〈范成大的生平與文學創作〉，收入小川環樹著，周先民譯：《風與雲：中國詩文論集》（北京：中華書局，2005年），頁251～262。

妙也。過澎浪磯小孤山，二山東西相望。小孤屬舒州宿松縣，
有宿兵。凡江中獨山如金山、焦山、落星之類皆名天下，然峭
拔秀麗，不可與小孤比。自數十里外望之，碧峰巉然孤起，上
干雲霄，已非他山可擬。愈近愈秀，冬夏晴雨，姿態萬變，信
造化之尤物也。但祠宇極於荒殘，若稍飾以樓觀亭榭與江山相
發揮，自當高出金山之上。（《入蜀記》卷三，頁82）

對於山勢之形容，有視點之變化。先言舟行所見，概括而言為
「突兀」，既而將焦點放在「傑然特起」之山石；再者為東西相望之
澎浪磯與小孤山，前面已從舟行之速度之緩故能盡見山形山石與山
色，此處，則從「距離」與「季節」著眼，以「愈近愈秀」，點出山
景之豐富與多元。末了又從建構祠宇之考量以呈顯地景之壯美，可見
出陸游觀看地景的思考方向。

范成大則以「親見驗證」之眼，看待山林種種。如：「過新店、
八十四盤、娑羅平。娑羅者，其木葉如海桐，又似楊梅花，紅白色，
春夏間開，惟此山有之。初登山半即見之，至此，滿山皆是。大抵大
峨之上，凡草木禽蟲，悉非世間所有，昔固傳聞，今親驗之。余來以
季夏，數日前，雪大降，木葉猶有雪漬斕斑之跡。草木之異，有如八
仙而深紫，有如牽牛而大數倍，有如蓼而淺青。聞春時異花尤多，但
是時山寒，人鮮能識之。草葉之異者，亦不可勝數。」（范成大《吳
船錄》，頁200）紀錄植物的生長時間、樣態與色澤。意在點出：「大
峨之上，凡草木禽蟲，悉非世間所有。」以突顯峨眉山之奇。

王士性在山嶽之間留下足跡、以書寫留下記號，標出一個遊人的
形態。〈遊峨嵋山記〉有這段敘述：「緣崖為雷洞坪，崖石臥路，盡
青碧膩理，玲瓏如琢，與古楂老樹相盤錯，虯龍虎豹兩欲鬬巧，崖斷
處下窺無際，杳然深黑，世傳雷神居之，聞人語聲，則風雷暴至，舊

樹一禁語鐵牌，下有十二大洞穴，人不得至也。過雷神洞而上，長十數里，險視猢猻梯過之，為八十四盤。道傍積雪皚皚，高山茶不甚佳，雪可嚼。」（頁98）這段文字大抵可以反映其觀看山嶽之自然觀照與人文觀察。先是標示地名，既而是地景的細密描述，聚焦於古楂、老樹，以「虯龍虎豹」摹其形，以「兩欲鬥巧」擬其態；再以傳說「聞人語聲，則風雷暴至」渲染此地之無際斷崖以及人無能至此之說，結合「禁語鐵牌」的現場，再以「高山茶不甚佳，雪可嚼。」之語化解長十數里險境之逼仄。

（三）人文景觀

范成大、陸游、王士性對於蜀地的民俗土風，各有關注的面向。或關注其教化，或著重其歷史記憶，或摹寫其民間生活。這些書寫，形構了蜀地的人文風景，創造此地特殊的感覺結構。

1 風物與夷俗

范成大身為地方官，對於當地之土風民俗，自有其觀看之視角。或記錄其名產風物：「陣筒。截大竹，長二尺以下，留一節為底，刻其外為花紋。上有蓋，以鐵為提梁，或朱或黑，或不漆，大率挈酒竹筒耳。華陽風俗記所載，乃刳竹傾釀，閉以藕絲蕉葉，信宿馨香達於外。然後斷取以獻，謂之陣筒酒。觀此，則是就竹林中為之，今無此酒法矣。」（《吳船錄》，頁188），對於酒具物質性的實錄，讓我們看見挈酒竹筒的花紋、色澤及其細節。再如「繩橋」之描述：「每橋長百二十丈，分為五架，橋之廣十二繩排連之，上布竹笆，攢立大木數十於江沙中，輂石固其根，每數十木作一架，掛橋於半空，大風過之，掀舉幡然，大略如漁人曬網染家晾綵帛之狀。」（《吳船錄》，頁189）鉅細靡遺地紀述繩橋之製作，從造型到建材，以及繩索之型態，再以「漁人曬網」比擬繩橋掀舉之貌，甚有立體感。

關於民風之記述，則如：「壬辰。早發蘇稽，午過符文鎮。兩鎮市井繁遝，類壯縣。符文出布，村婦聚觀於道，皆行而績麻，無索手者。民皆束艾蒿於門，燃之發煙，意者熏祓穢氣，以為候迎之禮。」（《吳船錄》，頁197）記寫鎮民之觀禮儀式，突顯小鎮的迎賓儀禮。

對於「異」地的教化，或更動地名如下所述：「今日山後老人村耆耊婦子輩，聞余至此，皆扶攜來觀。村去此不遠，但過數繩橋。俗稱其村曰獠澤，余以為不雅馴，更名老宅。」（《吳船錄》，頁191）然而值得注意的是范成大對於風土之觀察，以及疾病之紀錄：

> 七十里，至涪州排亭之前，波濤大洶，濆淖如屋，不可梢船。過州，入黔江泊。此江自黔州來合大江。大江怒漲，水色黃濁，黔江乃清泠如玻璃，其下悉是石底。自成都登舟，至此始見清江。涪雖不與蕃部雜居，舊亦夷俗，號為四人。四人者，謂華人、巴人及廩君與盤瓠之種也。（《吳船錄》，頁214）

> 庚戌。發泥培。六十里，至恭州。自此入峽路。大抵自西川至東川，風土已不同，至峽路益陋矣。恭為州乃在一大磐石上，盛夏無水土氣，毒熱如爐炭燔灼，山水皆有瘴，而水氣尤毒。人喜生癭，婦人尤多。自此至秭歸皆然。（《吳船錄》，頁214）

第一段的敘述先談黔江的地理特色，以大江的黃濁對照黔江的「清泠如玻璃」，旨在突顯其「異」；涪州居於清泠之黔江之側，突顯「夷俗」及其「四人」種族之傳說。第二段亦是從地理特性著眼，盛夏毒熱，山水有瘴，自恭州至秭歸，人多生癭。雖然范成大未具體陳說「夷俗」之內容，對於瘴氣之貌，也僅言「人喜生癭，婦人尤多。」，卻可以發現，地理與風土的差異，創造了不同的人文景觀。而范成大以「外來者」及「管理者」之身分觀看蜀地人文現象，不免

點出其「異」。異質的風景與人文築構了蜀地的文化想像。

2　生活的情味

　　陸游筆記有其特殊的情味，其中有關事與景的聯接甚具情味。如本段敘述為例：「二十九日，阻風。馬當港中風雨淒冷。初御裌衣有小舟冒風濤來賣薪菜豨肉，亦有賣野麂肉者，云獵蘆場中所得飯。已登南岸，望馬當廟，北風吹人勁，甚至不能語。既暮風少定，然怒濤未息，擊船終夜有聲。（卷三，頁81）」以本段為例，先談事，充滿鄉野氣息，轉而形容船隻在氣候遽變之下的情境，卻以「怒濤未息，擊船終夜有聲」之短語，拉出了平常生活的情味。陸游對於舟人生活有深入的觀察，在《入蜀記》多有關於舟人之敘寫：

> 四日平旦始解舟。舟人云：「自此陂澤深阻，虎狼出沒，未明而行，則挽卒多為所害。是日早見舟人焚香祈神云：告紅頭須小使頭長年三老莫令錯呼錯喚。問「何謂長年三老？」云「稍公是也」長讀如長幼之長，乃知老杜「長年三老長歌裏，白晝攤錢高浪中」之語，蓋如此。因問，何謂攤錢？云，博也。按梁冀能意錢之戲注云及攤錢也，則攤錢之為博亦信矣。（《入蜀記》卷五，頁127～128）

　　這是一段有關「舟人」的田野調查，先從波澤之情狀而有「焚香祈神」之儀式以及祈神之內容。從祈神之內容再點出「長年三老」（稍公之稱），並以杜詩之內容作為回應。祈神之語「莫令錯呼錯喚」既有庶民真誠質樸的話語，又有民間祈福之語的簡單明確；老杜的詩語又為舟人、稍公補述「攤錢」之休閒活動，既是紀實亦是社會生活史的紀錄。再如：

> 十四日曉雨過一小石山，自頂直削去半，與餘姚江濱之蜀山絕

相類。拋大江遇一栿廣十餘丈長五十餘丈，上有三四十家，妻
子雞犬臼碓皆具中，為阡陌相往來，亦有神祠，素所未睹也。
舟人云：此尚其小者耳，大者於 上鋪木作蔬圃，或作酒肆，
皆不復能入夾，但行大江而已。（卷四，頁102）

以細節的敘述（栿廣長的具體數字）敘述大舟猶如田地，有阡
陌、蔬圃、酒肆等，雖無情緒詞彙之敘寫，卻可想見陸游初見舟上之
雞犬臼碓之驚奇之感，這是民俗現象之考察，突出了舟民的水上生活
景貌。陸游對於民俗現象的物質特性亦有準確的摹寫，譬若船隻之構
建：「二十日，倒檣竿立艣船。蓋上峽惟用艣及百丈不復張帆矣。百
丈以巨竹四破為之，大如人臂。予所桀千六百斛舟，凡用艣六枝百丈
兩車。」（《入蜀記》卷五，頁138）又如舟人之儀式：「二十二日，
五鼓赴能仁院建會慶節道場，中夜後舟人祀峽神，屠一豨。」（《入蜀
記》卷五，頁139）[52]再如舟船為石所損的記載：

十三日，舟上新灘，由南岸上及十七八船底為石所損，急遣人
往拯之，僅不至沉。然銳石穿船底牢不可動，蓋舟人載陶器多
所致。新灘兩岸南曰官漕，北曰龍門。龍門水尤湍急多暗石。
官漕差可行然亦多銳石，故為峽中最險處，非輕舟無一物不
可上下，舟人冒利以至此，可為戒云。（《入蜀記》卷六，頁
158）[53]

---

52 陸游《入蜀記》之書寫特質為同一主題，接連續寫，如此處論祭峽神，既而則言：
「二日，泊桂林灣。全證二僧陸行來云，沿路民居大抵多四方人土著財十一也。舟
人殺豬十餘口祭神謂之開頭。」（卷五，頁142）
53 承前所述，陸游續寫操舟之功：「九日，其下則無義灘，亂石塞中流，望之可畏。
然舟過乃不甚覺，蓋操舟之妙也。」（《入蜀記》卷六，頁154）恰與船損舟破的敘
述對照閱讀。

從灘頭之暗石到損舟之銳石，觀察細緻。此處之敘述，有官府治理的角度，但也看出舟人、居民在經濟效益與交通之間的現象分析。再如特殊事件之記寫：

> 二十八日泊方城。有嘉州人王百一者，初應募為船之招頭。招頭蓋三老之長，顧直差厚，每祭神得胙肉倍眾人。既而船戶趙清改用所善程小巴為招頭，百一失職，怏怏又不決去，遂發狂赴水。予急遣人拯之，流一里餘，三沒三踊，僅得出。一招頭得喪能使人至死，況大於此者乎？（卷五，頁 141）

一方面承繼之前對於舟人生活之敘述，另一方面，又參與其間，敘寫如何拯救招頭落水之事及感懷。

陸游對於庶民生活之觀察頗敏銳。或如擊鼓則集虎之說[54]，或夜觀大燈毯：「六日甲夜有大燈毯數百，自溢浦蔽江而下，至江面廣處分散漸遠，赫然如繁星麗天。土人云；此乃一家放五百椀以禳災祈福，蓋江鄉舊俗云。」（《入蜀記》卷三，頁88）

此外，人文觀察如：「二十八日。由江濱堤上還船，民居市肆數里不絕，其間復有巷陌往來幢幢如織，蓋四方商賈所集而蜀人為多。」（卷四，頁124）「洑中有聚落如小縣，出鱘魚，居民率以賣鮓為業。」（卷四，頁126）「九日晚次黃牛廟，山復高峻，村人來賣茶菜者甚眾。其中有婦人皆以青斑布帕首，然皆白皙，語音亦頗正。茶則皆如柴枝草葉，苦不可入口。」（卷六，頁153）描摹婦人的衣著膚色語音。而形容茶如柴枝草葉，則別有趣味。再如：

> 十三日，遊江瀆北廟。廟正臨龍門，其下石罅中有溫泉，淺而

---

[54] 「九日夜，舟人來告，請無擊更鼓。云，廟後山中多虎，聞鼓則出。」（《入蜀記》卷六，頁155）。

> 不涸，一村賴之。婦人汲水皆背負一全木盆，長二尺下有三
> 足。至泉旁以杓挹水，及八分即倒坐旁石束盆背上而去。大抵
> 峽中負物率著背又多婦人。不獨水也，有婦人負酒賣亦如負水
> 狀，呼買之，長跪以獻。未嫁者，率為同心髻，高二尺，插銀
> 釵至六隻；後插大象牙梳如手大。（卷六，頁159）

此處對婦人的觀察更加深入，除了以背負物之風俗之外，更細寫
木盆的外型、長度；同時又注意到其賣物之動作；對於未嫁女子的髮
型與髮飾，細如銀釵之數量，亦予以錄寫。另有關於教育之觀察：
「十月一日過瓜洲壩倉頭百里洲泊沱灘，皆聚落。竹樹鬱然，民居相
望，亦有村夫子聚徒教授；群童見船過，皆挾書相觀，亦有誦書不輟
者。」（卷五，頁141～142）除了民俗的紀實描述之外，也寫出其生
活情趣「曹君置酒堂中炙鹿肉甚珍，酒尤清醇，夜寒可附火。」（卷
三，頁89）

這些觀察的面向，除提供閱讀者對於蜀地人文圖像的描摹，更可
以發現他對於地方感的建構。人文地理學者段義孚指出特殊人際關係
與親切感的建立是培養地方感關鍵的因素。段義孚指出「卑微的事件
可能及時建立強烈的地方感」：「雞、蛋，蕃茄都是農地中平凡的物
體，準備作食物或銷售，它們不是美感的對象，但有時卻顯露美的本
質，因為它們使人安慰。」[55]因此，當陸游描寫鹿肉、象牙梳、大燈毯
等等，都呈現他與蜀地的附著性。

諾伯格‧斯卡爾茲曾提出，人類生存空間的基本構成要素，包括
場所、路徑和範域。當場所和四周互動的時候，就產生了內部和外部
的問題。於是這種現象學的關係，就成了生存空間的基本觀點。「在

---

55 段義孚（Yi-fu Tuan）著，潘桂成譯：《經驗透視中的空間與地方》（臺北：國立編
   譯館，1997年），頁136。

內部」，顯然是跟在場所觀念之後的最初意圖。只有當一個人界定出何者內部何者是外部時，我們才真能說他「住居」了。通過這種聯繫，人們界定了他的經驗和記憶。[56]

因此，當范成大提出「夷俗」之說，陸游細寫舟民生活，他們一方面確立自己「在外部」的身分，同時他們也以「住居者」的眼光看待蜀地。這樣的角度也自然也影響到王士性觀看蜀地的方式。以王士性看鹽民之生活為例：

> 甲戌出保寧，又行大山中不斷，至漢州乃止，然皆大道劉石平礱，即村落市鎮皆然。是夕息足柳邊，乙亥於鹽亭，丙子於潼川，丁丑於建寧，戊寅於古店。緣保寧而來，館穀與馬之供，往往出自軍伍。如隆山、富村、秋林、建寧、古店類沃阜。秋林諸生至百人，小邑不如也。郡邑止潼川、中江為最。其地在在有鹽井，民居視水脈鹹處，掘坎如斗，深四五百尺，以瓜錐鑿其土石起之，用二竹大小相貫，吸水和土以煎。（王士性〈入蜀記〉，頁90～91）

關於採鹽，有其步驟，先是探鹽（視水脈鹹處），既而為採鹽，以「爪錐」為工具，「掘坎」「鑿土石」；掘井約四五百尺，以二竹貫土，再「吸水和土以煎」。

關於器具的描述，爪錐與吸水之竹在在顯示王士性對於「平凡的物體」之興味。

3　歷史與記憶

（1）孔明「故」事

---

56 諾伯格‧斯卡爾茲著，王淳隆譯：《實存‧空間‧建築》（臺北：臺隆書店，1984年），頁24～25。

　　為一地書寫歷史，除了為地方定位，其實也創造另一種文化視域——我（旅行者）理解歷史，我（旅行者）看見並書寫歷史的蹤影。有關蜀地的文化記憶，大多集中在「諸葛孔明」的「故」事。[57]

　　陸游《入蜀記》言：「二十七日。土人謂山間之流通江者曰瀼。云，州東南有八陣磧孔明制之遺跡。碎石行列如引繩，每歲江漲磧，上水數十丈，比退，陣石如故。」（《入蜀記》卷六，頁171）孔明意象有其歷史承傳，王士性有云：

> 下古店，過新都，則入平川，所謂沃野千里者，蓋流渠走水不能以十畝遠。至牟彌鎮，孔明八陣在焉。石卵埋灌莽中，成百二十八聚，有門有伍，土人竊其地種植者犁平之，久復隱隱隆起，亦神矣。余與元承各取一石而行。（王士性〈入蜀記〉，頁91）

　　重臨「八陣圖」的歷史現場，卻增添了當地的人文風情。先是紀實描述埋石成聚自成行伍，既而書寫土人竊地種植，犁平其地卻又隆起的「傳奇」，再以「取一石」增添此傳奇之真實性。再如「壬辰，謁黃陵廟。廟後山數疊如屏，舟人指其中疊，有丈夫牽牛道水影，則黃牛神也，孔明曾誌其事於廟。」（王士性〈入蜀記〉，頁96）孔明

---

57 謝肇淛《滇略》卷5有云：「按武侯於滇，威德最遠，距今二千年，猶人祠而家祝之。其遺跡故址散見諸郡者，不可殫述。雲南則有諸葛營及刻碑，文曰：「碑即僕，蠻為漢奴。」夷有過者，常以石 之，有盟蠻臺。大理有畫卦臺、天威徑、諸葛城故壘及印篆。臨安有諸葛山，永昌有諸葛營旗臺、糧堆、打牛坪諸葛寨、諸葛堰。楚雄有破軍山、臥龍岡、湯糊箐、武臺、芧州營。曲靖有阻夷山、分秦山、八塔雙井。澄江有諸葛營。蒙化有巍寶山、玄珠白塔。鶴慶有諸葛寨泉及池。姚安有武侯塔遺壘、土城。武定有故城諸葛營。北勝有祭鋒臺。隴川有孔明寄箭山。普洱有孔明營壘。車裡有孔明碑。其他祠廟，未可勝數。諸夷之人，畏之如天地，受之若祖考。」

遺跡無所不在，既是蜀地的守護神，也創造了蜀地的地理景觀。[58] 值
得注意的是《五嶽遊草‧蜀遊》之內容，多為華夏之文化記憶，如：

> 戊午，與元承至大慈寺⋯⋯西行五里入中園，則蜀國奉御輦夜

---

[58] 可參考滕蘭花：〈歷史與記憶：從明代雲南武侯祠看諸葛亮南征〉，《黑龍江史志》
2010年1期（總218期）（2010年1月），頁15～16。明代雲南各地區武侯祠分佈
簡表：（筆者比對〔明〕劉文徵《滇志》（卷十六，祠祀志）並加以刪修。）

	府、州	祠數	地點及建成時間
滇中	雲南府	1	府城南；正德四年。
	澄江府	1	新興州治南（今玉溪）
	楚雄府	1	府治南雁塔山麓，隆慶元年建。
	景東府	1	府城山頂
	姚安府	1	府治東十五里
	武定府	0	
滇南	臨安府	1	府城，嘉靖年間建。
	新化州	0	
	廣南府	0	
	元江府	0	
	威遠府	0	
滇西	永昌府	1	①府城，西嘉靖年間。 ②各州縣俱有。
	大理府	1	府城西南，嘉靖年間。
	北勝州	1	州城南
	順寧府	3	①舊城教場內，崇禎七年。 ②城內關廟後。 ③關廟右，萬曆時建。
	麗江府	0	
	永寧府	0	
	蒙化府	1	府治，在明治書院內嘉靖四十五年建。
	鶴慶府	1	劍川州治北。
滇東	曲靖府	1	在府治北州縣禦所間有。
	尋甸府	1	英烈侯廟，府治東六十裡關索嶺。
	廣西府	0	

臺。路傍植高柏，摩空差勝，無他奇。復南數里至昭烈陵，祠
先主、武侯，配以關、張、北地王、諸葛瞻、傅僉，蜀都忠義
可想。」（頁92）

丁卯，至嘉定州，州在川、雅二江合處。東一山為凌雲寺，九
峰環峙，左為東坡墨池，又為註書臺，臺上望江流有聲，三峨
隱隱在雲霧間，絕景也。東下石崖萬丈，倚江刻彌勒像，高
三百六十尺。又東南一山孑立水面，為烏龍山，則郭景純註爾
雅處。」（頁93～94）

　　由「蜀都忠義」、「東坡墨池」、「景純註爾雅處」種種可見其文
化記憶之生成。而《廣志繹‧西南諸省（四川）》則記載「蜀中俗尚
締幼婚」（頁304）、「**土人**」之說[59]，或引《華陽國志》所云「**夷人營
其地**」（頁303），兩相對照，可見其觀看之文化視域。

　　（2）建築、房居的人文觀察

　　建築[60]與房居是「風土性」之展現，從行旅中有關「住居」之觀
察紀錄，也可探勘一地的人文風情。而蜀地獨特的市鎮建築，也成為
旅行者筆下的獨特風景。陸游所見如下：「二十一日。州中望石門關
僅通一人行，天下至險也。晚泊巴東縣，江山雄麗，大勝秭歸，但井
邑極於蕭條。邑中才百餘戶，自令廨而下皆茅茨，了無片瓦。」（《入
蜀記》卷六，頁162～165）關注到市鎮之雄麗與井邑蕭條之對比，

---

[59] 《廣志繹‧西南諸省》：「灩澦實一石，遠望之乃似碎石合成者，土人謂其下有三
　　足，如雞足也，某年大旱得見之。」（頁302）

[60] 建築，通常是指包含由屋頂和外牆從自然中劃分出來的內部空間的實體。建築也是
　　創造邊界，區分「內部」和「外部」的技術。因此，外牆的結構與物質特性，自屬
　　於建築的空間領域。參見盧原義信著，尹培桐譯：《街道的美學》（天津：百花文
　　藝出版社，2007年），頁3～28。

尤其是屋舍的建材——「無片瓦」,「皆茅茨」。

　　王士性之觀察則從地名而來:「木皮店,過此十日九霜雪,陶瓦
龜拆,覆屋以木皮矣。」(王士性〈遊峨嵋山記〉,頁97～98)亦是
紀錄屋舍之建材。再者,則是建築與環境的關係:「晚宿凍河,則下
平坂也。虎豺晝夜伏道傍,二十餘步則起獨樓,雜以檻穽,即二三
煙突聚落,亦斫木為城環避之。」(王士性〈入蜀記〉,頁88)道旁
不時出現的虎豹,迫使當地居民蓋起「獨樓」,形成獨特的景觀。此
外,屋舍亦顯示了一地之風俗:

> 丙辰,飯東新店,始過偏橋,路絕處杙崖壁間,偏山架木,下
> 臨白水江源,始真棧也。是日宿草涼驛,明午過百歲村,遠望
> 山下一屯,云鳳縣,解鞍焉。自寶雞至此,覆屋咸以板,真西
> 戎俗矣。(王士性〈入蜀記〉,頁88)

　　從木皮覆屋到斫木為城,乃至於以板覆屋,在在顯示了蜀地的地
域特性與建築民居之間的關聯。

　　(3) 遺跡與題壁

　　文人行經山水異境,除了自然山水的聆賞之外,亦是與前代文人
的對話,積累交錯的歷史記憶成為一種文化閱讀。如范成大行經烏尤
峰之古安樂園所發抒之感:「九頂之傍,有烏尤一峰,小江水繞之,
如巧畫之圖。樓前百餘步,有古安樂園。山谷常遊之,名軒曰涪翁,
壁間題字猶存。云「見水繞烏尤」,惟此亭耳。是時未有萬景,故山
谷以安樂園為勝,今不足道矣。」(《吳船錄》,頁197)藉由「猶存」
的壁間題字[61],懷想山谷之生命情境。壁間的題字成為一種可閱讀的

61　Ron Scollon,Suzie Wong Scollon 著,呂奕欣譯:《實體世界的語言》(Discourses in
　　place- Language in the Material World))(臺北:韋伯文化,2005 年)一書指出中國
　　數個世紀以來都在地景上寫字,在中國傳統聖山、岩石上常可看見題字與成語。

文本[62]，興發遊思感懷。陸游辨析黃鶴樓：「今樓已廢，故址已不復存問。老吏云：在石鏡亭南樓之間正對鸚鵡洲，猶可想見其地。」（《入蜀記》卷五，頁121～124）又云：

> 七日……距望京門五里寺外一亭，臨小池，有山如屏環之，頗佳。亭前冬青及柏皆百餘年物。……東至喜堂郡守朱虞部為歐陽公所築者，已焚壞，柱礎尚存，規模頗雄深；又東則祠堂，亦簡陋，肖像殊不類，可歎。聽事前一井相傳為歐陽公所浚，水極甘寒，為一郡之冠。井旁一柟合抱，亦傳為公手植。晚集於楚塞樓，徧歷爾雅台錦障亭，亭前海棠二本，亦百年物。爾雅台者，圖經已為郭景純註爾雅於此。又有絳雪亭，取歐陽公千葉紅梨詩而紅梨已不存矣。（《入蜀記》卷六，頁149）

「不復存問」之黃鶴樓故址與「不存」之紅梨，更突顯了有形之物質文化（建築、植物）之存留不易，反而是文本（歐陽公千葉紅梨詩）得以讓人追憶遣懷。在「存」「半存」[63]與「不存」之間，顯示了陸

（頁160～161），每個社群都有某個地理符號系統，告訴成員哪裡是符號與訊息出現的地方（頁165）而地理符號學和實體世界的語言，最基本的相關層面就是放置（頁181～182），意義是透過空間的某一地帶來創造（頁182）。據此可知「題壁」的社群意識與文化意義。

62 張蜀蕙：〈誰在地景上寫字——由〈大唐中興頌〉碑探究宋代地誌書寫的銘刻與對話〉，《師大學報》第55卷第2期（2010年9月），頁29～79。張蜀蕙以五本地理書：《元和郡縣圖志》、《太平寰宇記》、《元豐九域志》、《輿地紀勝》、《方輿勝覽》為考察對象，指出中興頌碑自刻石以來被閱讀、尋訪、題寫，為人文化、文學意義形塑的過程。此文對於題壁之地景形塑及文化意涵有深刻的闡述，給予筆者甚多啟發。

63 「二十四日。早抵巫山縣在峽中亦壯縣也。市井勝歸峽二郡，隔江南陵山極高大有路如線盤，屈至絕頂，謂之一百八盤，蓋施州正路。黃魯直詩云：一百八盤攜手上，至今歸夢繞羊腸，即謂此也。縣廨有故鐵盤底銳似半甕，狀極堅厚，銘在其

游、范成大的歷史情懷。

文物是歷史與現場的對話，陸游有云：

> 十五日早過呂城閘，始見獨轅小車。過陵口，見大石獸偃仆道
> 旁，已殘缺，蓋南朝陵墓。齊明帝時，王敬則反至陵口，慟哭
> 而過是也。余頃嘗至宋文帝陵，道路猶極廣，石柱承露盤及麒
> 麟辟邪之類，皆在柱上，刻太祖文皇帝之神道八字。又至梁文
> 帝陵，文帝，武帝父也，亦有二辟邪耶尚存。其一為藤蔓所
> 纏，若縶縛者然，陵已不可識矣。其旁有皇業寺，蓋史所謂皇
> 基寺也，疑避唐諱所改。二良皆在丹陽，距縣三十餘里。郡
> 縣蔣元龍謂予曰：「毛達可作守時，有賣黃金石榴來禽者，疑
> 其盜捕。得之，果發梁陵所得。」夜抵丹陽，古所謂曲阿，或
> 曰雲陽。謝康樂詩云：「朝日發雲陽，落日到朱方。」蓋謂此
> 也。（《入蜀記》卷一，頁22）

從古文物之辨析，連結及盜墓事件。再從事件之地點綴連詩句。有事
件、有考辨有詩句映襯，展示了陸游《入蜀記》文化書寫之敘事型
態。

　　對於陸游而言，來到一地，重要的並非表抒自我與此地之遭逢而
有的哲理思維或美感經驗。他的地理想像建構在此地細節的「真實」
表述以及前代（當代）文人在此地之文本創作，透過他的「看見」，
辨析此地之「真實在場」，同時也連結了歷代文人之詩文與地景，建

中，蓋漢永平中物也。缺處鐵色光黑如佳漆，字畫淳質可愛玩有石刻魯直做盆記，
大略言：建中靖國元年，予弟叔向嗣直自涪陵尉攝縣事，予起戎州來寓縣廨，此盆
舊以種蓮，余洗滌乃見字云：遊楚故離宮，俗謂之細腰宮，有一池亦當時宮中燕遊
之地，今淹沒　盡矣。三面皆荒山，南望江山奇麗，又有將軍墓，東晉人也。一碑
在墓後跌陷入地，傾前欲壓，字纔半存。」（《入蜀記》卷六，頁168）

構了文人化風景與文化地景。以東坡雪堂為例：

> 十八日。早遊東坡。自州門而東岡壟高下至東坡則地勢平曠開
> 豁。東起一壟頗高有屋三間一竈，頭曰居士亭，亭下面南，一
> 堂頗雄，四壁皆畫。雪堂中有蘇公像，烏帽紫裘橫按筇杖，是
> 為雪堂。……其上近輒增廣為木橋，覆以一屋，頗敗人意。東
> 一井曰：「暗井」取蘇公詩中「走報暗井出」之句。……坡西
> 竹林古氏故物，號南坡，今以殘伐無幾，地亦不在古氏矣。出
> 城五里至安國寺，亦蘇公所嘗寓兵火之餘，無復遺跡。惟遠寺
> 茂林啼鳥似猶有當時氣象也。（《入蜀記》卷四，頁108）

以東坡雪堂為主，以文字重現所見之景，以詩呼應之外，也加入
時代的感受，以及時間的興亡感。這是面對故物、廢墟之際的普遍的
情感質素。但此段（長）敘述，混合了詩文典故、地景與個人感懷，
錯綜的詩句，樓閣的變遷，詩文的續衍，地名與歷史的考證與今日眼
前所見，傳遞了一則時間與空間的複調地誌。

范成大在《吳船錄》提及「東丁院」為黃山谷更名為「方響
洞」，並予以題詩：

> 下山，入小巷，至廣福院。中有水洞，靜聽洞中，時有金玉
> 聲，琅然清越，不知水滴何許作此聲也。舊名東丁水，寺亦因
> 名東丁院，山谷更名方響洞，題詩云：「古人名此東丁水，自
> 古丁東直到今。我為更名方響洞，要知山水有清音。」（《吳船
> 錄》，頁197）

透過「題詩」的行動與此一空間及古代文人有所聯結。而王士性
則透過命名與題壁形構自我與空間的意義。例舉如下：

癸未，建酆都，上平都山，道書第十八福地也。山橫峭圍邑後，唐斷碑五段，書「洞天道山」字置山門。（王士性〈入蜀記〉，頁94）

又度小橋而南，則中巖寺。寺左穿虛巖之懸構數十楹，為伏虎崖。崖前歷飛閣，峙石如門，有諾詎那尊者陶像倚焉。稍轉過之為三石筍，則牛頭僧擊木尋詎那處。余登臺為書「問月」二字，則上巖也。（王士性〈入蜀記〉，頁93）

雖則王士性「問月」與「洞天道山」不若范成大題詩之趣味詩寫「古人名此東丁水，自古丁東直到今。我為更名方響洞，要知山水有清音。」然則，題壁之身體行動，成為「石刻的文學史」[64]，一如陳熙遠所述「中國傳統對古蹟的認定，顯然從未純就建築的年代上考究甄定，而是著重在其文化傳統地景的對應與再現。」[65]遺跡與題壁，形塑了蜀地的文化地景。

三　紀實之筆／抒情之眼

筆記體的書寫型態以記錄為主。以觀察者的凝視，錄寫所見所思的美感或生活紀實。范成大在《吳船錄》時有此種「回望」之眼：「五十里，早頓羅漢院沿江行。山腳入青城界。道左右多幽居，流水淙琤，修竹彌望。晚，漸入山。」（《吳船錄》，頁189），又如「癸未。早食後，與送客出寺，致慈姥巖前徘徊，皆不忍分袂。復班荊，

---

64 可參考李花蕾：〈石刻上的文學史：唐宋文人在湖南的仕宦遊歷與詩文題記——以永州為中心〉，《湖南科技學院》第31卷第3期（2010年3月），頁16～21。

65 陳熙遠：〈人去樓坍水自流——試論座落在文化史上的黃鶴樓〉，收錄於李孝悌《中國的城市生活：十四至二十世紀》（臺北：聯經出版公司，2005年），頁389。

小飲巖下。須臾風雨大至，巖溜垂下如布，雨映松竹，如玉塵散飛。諸賓各即席作詩，不覺日暮，遂皆不成行。下山，復入宿寺中。」（《吳船錄》，頁195）以這兩段敘述為例，所見如「修竹彌望」、「巖溜垂下如布」雖無結構完整之篇章去摹寫寓目之美景，卻有「瞬間」興發之美感。

此種凝望之眼，王士性亦有相應之處：「特有小鸜鵒，千百為群，飛水際，立磐石上，為注目久之。」（頁89）「自廣元至府，湍流捍急，舟過處左轉右迴，彷彿剡川之曲，紅崖青草又自可愛。」（頁90）「庚辰，過銅鑼故驛，居民蔽塹，環石蹲江，竹樹蔭巖扉間，景色堪畫。」（頁94）均有此種凝望之眼。

王士性之寫作筆法與范成大可呼應之處，例如：

> 庚申，行十里上柴關，五里至其巔，復下十里為紫柏署。前列雙峰，左山深處有寺，樹石蒼翠錯落，棧中第一勝地也。出署平砂如砥，晴雨皆可人。此地青山夾馳，綠水中貫，豐林前擁，疊嶂後隨，去來杳無其跡，倘非孔道，真隱居之適矣。關上流北仍白水，南入黑龍江。」（頁89）

言勝地為：「深處有寺，樹石蒼翠錯落」，既而細寫其形勢：「青山夾馳，綠水中貫，豐林前擁，疊嶂後隨」在客觀的記述間（「行十里上柴關」、「復下十里為紫柏署」）以清簡的筆法點染此地之自然情態，呈現「入蜀」的觀看視角。又如：「己未重九節。成都故無山，每登高於城東西角樓。時直指邀於東樓，中丞則西。西樓為錦江春色，從者掇黃花佐酒，絕勝也。」（《吳船錄》，頁92）僅以「錦江春色」、「掇黃花佐酒」寥寥數筆寫其登臨所見，蕭散的文字透顯著人在勝地的舒朗心懷，一如范成大所書「送客復集山中，遂留宿。初夜，月出東嶺，松桂如蒙霜雪，與諸人憑欄極談。至夜分，散。」

（《吳船錄》，頁195）「至夜分，散。」與「從者掇黃花佐酒，絕勝也。」均能收攏觀者之情懷匿藏於文字之間，以瞬間的光景摹寫自然情境。

　　陸游《入蜀記》以日記形式，寫景之外加入對地景的說明。例如：「二十二日過大江，入丁家洲，夾復行大江。自離當塗，風日清美，波平如席，白雲青嶂，遠相暎帶，至終日如行圖畫，殊忘道塗之勞也。過銅陵縣，不入。晚泊水洪口江湖間，謂分流處，為洪王文公詩云：「東江木落水分洪」是也。」（《入蜀記》，頁71）《入蜀記》通篇為日記形式，如是，可看出其書寫之「紀實」心理。寫景是個人的抒情感受，而陸游並不深化描寫眼前所見之景，而是轉向辨析此地之景觀以及其相應之詩句。一方面以景解詩，另一方面以詩詮地。

　　筆記是極具「個人風格」之文類，表面看來繁瑣拉雜，隨思緒隨識覺而鋪衍；然而，在這些看似混亂的敘述之中，卻可以看見「說話」者的位置，例舉其敘寫如後：

> 十六日早發雲陽，汲玉乳井。水井在道旁觀音寺名列水品色類牛乳，甘冷熨齒。井額陳文忠公所作，堆玉八分也。寺前又有練光亭，下闞練湖，亦佳境，距官道甚近，然過客罕至。是日見夜合花方開，故山開過已月餘，氣候不齊如此。過夾岡有二石人植立岡上，俗謂之石翁石媼，其實亦古陵墓前物。自京口抵錢塘，梁陳以前不通漕，至隋煬帝始鑿渠。八百里皆闊，十丈夾岡如連山，蓋當時所積之土。朝廷之所以能駐蹕錢塘者，以有此渠耳。汴與此渠皆假手隋氏而為吾宋之利，豈有數邪？過新豐小憩。李太白詩云：「南國新豐酒，東山小妓歌。」又唐人詩云：「再入新豐市，猶聞舊酒香。」皆謂此，非長安之新豐也。然長安之新豐亦有名酒，見王摩詰詩。至今居民市肆

頗盛，夜抵鎮江城外，是日立秋。（《入蜀記》卷一，頁23）

　　以上敘述可分幾部分。其一為雲陽汲水。狀玉乳井之色、味，並論水井所在地之境，兼言氣候不齊，迄今仍見夜合花開。其二為文物考辨，辨析夾岡石人為古陵墓前物。其三則是官府治理之視角，論隋代開渠以興宋代。其四就一地名連結文本，行經新豐，辨析此地為李白之新豐，非長安之新豐。從以上敘寫可看到行經的城鎮地圖（雲陽──新豐──鎮江）、行動的現場（汲井水）、思維的流動（古物之辨、朝代之易、地名之典）等等，別具一格。當然，筆記體具「駁雜」特質，往往在大段的事件敘述之後，再以景做結。如「二十三日……泊梅根港，巨魚十數色蒼白大如黃犢，出沒水中，每出水輒激起沸白成浪真壯觀也。」（《入蜀記》卷三，頁72）

　　陸游經常在徵實的記述後，筆鋒一轉，呈現自然和美的生活情調。好似生活本然即如是，逆風之後，即覓得幽然小徑，坐擁暮色中的幽致與寂然。文句如後：

> 十四日……是日逆風挽船，自平旦至日昳纏行十五六里，泊劉官磯旁蘄州界也。兒輩登岸歸云：「得小徑。」至山後有陂湖渺然蓮芰甚富，沿湖多木芙渠，數家夕陽中，蘆藩茅舍宛有幽致而寂然無人聲。有大梨，欲買之而不可得。（卷四，頁102）十九日郡集於新橋馬監。監在西門外四十里。自出城即黃茅彌望，每十餘里有村幢數家而已。道遇數十騎，縱獵獲狐兔皆繫鞍上割鮮藉草而飲。云，襄陽軍人也。是日極寒如窮冬，土人云：『此月初已嘗有雪。』」（《入蜀記》卷五，頁138）

　　無論是舟人、農居或軍人狩獵，陸游均以極簡筆法，準確地掌握其特質。其他就文句而言，短句清美，如「隔江岡阜延袤，竹樹

蔥蒨，漁家相映，幽邃可愛。」（《入蜀記》卷四，頁112）「臼有莊
居，數家門外皆古柳侵雲。」（《入蜀記》卷五，頁127）「俄頃而盡
求菊花於江上人家，得數枝芬馥可愛為之頹然徑醉。夜雨極寒，始覆
絮衾。」（《入蜀記》卷五，頁131）「數枝芬馥」、「幽邃可愛」等短
語均能點染漁家、江上人家之生活情韻。

其他又有生活實景「居民稠眾，魚賤如土，百錢可飽二十口。又
皆巨魚，欲覓小魚飼貓，不可得。」（《入蜀記》卷四，頁112）生活
情味則如：「與諸子及二僧步登岸遊廣福永固寺，　然無一人。東偏白
雲軒前橙方結實雖小而極香，相與烹茶破橙。」（《入蜀記》卷五，頁
129）皆以短語精準展現當下情境，可看出陸游書寫之意趣。

王士性之書寫與陸游亦有對應之處，文句敘述如下：

> 壬辰，謁黃陵廟。廟後山數疊如屏，舟人指其中疊，有丈夫牽
> 牛道水影，則黃牛神也，孔明曾誌其事於廟。廟左右石壁環江
> 排列數十里，如芙蓉城。記云：「朝見黃牛，暮見黃牛，三朝
> 三暮，黃牛如故。」廟前灘聲雨色，幽寒逼人。（頁96）

先記黃陵廟之山勢方位，既而以舟人所言引發黃牛神之說。「灘
聲雨色，幽寒逼人」之短語渲染出冷冽之美感。王士性〈入蜀記〉大
多以客觀之寫景，如：「庚辰，過銅鑼故驛，居民蔽塹，環石蹲江，
竹樹廕岩扉間，景色堪畫。又過落鴻市，連山岩岩，亦奇也。晚宿重
慶。石城天險，依岩而立，過處石脈如蒂，而嘉陵，岷江合於東。其
縣有巴峽及溫陽峽，登朝天樓瞭然在目也。次日宿長壽，則十月辛巳
朔矣。」（頁94）偶然幾句短語，如「居民蔽塹，環石蹲江」，「連山
岩岩」即能將平面景物轉為動態敘寫，在平直的方位地理敘述之外，
增加書寫者的觀物視野。再如「從小徑仄逼，趨青羊復入草堂，蓋
三至矣。滿地青菽紅蔽，秀色錯出，云錦城不虛也。」（頁93）亦以

「青菽紅莜，秀色錯出」突顯「錦城」之色調。

綜合觀之，此種書寫情態可稱之為「紀實之筆，抒情之眼」。以王士性之記述而言，交融著「現今」之觀察與對「昔日」之感懷。以細節展示客觀之紀實，因此，透過「對話」與「景物」所呈現之個人體物則別有意趣。敘述如下：

> 丁亥，至夔府，上城東觀圖亭，視八陳石在魚腹上，左右八迹，其一尚在明滅間，謂六十四蕝者非，左復壘石為城形。元承誦「江流石不轉」句，似為武侯飲恨者。余乃酹酒於侯廟曰：「即今日江山已非漢室久矣，侯何恨？」復笑而下。城東一水為左瀼，數里為杜公草堂。又數里有城跨二山，猶古白帝城也，問舊柏柱無存矣。（頁95）

所存之「八陳石」與無存之「舊柏柱」皆是凝結往事的物件，而以「斷片」[66]形式出現在歷史現場，而「似為武侯飲恨者」與「侯何恨？」之對話，又拉開歷史的景深，諦視政治之興替以及空間景貌與時間意識之交錯。筆記體的「片段」與「瑣碎」之特質，成為一種逸出時空的「阻斷點」，展示了「抒情瞬間」[67]的內在經驗。

---

[66] 宇文所安（Steven Owen）指出記憶多以「斷片」形式出現，「斷片」是過去同現在的媒介，是佈滿裂紋的透鏡，既揭示所要觀察的東西，也掩蓋它們。這些斷片以多種形式出現：片斷的文章、零星的記憶、某些殘存於世的人工製品的碎片。參見宇文所安（Steven Owen）著，鄭學勤譯：《追憶——中國古典文學中的往事再現》（上海：上海古籍出版社，1990年），頁10。

[67] 本處的「抒情瞬間」係採自卡西勒（Ernst Cassirer）所述：「抒情的詩篇旨在捕捉一個單一的只有一次的，短暫的和永不復返的氣氛，而把這一氣氛凝固下來。他萌生自一個獨一的瞬間，而並不要對這一處創造性的瞬間之外有所洞悉。……就是要於一暫之中發見永恆。……抒情詩的這種觀念性乃為當下之瞬刻得了歷久性與永恆性。」，參見卡西勒（Ernst Cassirer）著，關子尹譯：《人文科學的邏輯》（臺北：聯經，1986年），頁46～47。「阻斷點」取自弗萊（Northrop Frye）的說法，他認為

第四節　複（續）寫地景：觀看與敘述

「觀看」地景，以及閱讀前代文人創作，兩相疊合，成為「複」「寫」之型態。然而又因為地景之變異，「重述」之外容有觀看視角之差異，形成地景「續寫」；而此種「續寫」又衍生新的觀看體悟。往來回復之間，地景成為「記憶」的憑藉，透過了文本敘述與編寫，又重構了新的空間記憶。以下先探究《桂海虞衡志》與〈桂海志續〉之續寫筆法，既而論述王士性〈入蜀記〉與陸游《入蜀記》、范成大《吳船錄》的景象築構，藉此回應本章標題所述「追蹤躡跡」之空間意蘊。

一　地景「續寫」的筆法

如果要證成《桂海虞衡志》與〈桂海志續〉之聯繫性，當然要指出其書寫地景相同之處。然而，關於地景之書寫，更值得注意的是，事物與觀察者的遭逢。紀遊者看見了什麼？觀察到什麼特點？如何鋪陳？如何結構？能否掌握此地的特殊性？再者，范成大與王士性都強調個人「親身」見聞，因而，地景的書寫型態，是以個人親身介入方

詩人在日常時空之流中，遇到一種阻斷，於是從日常逸出而意識到自我個體。弗萊並將讀者比喻為旅人，這個旅人有其自身日常的實際時間與空間，然一旦與抒情詩遭逢，進入閱讀，讀者對日常時空的感知終會消解，而被作品中的時空世界取而代之。換言之，「抒情瞬間」就是詩中另個「經驗世界」，以上之說出自許銘全：《唐前詩歌中「抒情空間」形成之研究——從空間書寫到抒情空間》（臺北：臺大博士論文，2010年），頁3。筆者以為「阻斷點」的說法，恰可詮釋觀視者在地景之間所碰觸到的文字（題壁）、遺址等等之物質性故跡與昔日之文化記憶連結，遂進入另一種「經驗世界」。

式書寫。兩相對照，〈桂海志續〉僅是續寫《桂海虞衡志》之〈志巖洞〉之部；不過，仍可看出王士性在「相同」的場景添加元素作為「續」寫的策略，分兩點說明如下：

（一）同一地點，表述方式相異

以「讀書巖」、「獨秀山」為例。范成大所云為：「讀書巖。在獨秀峯下。峰直立郡治後，為桂主山，傍無坡阜，突起千丈。峰趾石屋有便房，石榻石牖，如環堵之室。顏延年守郡時，讀書其中。」（《桂海虞衡志》，頁83～84）王士性則為：「獨秀山居郡城之中，圓數百步，高千尺。石山鐵色，上下亭亭如削，四無坡阜，亦不與群山接。上有雕欄畫閣，翠幕彤亭，下漸月池，臨朱邸，則靖江官府也。余以己丑九日赴王宴而入，登高俯視，如坐危桅之巔，四野碧篸，一目俱盡。其下有讀書岩、五詠堂，宋始安太守顏延之居也。城中之勝此為最。」二者所述之相同元素為「突起」之山丘以及顏延之居處，不同之處在於一以「讀書巖」為座標，一以「獨秀山」為經緯。此外，王士性並加入個人登臨經驗，因而，整段文字有著「自然空間──人文空間──個人經驗」的層次感。這樣的書寫節奏幾乎成為王士性書寫的主體情境，其中自然空間與人文空間略有比重之不同。以疊綵山為例，先是自然空間：「郡城直北重門夾山，東行石文橫布，五色相錯，故圖經以疊綵名之。……洞左小山曰千越，右小支戟立曰四望。」（頁111）既而為個人經驗：「余以赴張大將軍飲，初至南望，日輪當午，獨秀在前，繡闥朱甍，映帶城郭。比酒闌北眺，堯山積翠，又與灘水俱來。及東循而坐四望亭，則夕陽返照，間以殘霞，石山飛動，片片如上人衣上。亭榭人繪，溪山地繪，雲物天繪，何直疊石稱綵焉已耶？」（頁111～112）除了赴宴的經驗之外，這段敘述又結合了自然空間所延伸的霞光雲影，召喚了身在山水之間的美感經

驗。

（二）相似場景，增添不同細節

　　范成大有云「一路北行，俯僂而入，數步則寬廣。兩旁十許丈，鍾乳垂下纍纍。凡乳牀必因石脈而出，不自頑石出也。進里餘，所見益奇。又行食頃，則多歧，遊者恐迷途，不敢進，云通九疑山也。」（《桂海虞衡志》，頁85）王士性則有：「又多歧路恐迷行，則實相呼集。或云通九疑山。」這是相似的場景，王士性既而續寫「龍潭一，水冽而深黑不得底，久立魄悸。業已可七八里，忽復璚濤雪浪，中立一圓阜丈許，俗稱『海水浴金山』也，怪矣。近遊者又得一歧里許，名『禪房』，半壁坐一菩薩像，黑石隱隱可七寸，房中暖氣更融融也。」（頁112～113）如是寫來，似乎又較范成大深入此洞穴，並以「悸」、「怪」自抒心懷。

　　那麼，王士性又如何在〈桂海志續〉向范成大致意？在文中他引用范成大之說法：「虞衡志云水月洞在灘山之麓，其半枕江，刓刻大洞門，透徹山背，頂高數十丈，其形正圓，望之端整如大月輪。江別派流貫洞中，踞石弄水，如坐捲蓬大橋下。」又稱「灘山⋯⋯前有水月洞，後有古雲崖軒，宋方信孺故居也。羽士起數椽，祀方與范致能。」（頁113）時間的流變之感於焉可見。無論是人事的變化或是自然景觀的變異都讓人有所感思。文中所言「隱山⋯⋯武陵至今僅千年，何陵谷古今之異如此？」（頁113～114）及「訾家洲在灘江中，土人稱為浮洲，雖巨浸排山，此洲不沒，子厚之記具之。亦藉水月洞為勝，而柳記不及也。今已鞠為茂草。」（頁115）所有的變動都意味著某些事物的消逝，而地景之變異隱藏著人事的興亡。再者，文中的敘述連結著范成大的閱讀行旅。《桂海虞衡志・志巖洞》小序云：

> 韓退之詩云：「水作青羅帶，山如碧玉簪。」柳子厚〈訾家洲
> 記〉云：「桂州多靈山，發地峭壁，林立四野。」黃魯直詩
> 云：「桂嶺環城如雁蕩，平地蒼玉忽嵯峨。」觀三子語意，則
> 桂山之奇，固在目中，不待予言之贅。（頁83）

　　范成大以韓愈詩、黃庭堅詩、柳宗元文[68]為桂林行旅的「前理
解」，而王士性以柳宗元之文與范成大之筆記與地景對話，因著前代
作家的書寫與自我心象的連結，巖洞的自然地景涵藏人文的質素，此
地成為一個有意義有感受的地方，創造了桂林的「地方感」。

　　筆記體著作以其雜沓與泛散，在看似樸拙未經整合的未經整合的
紀錄中，反而強化了作者「在場」的「真實」；在語境的罅縫之中，
亦點染了文學的想像。將筆記體著作與詩歌對讀，可以理解兩種不同
文體所開展的紀實特徵與抒情性。筆記中鋪陳現實的接觸，歌詩中點
染個人情思，展現行旅者所標示的「地方感」與感覺結構。以范成
大與王士性之筆記與詩作為考察對象，辨析二者在同一地點——桂
林（桂海）之地誌表述，探勘二者敘寫之文學與文化角度。相對於范
成大在《桂海虞衡志》中展示的自然地景與南方誌「異」，王士性在
〈桂海志續〉則蘊藏了身體空間的行旅經驗，而詩作則承繼著對南方
「瘴」「蠻」的地理共感。

68　韓愈〈送桂州嚴大夫〉：「蒼蒼森八桂，茲地在湘南。江作青羅帶，山如碧玉簪。
　　戶多輸翠羽，家自種黃甘。遠勝登仙去，飛鸞不假驂。」收於《全唐詩》（北京：
　　中華書局，1992年）。黃庭堅〈到桂州〉：「桂嶺環城如雁蕩，平地蒼玉忽嵯峨；李成
　　不在郭熙死，奈此百嶂千峰何。」柳宗元文應為〈桂州裴中丞作訾家洲記〉，《柳宗
　　元集》卷27（臺北：漢京出版社，1982年），頁726～727。

二　空間意蘊與景象築構

　　以王士性所撰之三篇文章與一本書（《吳船錄》、《入蜀記》）相對照，其量與其質並不等同。然而，當寫作者指出其作品之所承，考察二者之間之模擬、對照、續連等關係，自有其意義。細繹陸游《入蜀記》范成大之寫作筆法與觀視角度，除了客觀的記述，對於地名之考辨，更有民俗現象的紀錄與文化景觀的承遞與連結。旅行者看觀看景物時所思所感並非「我」在此地的抒情感受，而是連結及昔日文人的文本創作——文人化的景觀，即是地景複寫的書寫型態。筆者發現，此種書寫地景的文學與文化內蘊，幾乎是王士性紀遊書寫的主體。或可說，雖然王士性僅在「蜀遊」明確指出自己受范成大與陸游二書之影響，其實全書（《五嶽遊草》）之文章風神的追摹與觀看蜀地的方式無不與二書呼應。

（一）奇景的共築[69]

　　地景的複寫是風景與心境的再現。范成大與王士性對於峨嵋山「佛光」的表述，以鉅細靡遺的客觀筆法，具體地勾勒壯麗山水，顯示一瞬之間的奇景。原文如下：

---

[69]　以同樣方式行過同樣地方，是變成先行者，與先行者同樣思想的方法，這是種空間劇場，也是種精神劇場。雷見嘉·索爾尼著，刁筱華譯：《浪遊之歌：走路的歷史》（臺北：麥田出版社，2010年），頁92。

范成大《吳船錄》	王士性〈入蜀記〉
諸山之後即西域雪山，崔嵬刻削，凡數十百峰，初日照之，雪色洞明如爛銀晃耀曙光中。此雪自古至今，未嘗消也。山綿延入天竺諸蕃，相去不知幾千里，望之但如在几案間，瑰奇勝絕之觀，真冠平生矣。（頁201～202）	余乃擁楬枏，披重裘，尚皮毛粟慄，蓋山中連三夕雪矣。庚午晨起望西山盡霽，獨一山衣白巉岏，僅咫尺間，詫之。性天曰：「正西域大雪山也。以浩劫積雪不消，六月乃益明。去此數千里矣。」余瞪目久之，初陽起射，雪色更熒熒照人，如沁肝膽，即世稱璃樓玉宇不足狀之，又一奇觀也。（頁98）
有頃，大雨傾注，氛霧辟易。僧云：「洗巖雨也，佛將大現。」兜羅綿雲復布巖下，紛鬱而上，將至巖數丈輒止。雲平如玉地，時雨點有餘飛。俯視巖腹，有大圓光，偃臥平雲之上。外暈三重，每重有青黃紅綠之色。光之正中，虛明凝湛，觀者各自見其形現於虛明之處，毫釐無隱，一如對鏡，舉手動足，影皆隨形而不見傍人。僧云攝身光也。此光既沒，前山風起雲馳，風雲之間復出大圓相光，橫亙數山，盡諸異色，合集成采。峰巒草木，皆鮮妍絢蒨，不可正視。雲霧既散，而此光獨明，人謂之清現。凡佛光欲現，必先布雲，所謂兜羅綿世界。光相依雲而出，其不依雲，則謂之清現，極難得。（頁202）	一僧奔稱佛光現，余亟就之。前山雲如平地，一大圓相光起平雲之上，如白虹錦跨山足，已而中現作寶鏡空湛狀，紅黃紫綠五色暈其週，見己身相儼然一水墨影，時驅吏隨立者百餘人，余視無影也，彼百餘人者，亦各自見其影，搖首動指，自相呼應，而不見余影。 余與元承亦皆兩自見也。僧云此為攝身光，荼頃光滅，已又復現復滅，至十現，此又奇之奇也。（頁98～99）

　　明代陳宏緒〈吳船錄〉題詞有云：「范石湖《吳船錄》二卷，自成都至平江數千里，飽歷飫探，具有夙願。其紀大峨八十四盤之奇，

與銀色世界兜羅綿雲，攝身清光，現諸異幻，筆端雷轟電掣，如觀戰於昆陽，呼聲動地，屋瓦振飛也。蜀中名勝，不遇石湖，鬼斧神工，亦但施其技巧耳，啟徒石湖之緣，抑亦山水之遭逢焉。」即點出范成大遇佛光之「異幻」奇景。以細節敘寫「攝身光」的「奇之又奇」，尋奇探勝之間，體驗了大自然的奇異險勝，有著新的審美體驗。

山嶺之險與山行之趣，身歷其境的行旅者可以領會。然而，以文字為山嶺繪圖，卻可以凝結時間，再現每個驚險的當下，以及與奇景相遇的瞬間。

范成大之敘寫，點染出個人經歷「清現」之過程。先是「大雨傾注」既而「雲平如玉地，時雨點有餘飛」再者以「對鏡」之隱喻，帶出「攝身光」之身與影；從「青黃紅綠」之色彩到「異色合集成采」與「鮮妍絢蒨」之峰巒草木相映襯，突顯「此光獨明」。王士性則以對照方式，「百餘人各自見其影，而不見余影」，以及「光滅」之景，敘寫「十現」攝身光之奇；而「紅黃紫綠五色」之色彩與「己身相儼然一水墨影」對應，更顯出奇景之儷人。

范成大與王士性於異代共築「攝身光」之奇景；不惟如此，透過地景的複寫，雪色之奇觀在其筆下，西域雪山成為勝絕之境。范成大云：「雪色洞明如爛銀晃耀曙光中。此雪自古至今，未嘗消也。」王士性則言：「初陽起射，雪色更熒熒照人，如沁肝膽，即世稱璚樓玉宇不足狀之。」奇景的共築，是地景複寫的深刻意蘊。

（二）景象的新詮

風景雖一，所見各有差異。以巫山女神廟的敘寫為例，可以看見王士性如何以辨實求真之態度，發現「巫」非題壁之文字，而是山勢

與廟宇組構的方位與形勢，這是地景複寫饒富深意之處[70]。此種觀物視野，築構了巫山神女廟的空間記憶。

此外，身為浙江人的王士性，即使身在他鄉，亦會關注鄉邦故實。敘述如下：

> 入成都，以六日丁亥鎖闈，九月辛亥朔歌鹿鳴饗士，從藩司大門右，見高阜為武擔山，昔五丁為蜀王擔土成家，舊有石擔，今不存。前數十家一窪焉，書「揚子雲墨池」，池洿不足觀，亦即其宅也。次日詣蜀藩朝，宮闕鹵簿視我朝廷不啻半之，其國人多能道吾鄉正學先生教授時事。（頁91）

從《華陽國志》之五丁擔土之傳說[71]，到揚子雲墨池之古蹟[72]，乃至於「吾鄉正學先生」之遺事[73]，恰好展示了從實體之歷史記憶連結

---

70 當然，如果我們以「互文性」的角度去思索，或可只指出王士性之紀遊書寫與前行者之間的關係。Julian Kristiva 指出「互文性通常用來指兩個或兩個以上文本間發生的互文關係。它包括一、兩個具體或特殊文本之間的關係（transtexuality），二、某一文本通過記憶、重複、修正，向其他文本產生的擴散性影響。（intertexuality）」薩莫瓦約《互文性研究》則云：「任何文本都是一種互文。在一個文本中，不同程度地以各種能夠辨認的形式存在其他文本。於是，從極端的意義來說，任何文本都是過去引文的重新組織。」而本處只所以未以互文性名之，是因二者之間榮獲有記憶的強化、重複與修正，然而，王士性紀遊書寫之「互文」更有「行動」之介入。這也是地景書寫之互文之獨特處。

71 在《華陽國志》中載：「武都有一丈夫，化為女子，美而豔，蓋山精也。蜀王納為妃。不習水土，欲去。王必留之，乃為《東平》之歌以樂之。無幾，物故。蜀王哀之。……長老傳言：五舊本脫此字，廖本有。丁士擔土也。公孫述時，武擔石折。故治中從事任文公歎曰：『噫！西方智士死。吾其應之。』歲中卒。見《中國野史集成》（成都：巴蜀，1993年），頁739。

72 關於揚雄之墨池記載，可參考〔宋〕何涉之文所云：「揚雄有宅一區，在錦官西郭隘巷，著書墨池在焉。」據學者研究，其墨池現址極有可能在四川百花壇公園一帶。見孫琪華：〈揚雄故里問題之我見〉，《文史雜誌》2002年2期，頁30～31。

73 王士性在《廣志繹》亦有補充：「方正學先生生台之寧海，故靖難之際，吾台正學

到口傳的庶民記憶的歷程。然而，或許是身為同鄉人的敏銳感知，王士性除了看見遺跡的文化意涵，也發現了家鄉的人文風景。這樣的觀看目光，究竟是豐富了蜀地的文化記憶？還是（無所不在）的江南情懷之擴展？[74]或許這是每個行旅者書寫異地都可能面對的課題。[75]

　　Mike Crang 在《文化地理學》中指出：「文學地理學應該被認為是文學與地理的融合，而不是一種單獨折射或反應外部世界的鏡頭或鏡子。同樣，文學作品不只是簡單地客觀地理進行深情的描寫，也提供了認識世界的不同方法，廣泛展示了不同的地理景觀。」這也是我們在閱讀地志文本可以思索的面向。尤其，地志筆記經常被視為「史料」而不具文學質素，往往只供「紀錄」之旁證與參照，而未細索其內蘊之「社會記憶」[76]。

先生姨與其夫人皆死節，而先生門人則盧公元質、林公嘉猷、鄭公智，又黃巖王公叔英與其夫人，仙居盧公迴、鄭公子恕並其二女，臨海鄭公華。今之八忠則祠，五烈未祠。又有東湖樵夫。自古節義之盛無過此一時者。」（頁269）。

[74] 李嘉瑜在〈不在場的空間——上京紀行詩中的江南〉指出上京紀行詩主要的目的在展示漠北，然而，在展示漠北的同時，「缺席／不在場」的江南，卻不斷地被召喚。雖然探討的對象為上京紀行詩，卻也顯示了無所不在的「江南」之文化鄉愁。文見《臺北教育大學語文集刊》第18期（2010年7月），頁47～76。

[75] 〔宋〕陸游《入蜀記》有言：「十七日，早飯罷遊青山。山南小市有謝元暉故宅，今為湯氏所居。南望平野極目而環宅皆流泉奇石，青林文篠，真佳處也。遂由宅後登山，路極險巇，凡二三里有兩道人持湯飲迎勞於松石間。又里許至一庵，老道人出迎，年七十餘，姓周，濰州人，居此山三十年。顴頰如丹，鬚鬢無白者。又有李媼八十矣，耳聰目明，談笑不衰，自言嘗得異人秘訣。前有小池曰謝公池，水味甘冷，雖盛夏不竭。絕頂又有小亭，亦名謝公亭，下視四山如蛟龍奔放，爭赴川谷，絕類吾鄉舜山。但舜山之巔，豐沃夷曠，無異平陸，此所不及也。……夜歸舟次已一鼓盡矣，坐間信伯言，桓溫墓亦在近郊，有石獸石馬製作精妙，又有碑悉刻當時車馬衣冠之類，極可觀，恨不一到也。」〔宋〕陸游：《入蜀記》《宋史資料萃編》第四輯，第8冊（臺北：文海出版社，1981年），（卷三，頁62）陸游以觀看「吾鄉」之目光看待眼前所見之景，這也是另類的「景象新詮」，也呈現個人的心靈地景。

[76] 關於記憶及其現象的研究，涵蓋層面甚廣。此處所言「社會記憶」係採取哈拉爾

　　王士性的「續」寫自是接續前人之作，隱含了一個特殊的情感結構——藉由與前代文人的對話，他不再是孤獨的旅者，而有隱形的同行者。然而，隨著時空的移易，自然地景有所變異，也造成「斷」接的續寫；而異時同地的「複」寫，又讓人感受到大自然的奧義。這是永恆的時光命題，也是地景文本帶給我們的深刻啟示。

德‧書爾策在〈社會記憶〉一文的看法（收錄於哈拉爾德‧書爾策編：《社會記憶》（北京：北京大學出版社，2007年），頁1～11）。他以「附帶地形成過去的無限紛繁龐大的領域」稱為「社會記憶」，筆者以為恰好可以呼應筆記體書寫多元且異質之特質。

結論

　　本書以行旅、地誌、社會記憶三則向度詮釋晚明遊人王士性之紀遊書寫。有關王士性研究在臺灣學界較少受注意，或因其著作放在《四庫全書・史部地理類》存目，二十一世紀重新出版又隸屬「歷代史料筆記叢刊」，一為史部地理類存目，二為史料筆記，長期以來僅作為史料文獻之參照，或從地理學的面向解讀，研究者並未從文學、文化的角度加以詮述。

　　在無限蒼茫的時間之流裡，一代一代的旅人行走在山川大地之上，每個地景及其文本都標誌著獨特的意涵，王士性的特殊性在哪裡？何以需要被定位？經筆者檢視，從王士性著作發現的歷程，可見其書是受到明清時期文人的注目，我們應當重新審視王士性關於遊的行動與書寫。謹列舉其書序之作者及時間如後：

時間	作者	題目
萬曆己丑（1589）	張鳴鳳	〈入蜀稿序〉
萬曆癸巳（1593）	屠隆	〈五嶽遊草原序〉
萬曆丁酉（1597）	馮夢禎	〈王恆叔廣志繹序〉
康熙辛未（1691）	馮甦	〈重刻五嶽遊草序〉
康熙辛未（1691）	潘耒	〈重刻五嶽遊草序〉
康熙壬申（1692）	林雲銘	〈序〉
康熙丙辰（1676）	楊體元	〈刻廣志繹序〉
嘉慶丁丑（1817）	宋世犖	〈重刻廣志繹序〉

　　由此觀之，可以發現此書之出版從十五世紀到十八世紀，跨越了
兩百多年。而一個作者的著作可以一再地被出版，可見此書有特殊
的「召喚」能力，促使後代讀者在不同的時間點再出版此書。其間涵
藏了地方的認同，戰爭的流離，護書、刻書的傳奇，更有不同學者分
就其書寫手法、書寫範疇、生平際遇加以闡述。而王士性與友朋的尺
牘，又開展了一種能動性，與友朋的對話顯示了仕宦者的心靈結構，
透過了遊蹤的講述與紀實，匯編成生命現場的行旅地圖。而其關於遊
的內涵，從自然景物微小如風、雪、光，宏大若海洋與山嶽，以肉身
的體驗與感知，再現了地方的圖像學。從地方之風物到街道之紋理，
從城市的觀察到邊境的經濟活動，在在顯示遊人之眼光，非僅僅是流
連風景而已，而顯示了地域的疆界。既是人文軌跡的行旅，亦是帝國
與地方的文化視野。

　　此外，不同的書寫模式，展現了空間移動的多重關係。在行動中
為地景命名，以感官經驗（色、聲、形、味）展現了抒情主體的創作
形式。積累的歷史感受，使其面對每一處的人文景觀都有敏銳的感受
力。景物不只託喻了行旅者的主觀感受，一如人文地理學者所指出，
人是置身於「自身情境」的行動者，面對大地，書寫世界，面對他者
的感受，具有獨特的意義。[1]而在社會脈絡之下，人、地、物之間都被
某種關聯性所召喚。王士性結合博物地理與山水地理，以不同的敘寫
形式，開啟了我們對於行旅書寫的認知。

　　此書雖集中討論王士性之著作，但並非僅是王士性之「專人」研
究；而是觀照行走在歷史軌跡中的王士性如何與文人對話，如何在行

---

[1]　參看 Paul Cloke, Philip Crang, Mark Goodwin 編；王志弘等譯：《人文地理學概論》
　　（臺北：巨流出版社，2006 年）。

旅之間凝結個人視角，歸納地域特質，進而使其著作成為一種「社會記憶」之多重文本。王士性透過《五嶽遊草》、《廣遊志》和《廣志繹》之書寫，展現個人情性和個人觀察的雙重視角。由於宦旅之位置，使他在行旅觀察中加入比較與參照的視野（例如：城鄉差異、江南與他鄉）。透過描寫各個地方，他提煉出各種特質，或為「江南」、「江北」之殊異，或為異文化與華夏中心之區隔。即使在《五嶽遊草》書寫入山與記山，他也不忘評述傳統以來的遊人對於登嶽的崇拜以及山嶽之中（外）的屋舍興建及山嶽的關聯；自然風景的敘寫中，也加入人文視域的考辨。這些觀看的方式都顯示了古典文學的紀遊書寫不僅是山水的遊賞紀勝，個人性情之象喻。也不能簡單以「山水」概括行旅所包含的地域、風土等等課題。再者，古典的紀遊書寫大都是名山古蹟的紀勝，或者是隱逸思維的情韻；但透過王士性之著作可觸發幾個重要課題：邊境交通與文化接觸、邊土之疆界與地景等等。謹說明各章要點如下：

一

　　第一章「發現」王士性：旨在辨析王士性著作如何透過其友人及同郡之文官重刻與出版。藉由文獻解讀，發現地方志書與官方所編纂的明史，對於王士形象描述之差異。再者，透過王士性現存的尺牘考察之遊觀及其履踐方式。王士性在尺牘中表述自我對於「遊」的觀點，信牘的內容表面上是邀約友朋同遊，或責怪友朋無法同遊等人我關係，事實上，這些友人雖然未臨現場，其實，也已經是他的遊伴了。一個孤獨的旅者何以有這麼豐沛的能量行動，因為他的身旁有一群隱藏讀者，他們或者與王士性一同登嶽躡崖穿洞，或者只閱讀他的遊記，這些同遊者是王士性在旅行中重要的分享友伴，王士性遂成為

遊的傳道者。

　　透過了與友朋有關「遊」的對話，可以更清楚看見他真實的情緒（視覺驚喜、鄉野趣味、語言同異、異域風景、文化驚豔）；也因為他有這群「理想讀者」，更可以證明他的「遊」是有意義的。這些書簡，恰好證明了他出遊的歷程（或說，就是展示旅行的證據）透過書信，展示原創性的旅行證據。畢竟，「一個無人見證的歷史可能從不曾存在。」同時，也可以看見移動時的階層與身份。此外，王士性一再複述關於個人歷險之經歷，反觀自己行旅的艱難步履，透過文字別具療癒意義及深度意涵。

二

　　第二章以《五嶽遊草》為中心，透過文本細讀一一檢索其建構的地方感。以詩文對讀的詮釋面向旨在呈現《五嶽遊草》之多元文體，或「以時繫地」以彰顯吾鄉的勝景，或標舉時間敘寫遊歷的軌跡。遊記的表述或如旅行指南式之客觀記述，而歌詩之作則點染個人感受，對讀之間可見出王士性的懷古意識。此外，筆者特別指出紀實書寫不乏有抒情的可能，而詩當中不乏有紀實的客觀態度。因而以「紀實特徵與抒情向度」解讀《五嶽遊草》之山水構圖。再者，此為研究王士性者較少處理之面向。此處牽涉到文體的概念、詩文的相應。就筆者所見，紀實特徵與抒情向度，確實是王士性紀遊書寫中的核心概念。藉此，更可看出王士性遊觀的內涵與實踐。

三

　　第三章「地景江南」則因王士性本身為浙江臨海人，在其陳述中屢屢可見對於江南的特殊情感及懷想，關於家鄉與他鄉的情感論述值

得深入思索。王士性在滇海而有江南之想：「余蕩漿其中，不復知非山陰道上也。」（〈滇粵遊〉，頁116）或如〈華遊記〉所云：「院有石洞，貌希夷睡像。右為山蓀亭，據磐石上，前對三古樹，繞以藤蘿，幽蔭可人，水聲出自石，潺潺也。茶罷南向行，兩山夾澗以入，如屏復如嶂，前山復迎馬頭，彷彿余所居桃源，雖脈然有季鷹秋風之想。」（頁33～34）而處異地而思家鄉之場景又如：

> 余三人者，撫良辰之不偶，念後會之未期，因緣勝名，**各懷鄉土**。吳君則舉凌雲、九峰，張君則舉湘江、九疑，余家赤城，亦思九盤觀海，悵然俛仰，各有拂袖遐舉之意，乃命余為詩記之。吳君原豫名謙，家瀘水；張君養晦名文耀，家沅陵；余天台王士性恒叔也。歲重光單閼，則萬麗十九稔也。（頁119，黑體為筆者所加）

怎樣的情境，讓三人思及鄉土情景？是否有「鄉土景色母題或型態」？或說「書寫的記憶體」？如文中所述：

> 吳君脫鳥南下，余與張君復趨而登華嚴之閣。危梯百級，螺旋而上，四眺無所不矚。憑欄少頃，噫氣灑漸，坌谷中起，山外莽蒼暝色，亦冉冉隨飛鳥而至。側耳聽下方鐘鼓，覺身在鈞天上也。既下，回首閣端，縹緲天際，恍然自失。已復過一剎，題撰新成，遙見前村返照，隱隱二三牧豎，捲蘆葉吹牛背歸也。復下棧閣奏松坪，時以月出高樹，牛、女之光燭地，戀戀不能去也。（頁119）

山色之蒼莽為背景，鐘鼓之聲與牧童吹笛之聲以及月光的召喚，均能引發了遊人內在情感的「鄉思」，此種情感型態，或許是文人另類的集體記憶。

　　因此本章特別突顯江南的文學意涵與文化意蘊，一方面是因為其為江南人，二方面其著作皆提到江南，然而各有所不同，對讀可看出江南之風貌；其三則是對於「不在場」的江南意象的思考，歷史的光影，文人行蹤的追想——建構了地景江南。

四

　　第四章則以《廣志繹》為主要文本，審視地方知識的形成與文化景觀的形構。王士性以奇觀式的凝視，結合官府巡視的目光，透過風土觀念闡述其人文圖景，呈現南方的滇粵經驗。本章可對照「地景江南」，在文人的集體記憶之中，江南是一種抒情時間與空間隱喻，而西南地域則構過日常生活、飲食與儀式而建構。

　　值得注意的是，《廣志繹》的「物」之敘寫，一方面是民俗現象的記載，另一方面則顯示了各地域的日常生活實錄。從交通工具到衣著、植物與食物、器物，顯示了王士性對常民知識的興趣，也可見出王士性如何透過物質文化與地方特性之敘寫，展示了觀看地方文化景觀的方式。更可讓我們思考「旅行文本」（trarel writing）所包括的內容，除了遊蹤敘述之外，尚有以「物」聯繫的地方知識。此外，王士性在《廣志繹》中也透露了「中國」與邊境之交流（除了滇緬地區，尚有東南海域），這也是「宦旅」的獨特視野。

五

　　第五章探討地景複寫與續寫的樣貌。以范成大與陸游與王士性聯結，一方面因為王士性屢屢提到二者，自承受其影響，再者，二者的筆記書寫的確有縮合之處。筆者指出，王士性在行旅的過程中同時進行一場閱讀的旅行，他閱讀文人的作品與眼前的地景，自覺他與這些

文人的同與異，因而有「奇景之共築」與「景象之新詮」之說。在追蹤躡跡的過程中，那些（不）可能的續寫的地景文本也給予我們深刻的啟示，形成了地景與文本的社會記憶。

　　王士性，《明史》中的一介官吏，在仕宦與世情之網中，以行旅及書寫譜寫一曲浪遊之歌。跨越大地山川，演繹日常生活與空間記憶，以依違於紀實之筆與抒情之眼的書寫形態，開展多重而豐富的視野。透過本書之考察與抉發，我們看見一個以「遊」為生命核心的文士的追尋之旅。在廢墟荒臺凝視前代文人的行蹤身影，在山嶽巨崖領略雪影奇景，在地景踏查中書寫地域特色，在物類敘寫間鉤勒地理想像。多種文體的敘述，展示其紀遊書寫的創造性意涵；以宦旅之「遇」，碰觸邊境異文化。王士性的文學表述聯繫了前代的文人創作，其文化視域影響了清初的文人，當我們重新審視明代「遊的文學史」，或許可以還原王士性一個獨特的位置。

參考文獻

一　古籍

〔漢〕許慎著，〔清〕段玉裁注：《說文解字注》，臺北：藝文印書館，1986年。

〔漢〕司馬遷，（日）瀧川龜太郎會注考證：《史記》，臺北：萬卷樓圖書公司，1993年。

〔漢〕鄭玄注：《禮記》，臺北：臺灣商務印書館，1965年。

〔漢〕袁康、吳平《越絕書》，臺北：世界書局，1962年。

〔晉〕法顯著、吳玉貴譯：《佛國記》，高雄：佛光出版社，1966年。

〔晉〕常璩：《華陽國志》，臺北：臺灣商務印書館，1976年。

〔晉〕常璩撰，劉琳校注：《華陽國志校注》，臺北：新文豐出版公司，1988年。

〔晉〕酈道元：《水經注》，臺北：廣文書局，1972年。

〔梁〕蕭統編，李善注：《文選》，臺北：文津出版社，1987年。

〔唐〕李白著，〔清〕王琦集注：《李太白詩集》，臺北：中華書局，1966年。

〔唐〕柳宗元：《柳宗元集》，臺北：漢京出版社，1982年。

〔宋〕歐陽修等撰：《新唐書》，臺北：臺灣中華書局，1965年。

〔宋〕劉義慶：《幽明錄》，臺北：廣文書局，1989年。

〔宋〕洪興祖：《楚辭補注》，臺北：漢京出版社，1983年。

〔宋〕王象之：《輿地紀勝》，臺北：文海出版社，1962年4月初版。

〔宋〕范成大：《范成大筆記六種》，北京：中華書局，2002年。

〔宋〕范成大：《范石湖集》，臺北：河洛圖書出版社，1975年。

〔宋〕范成大：《攬轡錄》，臺北：臺灣商務印書館，1966年。

〔宋〕陸遊：《入蜀記》，臺北：文海出版社，1981年。

〔明〕王士性：《五嶽遊草》，上海圖書館藏清康熙三十年馮甦刻本。

〔明〕王士性撰，周振鶴點校：《五嶽遊草、廣志繹》，北京：中華書局，2006年。

〔明〕王士性，周振鶴編校：《王士性地理書三種》，上海：上海古籍出版社，1993年。

〔明〕查志隆：《岱史》，揚州：廣陵書社，2004年。

〔明〕徐弘祖著：《徐霞客游記》，上海：上海古籍出版社，1993年。

〔明〕陸楫：《蒹葭堂雜著摘抄》，輯入《叢書集成新編》（88），臺北：新文豐出版公司，1985年。

〔明〕屠隆著：《白榆集》，臺北：偉文書局，1976年。

〔明〕謝肇淛：《滇略》，臺北：臺灣商務印書館，1972年。

〔明〕鄒迪光：《始青閣稿》，合肥：黃山書社，2008年。

〔明〕錢希言：《獪園》，臺南：莊嚴文化出版，1995年。

〔清〕清聖祖御定：《全唐詩》，臺北：文史哲出版社，1978年。

〔清〕郭慶藩：《莊子集釋》，北京：中華書局，1961年。

〔清〕馮甦：《滇考》，臺北：華文出版社，1968年。

〔清〕馮甦：《劫灰錄》，成都：巴蜀書社，1993年。

〔清〕馮甦：《見聞隨筆》，臺南：莊嚴文化事業公司，1996年。

〔清〕顧炎武：《肇域志》，上海：上海古籍出版社，2004年。

〔清〕顧炎武：《天下郡國利病書》，臺北：臺灣商務印書館，1981年。

〔清〕永瑢等著：《四庫全書總目提要》，臺北：臺灣商務印書館，

1968年

〔清〕張廷玉等撰：《明史》，臺北：鼎文書局，1980年。

〔清〕王鴻緒：《明史稿·列傳》，《明代傳記叢刊》，臺北：明文書
　　局，1991年。

〔清〕黃虞稷撰：《千頃堂書目》，臺北：廣文書局，1967年。

〔清〕嚴可均輯：《全晉文》，北京：北京商務印書館，1999年。

張寅修、何奏簧纂：《浙江省臨海縣志》，臺北：成文書局，1975年。

喻長霖纂：《浙江省臺州府志》，臺北：成文書局，1970年。

謝啟昆監修：《廣西通志》，臺北：文海書局，1966年。

二　近人著作

（一）專書

王文進：《南朝山水與長城想像》，臺北：里仁書局，2008年。

王立群：《中國古代山水遊記研究》，北京：中國社會科學院出版，
　　2008年。

王志弘：《流動、空間與社會：王志弘1991～1997 論文選》，臺北：
　　田園文化事業有限公司，1998年。

王明珂：《華夏邊緣：歷史記憶與族群認同》，臺北：允晨文化出版
　　社，1997年。

王建元：《文化後人類》，臺北：書林出版有限公司，2003年。

王淑良：《中國旅遊史》北京：旅遊教育出版社，1998年。

王斑：《歷史與記憶》，香港：牛津大學出版社，2004年。

王銘銘：《想像的異邦：社會與文化人類學散論》江蘇：上海人民出
　　版社，1998年。

王德剛：《旅遊學概論》，山東：山東大學出版社，1995年。

王爾敏：《中國近代思想史論》，臺北：華世出版社，1977年。

方瑜：《唐詩論文集及其他》，臺北：里仁書局，2005年。

白壽彝：《中國交通史》，上海：上海古籍出版社，1994年。

江紹源：《中國古代旅行之研究》，臺北：新文豐出版公司，1980年。

江慶柏編：《清代名人生卒年表》，北京：人民文學出版社，2005年。

朱均侃、潘鳳英、顧永芝著：《徐霞客評傳》，南京：南京大學出版社，2006年。

朱惠榮：《徐霞客與徐霞客遊記》，北京：中華書局，2003年。

朱均侃、倪紹祥編：《徐學概論──徐霞客及其遊記研究》，南京：江蘇教育出版社，1999年。

戎小捷：《探險論》，臺北：臺灣商務印書館，2000年。

何平立：《崇山理念與中國文化》，山東：齊魯書社，2001年。

呂文翠：《海上傾城：上海文學與文化的轉異》，臺北：麥田出版社，2009年。

呂叔湘：《筆記文選讀》，臺北：純真出版社，1983年。

巫仁恕：《品味奢華：晚明的消費社會與士大夫》，臺北：聯經出版公司，2007年。

巫仁恕、狄雅斯：《遊道：明清旅遊文化》，臺北：三民書局，2010年。

余舜德主編：《體物入微：物與身體感的研究》，新竹：國立清華大學出版社，2008年。

李伯齊主編：《中國古代紀遊文學史》，濟南：山東友誼書社，1989年。

李孝悌：《戀戀紅塵：中國的城市、慾望與生活》，臺北：一方出版社，2002年。

李孝悌編:《中國的城市生活:十四至二十世紀》,臺北:聯經出版公司,2005年。

李玫:《明清之際蘇州作家群研究》,北京:中國社會科學出版社,2000年。

李伯重、周生春主編:《江南的城市工業與地方文化(960～1850)》,北京:新華書店,2004年。

李豐楙、劉苑如主編:《空間、地域與文化:中國文化空間的書寫與闡釋(上)(下)》,臺北:中央研究院中國文哲研究所,2002年。

林天蔚:《方志學與地方史研究》,臺北:南天書局,1995年。

林慶彰:《明代考據學研究》,臺北:臺灣學生書局,1986年。

林淑貞:《尚實與務虛:六朝志怪書寫範式與意蘊》,臺北:里仁書局,2010年。

林繼富、王丹:《解釋民俗學》,武漢:華中師範大學,2006年。

吳潛誠:《感性定位:文學的想像與介入》,臺北:允晨文化出版社,1994年。

吳蕙芳:《明清以來民間生活知識的建構與傳遞》,臺北:臺灣學生書局,2007年10月。

周寧霞:《徐霞客論稿》,上海:上海古籍出版社,2004年。

周與沉:《身體:思想與修行—— 以中國經典為中心的跨文化觀照》,北京:中國社會科學出版社,2005年。

東海大學中文系編輯:《旅遊文學論文集》,臺北:文津出版社,2000年。

邵驥順:《中國旅遊歷史文化概論》,上海:讀書‧生活‧新知三聯書店,2000年。

胡欣、江小群:《中國地理學史》,臺北:文津出版社,1995年。

胡道靜：《中國古代的類書》，北京：中華書局，1982年9月。

范銘如：《文學地理：臺灣小說的空間閱讀》，臺北：麥田出版社，
　　2008年。

夏鑄九‧王志弘編譯：《空間的文化形式與社會理論讀本》，臺北：
　　明文出版社，1999年。

徐林：《明代中晚期江南人士社會交往研究》，上海：上海古籍出版
　　社，2006年。

徐志平主編：《中國古典短篇小說選注》，臺北：洪葉文化事業有限
　　公司，1994年。

徐弘祖著，褚紹唐、吳應壽整理：《徐霞客遊記》，上海：上海古籍
　　出版社，1980年。

徐建春、梁光軍：《王士性論稿》，浙江：杭州大學出版社，1994年。

徐建春、石在、黃敏輝著：《俯察大地：王士性傳》，浙江：浙江人
　　民出版社，2008年。

時志明：《山魂水魄 —— 明末清初節烈詩人山水詩論》，南京：鳳凰
　　出版社，2006年。

郝長海、曹振華：《旅遊文化學概論》，吉林：吉林大學出版社，
　　1996年。

高友工：《中國美典與文學研究論集》，臺北：臺灣大學出版中心，
　　2004年。

高桂惠：《追蹤躡跡：中國小說的文化闡釋》，臺北：大安出版社，
　　2005年。

張笠雲：《醫療與社會：醫療社會學的探索》，臺北：巨流圖書司，
　　2002年。

張應強：《木材之流動：清代清水江下游地區的市場、權力與社
　　會》，香港：三聯書局，2006年。

梅新林、俞樟華主編:《中國遊記文學史》,上海:學林出版社,
　　2004年。

郭少棠:《旅行:跨文化想像》,北京:北京大學出版社,2005年。

游琪、劉錫誠主編:《山嶽與象徵》,北京:北京商務印書館,2004
　　年。

崔富章:《四庫提要補正》,杭州:杭州大學出版社,1984年。

葛兆光:《宅茲中國:重建有關「中國」的歷史論述》,臺北:聯經
　　出版社,2011年。

陳平原:《中國散文小說史》,臺北:麥田出版社,2005年。

陳室如:《近代域外遊記研究(1840～1945)》,臺北:文津出版
　　社,2008年。

陳建勤:《明清旅遊活動研究:以長江三角洲為中心》,北京:中國
　　社會科學出版社,2008年。

陳勤建:《中國民俗學》,上海:華東師範大學,2007年。

曾守正:《權力、知識與批評史圖像:《四庫全書總目》「詩文評類」
　　的文學思想》,臺北:臺灣學生書局,2008年。

馮賢亮:《明清江南地區的環境變動與社會控制》,上海:上海人民
　　出版社,2002年。

黃應貴、王璦玲主編:《空間與文化場域:空間移動之文化詮釋》,
　　臺北:漢學研究中心,2009年。

黃應貴、王璦玲主編:《空間與文化場域:空間之意象、實踐與社會
　　的生產》,臺灣:國家圖書館,2009年。

楊念群:《何處是江南:清朝正統觀的確立與世界的異變》,北京:
　　三聯書店,2010年。

謝國楨:《明清筆記叢談》,臺北:中華書局,1964年。

鄒振環:《晚清西方地理學在中國》,上海:上海古籍出版社,2000

年。

廖炳惠：《吃的後現代》，臺北：麥田出版社，2004年。

趙園：《明清之際士大夫研究》，北京：北京大學出版社，2006年。

趙園：《制度・言論・心態：明清之際士大夫研究續編》，北京：北
　　京大學出版社，2006年。

趙園：《想像與敘述》，北京：人民文學出版社，2009年。

劉苑如：《朝向生活世界的文學詮釋：六朝宗教敘述的身體實踐與空
　　間書寫》，臺北：新文豐出版公司，2010年。

劉昭明主編：《旅行與文藝國際會議論文集》，高雄：中山大學文學
　　院，2001年。

劉修祥：《觀光導論》，臺北：揚智文化事業股份有限公司，1997年。

潘朝陽：《心靈、空間、環境──人文主義的地理思想》，臺北：五
　　南書局，2005年。

潘朝陽：《儒家的環境空間思想與實踐》，臺北：國立臺灣大學出版
　　中心，2011年。

蔣松源主編：《歷代山水小品》，武漢：湖北辭書出版社，1994年。

鄭焱：《中國旅遊發展史》，長沙：湖南教育出版社，2000年。

鄭憲春：《中國筆記文史》，長沙：湖南大學出版社，2004年。

鄭毓瑜：《性別與家國：漢晉辭賦的楚騷論述》，臺北：里仁書局，
　　2000年。

鄭毓瑜：《文本風景──自我與空間的相互定義》，臺北：麥田出版
　　社，2005年。

戴克瑜、常建華主編：《類書的沿革》，重慶：四川圖書館學會，
　　1981年。

顏崑陽：《李商隱詩箋釋方法論──中國古典詮釋學例說》，臺北：
　　里仁書局，2005年。

龔鵬程：《晚明思潮》，臺北：里仁書局，1994年。

龔鵬程：《遊的精神文化史論》，河北：河北教育出版社，2001年。

《明清文學與思想中之主體意識與社會——學術思想篇》，臺北：中研院文哲所，2004年。

朱保炯、謝沛霖編：《明清進士題名碑錄索引》，上海：上海古籍出版社，1980年。

（二）學位論文

王鴻泰：《流動與互動——由明清間城市生活的特性探測公眾場域的開展》，臺灣大學史學所博士論文，1998年。

王鵬惠：《族群想像與異己建構——明清時期滇黔異族書寫的人類學分析》，臺灣大學人類學研究所碩士論文，1999年。

朱書萱：《明代中葉吳中書家及其書風的形成》，臺灣師範大學國研所博士論文，2001年。

李欣錫：《杜甫巴蜀詩「生活」題材研究》，臺灣師範大學碩士論文，1999年。

李姿瑩：《晚明江南文人的遊記書寫——以王士性與徐霞客為例》，東海大學中國文學系碩士論文，1998年。

吳雅婷：《移動的風貌：宋代旅行活動的社會文化內涵》，國立臺灣大學歷史研究所博士論文，2007年。

邵曼珣：《明代中期蘇州文人生活研究》，東吳大學中國文學系博士論文，2001年。

范宜如：《明代中期吳中文壇研究——一個地域文學的考察》，臺灣師範大學國研所博士論文，2001年。

許銘全：《杜甫詩追憶主題研究》，臺灣大學中國文學研究所碩士論文，1997年。

許銘全：《唐前詩歌中「抒情空間」形成之研究——從空間書寫到抒情空間》，臺灣大學中國文學研究所博士論文，2010年。

敖紅艷：《王士性旅游思想初步研究》，內蒙古大學碩士論文，2007年。

張嘉昕：《明人的旅遊生活》，文化大學史學所碩士論文，2000年。

莊雅仲：《文化、書寫與差異：三個有關異己論述的分析》，清華大學社會人類所人類學組碩士論文，1990年。

黃明莉：《明代江南的遊觀文化與社會心態》，臺灣師範大學歷史研究所碩士論文，2002年。

黃慧音：《王季重歷游書寫研究》，南華大學文學研究所碩士論文，2001年。

龔卓軍：《身體與想像的辯證：尼采、胡塞爾、梅洛龐蒂》，臺灣大學哲學研究所博士論文，1998年。

（三）期刊論文

丁錫賢：〈王士性及其《廣志繹》〉，《東南文化》，1991年05期。

方麗娜：〈徐霞客遊記之文學特色研究〉，《臺南師院學報》第26期（1993年6月）。

方孝謙：〈什麼是再現〉，《新聞學研究》第60期，1999年7月。

王正華：〈生活、知識與文化商品：晚明福建版「日用類書」與其書畫門〉，《近代史研究所集刊》第41期，2003年9月。

王文進：〈中國自然山水文學的三部曲——以南朝「山水詩」到「徐霞客遊記」的觀察〉，《中外文學》26卷第6期，1997年。

王文進：〈南朝「山水詩」中「遊覽」與「行旅」的區分——以《文選》為主的觀察〉，《東華人文學報》，1999年第1期。

王志弘：〈地圖與地域的辯證〉，《誠品好讀》第7期，2001年1月。

王常紅、王汝虎：〈王士性《五嶽游草》與晚明旅游風尚〉，《飛天》，2010年16期。

王振剛：〈從《廣志繹》看晚明地理學發展的新氣象〉，《和闐師範專科學校學報》，2007年，第2期。

王學玲：〈是地即成土：清初流放東北文士之「絕域」紀游〉，《漢學研究》24卷2期，2006年12月。

王學玲：〈在地景上書寫帝國圖像──清初賦中的「長白山」〉，《中國文哲研究集刊》第27期，2005年9月。

毛文芳：〈閱讀與夢憶──晚明旅遊小品試論〉，《中正中文學報年刊》第3期，2000年9月。

毛文芳：〈時與物──晚明「雜品」書中的旅遊書寫〉，收入劉昭明主編《旅行與文藝國際會議論文集》，臺北：書林出版有限公司，2001年。

石守謙：〈古蹟‧史料‧記憶‧危機〉，《當代》第92期，1993年12月。

衣若芬：〈宋代題「瀟湘」山水畫詩的地理概念、空間表述與心理意識〉發表於「空間、地域與文化──中國文學與文化書寫」國際學術研討會，2000年。

衣若芬：〈瀟湘八景──地方經驗‧文化記憶‧無何有之鄉〉，《東華人文學報》第9期，2006年7月。

衣若芬：〈旅遊、臥遊與神遊〉，《明清文學與思想中之主體意識與社會》，臺北：中央研究院中國文哲研究所，1995年。

白振奎：〈陸游‧地理‧空間〉，《中國韻文學刊》，第22卷第3期，2008年9月。

何乏筆：〈氣氛美學的新視野〉，《當代》第188期，2003年4月。

余育婷：〈臺南詩人施瓊芳詩歌中所反映的臺灣風土面貌〉，《臺灣文

學評論》，2005年7月。

余霞：〈陸游、范成大巴渝詩異同之原因探析〉，《重慶工商大學學報》，第24卷第5期，2007年10月。

宋美璍：〈自我主體、階級認同與國族建構〉，《中外文學》第26卷第4期，1997年9月。

巫仁恕：〈晚明的旅遊活動與消費文化——以江南為討論中心〉，《中央研究院近代史研究所集刊》第41期，2003年9月。

李永熾：〈空間與日本文化：風土、都市空間與生活〉，《當代》168期，2001年8月。

李永熾：〈從風土與場所看臺灣族群〉，《當代》229期，2006年9月。

李伯重：〈簡論「江南地區」的界定〉，《中國社會經濟史研究》，1991年第1期。

李花蕾：〈石刻上的文學史：唐宋文人在湖南的仕宦遊歷與詩文題記——以永州為中心〉，湖南科技學院第31卷第3期，2010年3月。

李妮庭：〈黃州詩景——張耒的地方表述與遷謫意識〉，《東華人文學報》第17期，2010年7月。

李知灝：〈權力、視域與台江海面的交疊——清代台灣府城的官紳「登臺觀海詩」作中的人地感興〉，《台灣文學研究學報》第10期，2010年。

李嘉瑜：〈不在場的空間——上京紀行詩中的江南〉，《臺北教育大學語文集刊》第18期，2010年7月。

李建軍：〈山水游記之異彩，晚明散文之奇葩——《五嶽游草》的審美意蘊與文學造詣〉，《蘭州學刊》，2009年12期。

李鴻瓊：〈空間，旅行，後現代：波西亞與海德格〉，《中外文學》第26卷第4期，1997年9月。

李躍軍：〈淺論王士性的旅遊觀〉，《臺州師專學報》，第21卷第4期，1999年8月。

李豐楙〈由常入非常——中國節日慶典中的狂文化〉，《中外文學》第22卷第3期，1993年8月。

季進：〈地景與想像——滄浪亭的空間詩學〉，《文藝爭鳴、現象》，2009年7月。

沈松僑：〈江山如此多嬌—— 1930 年代的西北旅行書寫與國族想像〉，《臺大歷史學報》第37期，2006年6月。

侯乃慧：〈明代園林舟景的文化意涵與治療意義〉，《臺北大學人文集刊》第2期，2004年4月。

周振鶴：〈王士性的地理學思想及其影響〉，《東南文化》，1994年02期。

周振鶴：〈徐霞客與明代後期旅行家群體〉，收入中國徐霞客研究會、江陰市人民政府編，《徐霞客研究》第1輯，北京：學苑出版社，1997年。

周振鶴：〈從明人文集看晚明旅遊風氣及其與地理學的關係〉，《復旦學報》，2005年第1期。

花紅志：〈陸游范成大蜀中交誼〉，《語言文學研究》，2009年8月。

林開世：〈風景的形成和文明的建立：十九世紀宜蘭〉，《臺灣人類學刊》第1卷第2期，2003年12月。

林啟屏：〈詩的隱喻：韋莊〈人人盡說江南好〉〉，收入《傾聽語文》，臺北：里仁書局，2005年。

林淑貞：〈地景臨現：六朝志怪「地誌書寫」範式與文化意蘊〉，《政大中文學報》第12期，2005年6月。

邱仲麟：〈風塵、街壤與氣味：明清北京的生活環境與士人的帝都印象〉，《清華學報》新34卷期，2004年。

姜勇：〈自然與人文交融,觀景與科考并重──論王士性游記的敘述視角〉,《安徽電子信息職業技術學院學報》,2010年04期。

施懿琳：〈憂鬱的南方──孫元衡《赤崁集》的臺灣物候書寫及其內在情蘊〉,《成大中文學報》第15期。

胡曉真：〈旅行、獵奇與考古──《滇黔土司禮記》中的禮學世界〉,《中國文哲研究集刊》第29期,2006年9月。

胡曉真：〈聲色西湖－聲音與杭州文學景味的創造〉,《中國文化》第25、26期。

胡曉真：〈「前有奢香後良玉」──明代西南女土司的女民族英雄形象建構〉,原為中研究「行旅、離亂、貶謫與明清文學」（2009年12月）會議論文,後由木下雅弘翻譯成日文,發表於《中國文學報》78冊。

胡衍南：〈江南：明清長篇小說俗雅分流的人文地理因素〉,《紹興文理學報》第28卷第1期,2008年2月。

涂豐恩：〈明清書籍史的研究回顧〉,《新史學》,2009年6月。

許暉林：〈朝貢的想像：晚明日用類書「諸夷門」的異域論述〉,《中國文哲研究通訊》第20卷第2期,2010年6月。

范宜如：〈華夏邊緣的觀察視域：王士性《廣志繹》的異文化敘述與地理想像〉,《國文學報》第42期,2007年12月。

范宜如：〈文化圖景的形構：王士性《廣志繹》的地方知識與敘事〉,《中國學術年刊》第32期(秋季號)。

范宜如：〈地景・光影・文化記憶：王士性紀遊書寫中的江南敘述〉,《東華中文學報》第3期。

范宜如：〈山水構圖之紀實特徵與抒情性：以王士性《五嶽遊草》為考察對象〉,《東吳大學中文學報》第18期。

高嘉謙：〈帝國意識與康有為的南洋漢詩〉,《政大中文學報》第13

期，2010年6月。

夏太生：〈中國古代旅遊文學中關於自然的審美傾向〉，《求是學刊》，1998年2月。

徐公持：〈尋山如訪友，遠游如致身——略談徐霞客壯游及其《游記》之性質〉，《徐霞客研究》第2輯，1998年。

徐泓：〈明代社會風氣的變遷——以江、浙地區為例〉，《第二屆國際漢學會議論文集》，臺北：中央研究院，1989年。

徐建春：〈王士性研究三題〉，《浙江學刊》，1994年第4期。

徐建春：〈徐霞客與王士性〉，《浙江學刊》，1992年第4期。

敖紅艷：〈試論王士性的「游道」〉，《內蒙古大學學報》，2008年1月第40卷，第1期。

張勇：〈理論與經驗透出的文化傳統——王士性與徐霞客旅行的比較研究〉，《蘇州大學學報》，（哲學社會科學版），2004年05期。

張全明：〈《桂海虞衡志》的生態文化史特色與價值〉，《華中師範大學學報》第42卷第1期，2003年1月。

張蜀蕙：〈誰在地景上寫字——由〈大唐中興頌〉碑探究宋代地誌書寫的銘刻與對話〉，《師大學報》第五十五卷第二期，2010年9月。

曹淑娟：〈袁宏道的園亭觀及其柳浪體驗〉，《唐宋元明學術研討會論文集》，2005年7月。

曹淑娟：〈園舟與舟園——汪汝謙湖舫身分的轉換與局限〉，《清華學報》新36卷第1期，2006年6月。

曹淑娟：〈夢覺皆寓——《寓山注》的園林詮釋系統〉，《臺大中文學報》，2001年12月。

曹淑娟：〈祁彪佳與寓山——一個主體性空間的建構〉，《空間、地域與文化——中國文化空間的書寫與闡釋》，臺北：中研院文哲

所，2002年12月。

梁一萍：〈在西與南之間：美國西南部的地理論述與族群認同〉，《中
　　外文學》，1996年11月。

梁光軍：〈王士性的家世及其他〉，《浙江學刊》，1994年第1期。

梅新林、崔小敬：〈遊記文學之辨〉，《文學評論》，2005年6期。

莫礪鋒：〈陸游詩中的巴蜀情結〉，《社會科學研究》2003年第5期。

陳江：《明代中後期江南社會與社會生活》，上海社會科學院出版
　　社，2006年。

陳長房：〈建構東方與追尋主體：論當代英美旅行文學〉，《中外文
　　學》第26卷第4期，1997年9月。

陳建勤：〈明清文士的景觀觀念〉，《華夏文化》，2002年3月。

陳建勤：〈明清江南地區的文人遊風〉，《旅遊科學》2000年第4期。

陳建勤：〈明清時期的旅遊消費及其支出——以長江三角洲地區為
　　例〉，《消費經濟》2000年第4期。

陳建勤：〈論「游道」——明清文士旅游觀研究之一〉，《旅游學刊》
　　2000年第4期。

陳建勤：〈議景觀——明清文士旅游觀研究之二〉，《揚州大學學
　　報》，2003年4月。

陳國生：〈我國古代方志的旅遊地理學價值〉，《貴州社會科學》，
　　1998年9～10月。

陳寶良：〈明代旅游文化初識〉，《東南文化》1992年第2期。

陳熙遠：〈人去樓坍水自流——試論座落在文化史上的黃鶴樓〉，收
　　錄於李孝悌《中國的城市生活：十四至二十世紀》，臺北：聯經
　　出版公司，2005年。

陳其南：〈臺灣地理空間想像的變貌與後現代人文地理學——一個
　　初步的探索（上）〉，《師大地理研究報告》第30期（1999年5

月）。

曾旭正：〈地點、場所或所在，論place的中譯及其啟發〉，《地理學報》第58期，2010年。

黃應貴：〈空間、力與社會〉，《空間、力與社會》，臺北：中央研究院民族學研究所，2002年。

黃應貴：〈時間、歷史與記憶〉，《時間、歷史與記憶》：臺北：中央研究院民族學研究所）。

卿朝暉：〈《五嶽游草》明刻本的形式〉，《中國典籍與文化》，2010年04期。

喻學才：〈儒家思想與中國旅游文化傳統〉，《孔子研究》，1990年2月。

喻學才：〈王士性與白鷗莊〉，東南大學學報（哲學社會科學版）1999年01期。

覃影：〈王士性對滇雲史地的考究〉，《雲南師範大學學報》，第36卷第6期，2004年11月。

馮歲平：〈《徐霞客游記中記述的王士性》〉，《中國歷史地理論叢》第4期，1998年。

馮歲平：〈論王士性的連雲棧之行〉，《成都大學學報（社科版）》2000年第3期。

葉國良：〈中國文學中的臥遊——想像中的山水〉，《政大中文學報》，第13期，2010年6月。

滕蘭花：〈歷史與記憶：從明代雲南武侯祠看諸葛亮南征〉，《黑龍江史志》2010年01期。

滕蘭花：〈論王士性對明代廣西史地考察及貢獻〉，《南寧師範高等專科學校學報》2008年2期。

楊文衡：〈《徐霞客游記》中記載的王士性〉，《徐霞客研究》第2

輯，1998年2月。

楊雅惠：〈行旅與問道：宋代詩畫中由地理經驗到意蘊世界的轉換〉，「旅行與文藝國際會議論文集」，高雄：中山大學文學院主辦，2000年5月。

楊儒賓：〈「山水」是怎麼發現的——「玄化山水」析論〉，《臺大中文學報》，第30期，2009年。

楊麗中：〈傅柯與後殖民論述：現代情境的問題〉，《中外文學》1993年8月。

葉國良：〈中國文學中的臥遊——想像中的山水〉，《政大中文學報》第13期（2010年6月）。

廖炳惠：〈旅行與異樣現代性：試探吳濁流的《南京雜感》〉，中外文學第29卷第2期，2000年7月。

廖肇亨：〈浪裡挑燈看劍：中國海戰詩學之書寫特質與價值信念初探〉，《中國文學研究》第11輯。

廖肇亨：〈長島怪沫、忠義淵藪、碧水長流—明清海洋詩學中的世界秩序〉，《中國文哲研究集刊》第32期。

劉志琴：〈晚明世風漫議〉，《社會史研究》，1992年第3期。

劉志琴：〈晚明城市風尚初探〉，《中國文化研究集刊》第1輯，上海：復旦大學出版社，1984年。

劉志琴：〈晚明時尚與社會變革的曙光〉，《古代禮制風俗漫談》第4集，北京：中華書局，1992年。

劉苑如：〈從游的多重面向看中國文人生活中的道與藝〉，《中國文哲研究通訊》第16卷第4期。臺北：中央研究院中國文哲研究所，2006年12月。

劉苑如、李豐楙：〈「空間、地域與文化：中國文化空間的書寫與闡釋」導論〉，《中國文哲研究通訊》，2002年12月。

劉衛英、王立:〈懷古詩的詩學本質及其精神意義〉,《求索》1998年
　　第6期。

蔣宜芳紀錄:〈晚明與晚清文化景觀再探——歷史現實與文學想
　　像〉,《中國文哲研究通訊》第九卷第四期,1999年12月。

蔣方:〈陸游《入蜀記》版本考述〉,《長江學術》,2006年4月。

蔡瑜:〈試從身體空間論陶詩的田園世界〉,《清華學報》34卷1期,
　　2004年6月。

潘朝陽:〈空間、地方觀與「大地具現」暨「經典訴說」的宗教性詮
　　釋〉,《中國文哲通訊》第10卷第3期。

鄭文惠:〈公共園林與人文建構:明代中期虎丘地景的文化書寫〉,
　　《政大中文學報》第11期,2009年6月。

鄭焱:〈旅游的定義與中國古代旅游的起源〉,《湖南師範大學社會科
　　學學報》,1999年第4期。

鄭毓瑜:〈抒情、身體與空間——中國古典文學研究的一個反思〉,
　　《淡江中文學報》15期,2006年12月。

鄭毓瑜:〈身體行動與地理種類——謝靈運〈山居賦〉與晉宋時期的
　　「山川」、「山水」論述〉,《淡江中文學報》18期,2008年6月。

鄭毓瑜:〈舊詩語的地理尺度〉,王璦玲編《空間與文化場域:空間
　　移動之文化詮釋》,臺北:漢學研究中心,2009年,頁251-292。

鄭毓瑜:〈重複短語與風土譬喻——從詩經「山有……隰有……」、
　　「南有……」重複短語談起〉,《清華學報》,39卷1期,2009年3
　　月。

鄭毓瑜:〈舊詩語的地理尺度——以黃遵憲《日本雜事詩》中的典故
　　運用為例〉,收入《空間與文化場域:空間移動之文化詮釋》,
　　臺北:國家圖書館,2009年。

鄭毓瑜:〈歸反的回音——晉漢行旅賦的地理論述〉,收入衣若芬、

劉苑如編：《世變與創化——漢唐、唐宋轉換期之文藝現象》，臺北：中央研究院文哲所籌備處，2010年。

鄭毓瑜：〈類與物——古典詩文的「物」背景〉，《清華學報》第41卷第1期，2011年3月。

鄧萬春：〈明代中晚期文化消費興盛原因初探〉，《中南民族學院學報（哲社版）》1999年第4期。

賴俊雄：〈上帝的禮物：再探禮物與交換經濟〉，《中外文學》第33卷第9期，2005年2月。

顏崑陽：〈不能計量的價值——我們應該重視學術會議的隱性功能〉，《淡江中文學報》17期，2007年12月。

蘇偉貞：〈生成—書信：張愛玲的創作—演出〉，《東吳中文學報》第18期。

譚其驤：〈積極發展歷史人文地理研究〉，《復旦學報》1991年第1期。

蕭之華：〈風雨一杯酒，江山萬里新——談徐弘祖及其「徐霞客遊記」〉，《文藝月刊》第246期，1989年12月。

蕭璠：〈徐霞客旅遊途中所見到的環境破壞〉，《歷史月刊》第22期。

蕭麗華：〈出山與入山：李白盧山詩的精神底蘊〉，《臺大中文學報》第33期，2010年12月。

龔卓軍：〈身體與想像的辯證：從尼采到梅洛龐帝〉，《中外文學》第二十六卷第11期，1998年4月。

龔鵬程：〈區域特性與文學傳統〉，《古典文學》第12集，1992年10月。

龔鵬程：〈遊人記遊：論晚明小品遊記〉，《中華學苑》第48期，1996年7月。

劉苑如：〈空間、地域與文化專輯（上）〉前言，《中國文哲研究通訊》，第10卷第3期，2000年9月。

蔣宜芳記錄：〈空間、地域與文化專輯（下）〉，《中國文哲研究通
　　訊》，第10卷第4期，2000年12月。

「游觀與體現：中國文人的身體實踐與自我體現之再思」，《中國文哲
　　研究通訊第十七卷》第1期，臺北：中央研究院中國文哲研究
　　所，2007年3月。

三　外文及外文譯著

Allan Pred（艾蘭・普瑞德）：〈結構歷程和地方——地方感覺與感覺
　　結構的歷程〉，收入《空間的文化形式與社會理論讀本》頁86，
　　臺北：明文書局。

Ben Highmore 著，周群英譯：《日常生活與文化理論》，臺北：韋伯
　　文化國際出版公司，2005年。

Bill Buford著、韓良憶譯：《煉獄廚房食習日記》，臺北：久周出版文
　　化事業公司，2007年。

Claude Levi_Strauss（李維－史特勞斯）著，王志明譯：《憂鬱的熱
　　帶》，臺北：聯經出版公司，1989年。

Craig Clunas (柯律格)：《雅債：文徵明的社交性藝術》，臺北：石頭
　　出版社，2009年。

David Feterrman 著，賴文福譯：《民族誌學》（Ethnography：Step by
　　step），臺北：弘智文化事業公司，2000年。

Danny L. Jorgen著，王昭正、朱瑞淵譯：《參與觀察法》，臺北：弘智
　　文化事業有限公司，1999年。

Ernst Cassirer（卡西勒）著，關子尹譯：《人文科學的邏輯》，臺北：
　　聯經出版公司，1986年。

Gaston Bachelard（加斯東・巴舍拉）著；龔卓軍、王靜慧譯：《空間

詩學》，臺北：張老師文化事業公司，2003年。

Geertz，C.著，納日碧力戈譯：《文化的解釋》（The Interpretation of Culture），南京：譯林出版社，1999年。

Gernot Bohme著，谷心鵬、翟江月、何乏筆譯：〈氣氛作為新美學的基本概念〉，《當代》188期，2003年4月。

Gunther Hirschfelder（顧恩特・希旭菲爾德）著，張志成譯：《歐洲飲食文化》，臺北：左岸文化事業有限公司，2004年。

Hermann Schmitz（赫爾曼・施密茨）：《新現象學》，上海：上海譯文出版社，1997年。

Philip E. Wagner（菲利普・E・魏格納）〈空間批評：地理、空間、地點和文本批評〉，收於朱利安・沃爾弗雷思（Julian Wolfreys）編著，張瓊、張沖譯：《21世紀批評述介》（Instructing），南京：南京大學出版社，2009年。

Fernando Pessoa（費爾南多・佩索亞）著，韓少功譯《惶然錄・視而不見》，臺北：時報文化出版企業股份有限公司，2001年。

Gilles Louis Rene Deleuze（吉爾・德勒茲）、Felix Guattari（費利克斯・瓜塔里）：《遊牧思想——吉爾、德勒茲、費利克斯瓜塔里讀本》，吉林：吉林人民出版社，2003年。

Mary Louise Pratt，Imperial Eyes：TravelWriting and Transculturation，London and New York：Routledge，1992。

Maurice Halbwachs（莫里斯・哈布瓦赫）著，畢然、郭金華譯：《論集體記憶》，上海：上海人民出版社，2002年。

梅爾清著，劉宗靈、鞠北平譯、馬釗校：〈印刷的世界：書籍、出版文化和中華帝國晚期的社會〉，《史林》，2008年4月。

John Berger（約翰・伯格）著，吳莉君譯：《觀看的方式》（Ways of Seeing），臺北：麥田出版社，2005年。

J.Hillis Miller（米樂）：〈地誌的倫理：論史蒂文斯〈基韋斯的秩序理念〉，收入單德興編譯《跨越邊界：翻譯・文學・批評》，臺北：書林出版有限公司，1995年。

Kristen Hastrup（克斯汀・海斯翠普）編，賈士蘅譯《他者的歷史——社會人類學與歷史製作・導編》，臺北：麥田出版社，1998年。

Mike Crang，王志弘等譯：《文化地理學》，臺北：巨流圖書公司，2004年。

Merleau-Ponty（梅洛—龐蒂）著，姜志輝譯：《知覺現象學》，北京：商務印書館，2001年。

Owen, Stephen（宇文所安）著，鄭學勤譯：《追憶——中國古典文學中的往事再現》，臺北：聯經出版公司，2006年。

Owen, Stephen（宇文所安）著，陳引馳、陳磊譯、田曉菲校：《中國「中世紀」的終結：中唐文學文化論集》，北京：三聯書店，2006年。

Norberg Schulz（諾伯格・斯卡爾茲）著，王淳隆譯：《實存・空間・建築》，臺北：臺隆書店，1984年。

Paul Connerton（康納頓）著，納日碧力戈譯：《社會如何記憶》，上海：上海人民出版社，2000年。

Paul Theroux（保羅・索魯）：《旅行上癮者》，臺北：馬可孛羅文化事業股份有限公司，2010年。

Rebecca Solnit（雷貝嘉・索爾尼）、刁筱華譯：《浪遊之歌——走路的歷史》，臺北：麥田出版社，2001年。

Richard Peet原著；王志弘等翻譯：《現代地理思想》，臺北：國立編譯館。

Ronald Bogue（雷諾・伯格）著，李育霖譯：《德勒茲論文學》，臺

北：麥田出版社，2006年。

R.J.Johnston 著，唐曉峰等譯：《地理學與地理學家》，北京：北京商務印書館，1999年。

Ron Scollon，Suzie Wong Scollon作，呂奕欣譯《實體世界的語言》（Discourses in place- Language in the Material World）），臺北：韋伯文化國際出版有限公司，2005年。

Soja，Edward.《Postmodern Geographies：The Reassertion of Space in Critical Theory》. New York：Verso,1994.

Soja Edward（索雅・愛德華）：〈現代地理學和歷史主義批判〉，《社會研究季刊》，1995年。

Susan Sontog 著，黃翰荻譯：《論攝影》，臺北：唐山出版社，1997年。

Tim Cresswell，徐苔玲、王志弘譯：《地方：記憶、想像與認同》，臺北：群學出版公司，2006年。

Walter Benjamin（本雅明）〈講故事的人：論尼可拉列斯可夫〉，Hannah Arendt編，張旭東、王斑譯《啟迪・本雅明文選》（Illumination：Essays and Reflections），牛津大學出版社，1998年。

Welzer, Harald（哈拉爾德・書爾策）編：《社會記憶》，北京大學出版社，2007年。

Yi-Fu Tuan（段義孚）著，潘桂成譯：《經驗透視中的空間與地方》（Space and Place：The Perspective of Experience），臺北：國立編譯館，1998年。

Alpred Schuz（舒茲）著，盧嵐蘭譯：《舒茲論文集・第一冊》，臺北：桂冠圖書公司，1992年。

小川環樹著，周先民譯《風與雲：中國詩文論集》，北京：中華書

局，2005年。

和辻哲郎著，陳力衛譯：《風土》，北京：商務印書館，2006年。

吉見俊哉：《博覽會的政治學》，臺北市：群學出版有限公司，2010
　　年。

盧原義信著，尹培桐譯：《街道的美學》，天津：百花文藝出板社，
　　2007年。

栗山茂久著，陳信宏譯：《身體的語言：從中西文化看身體之謎》，
　　臺北：究竟出版社，2000年。

謝誌

　　本書部分研究內容，承蒙行政院國家科學委員會及臺灣師大的補助，並發表於學術研討會及學術期刊，特列於此，謹致謝忱。

一　補助

（一）國科會

〈地誌書寫與文化想像：王士性《五嶽遊草》研究〉（國科會NSC93-2411-H-003-054）2004.8.1～2005.10.31。

〈行旅、地誌與社會記憶：王士性紀遊書寫的多重演繹〉（國科會NSC99-2410-H-003-092）2010.8.1～2011.7.31

（二）臺灣師大

范宜如〈山水構圖之紀實特徵與抒情性：以王士性《五嶽遊草》為考察對象〉（研究發展處九十九學年度學術論文獎助）

二　發表

（一）期刊論文

范宜如 2010.9〈文化圖景的形構：王士性《廣志繹》的地方知識與敘

事〉，《中國學術年刊》第32期（秋季號），頁191～222。

范宜如 2009.12〈地景‧光影‧文化記憶：王士性紀遊書寫中的江南敘述〉，《東華中文學報》第3期，頁145～169。

范宜如 2009.11〈山水構圖之紀實特徵與抒情性：以王士性《五嶽遊草》為考察對象〉，《東吳大學中文學報》（THCI Core）第18期，頁165～184。

范宜如 2007.12〈華夏邊緣的觀察視域：王士性《廣志繹》的異文化敘述與地理想像〉，《國文學報》（THCI Core）第42期，頁121～151。

（二）研討會

范宜如 2010.10.22〈行旅山川：范成大《桂海虞衡志》與王士性〈桂海志續〉的文學地理〉，發皇華語‧涵詠文學：第二屆中國文學暨華語文學術研討會，臺北：中國文化大學。

范宜如 2009.11.28～29〈重繪文化地圖：王士性《廣志繹》之地方知識與敘事〉，2009敘事文學與文化國際學術研討會，臺北：臺灣師範大學。

范宜如 2009.4.22～23〈山水構圖之紀實特徵與抒情性：以王士性《五嶽遊草》為考察對象〉，元明清文化與文學國際學術研討會，宜蘭：佛光大學。主辦單位：佛光大學文學系、元明清研究中心。

范宜如 2009.3.14～15〈澤國‧光影‧文化記憶：論王士性紀遊書寫中的江南敘述〉，第二屆人文化成視野與策略國際學術研討會，花蓮：國立東華大學美崙校區中國語文學系。

范宜如 2008.7〈地誌表述與文化想像：王士性紀遊書寫探論〉，「百年論學：中國古典文藝思潮研讀會」，臺北：政治大學。

范宜如 2007.5〈旅行、日常與獵奇：王士性《廣志繹》的西南文化行
　　旅〉，「紅樓文學論壇：臺灣師大國文學系教師文學研究成果發
　　表會」，臺北：臺灣師範大學。

　　本書得以完成，必須感謝師長、家人、朋友、同事多年來的提
攜、鼓勵與期勉，以及學生、助理的陪伴與協助，更要感謝萬卷樓圖
書公司在編輯專業上的全力配合。謹致上最深的謝意！

國家圖書館出版品預行編目(CIP)資料

行旅.地誌.社會記憶 ： 王士性紀遊書寫探論 / 范宜如著.
-- 初版. -- 臺北市 ： 萬卷樓, 2011.09
面 ； 公分
ISBN 978-957-739-720-1(平裝)
1.遊記 2.旅遊文學 3.文學評論 4.中國
690   100016901

行旅·地誌·社會記憶：王士性紀遊書寫探論

ISBN 978-957-739-720-1

2020 年 7 月初版三刷 平裝   定價：新台幣 460 元

2011 年 9 月初版 平裝

著　　者	范宜如	出　版　者	萬卷樓圖書股份有限公司
發 行 人	林慶彰	編輯部地址	106 臺北市羅斯福路二段 41 號 9
總 編 輯	張晏瑞		樓之 4
封面設計	果實文化設計	電話	02-23216565
	工作室	傳真	02-23218698
		電郵	editor@wanjuan.com.tw
		發行所地址	106 臺北市羅斯福路二段 41 號 6
			樓之 3
		電話	02-23216565
		傳真	02-23944113
		印　刷　者	博創印藝文化事業有限公司

新聞局出版事業登記證局版臺業字第 5655 號

網路書店　www.wanjuan.com.tw
劃撥帳號　15624015